THE KID《キッド》★

僕と彼氏はいかにして赤ちゃんを授かったか

ダン・サヴェージ

大沢章子 訳

みすず書房

THE KID

What Happened After My Boyfriend and I Decided to Go Get Pregnant

by

Dan Savage

First published by Dutton, Penguin Group USA, New York, 1999

Japanese translation rights arranged with Dan Savage
c/o Wales Literary Agency, Seattle
through Tuttle-Mori Agency, Inc., Tokyo

テリーに

謝辞

家族にはとても世話になった。母と義理の父であるジュディとジェリー・ソビエスクに感謝を捧げる。ボーイフレンドの母と義理の父であるクローディアとデニス・ビッグスにも。僕の実の父と義理の母にあたるビルとジョエリンのサヴェージ夫妻に、そしてすばらしい兄弟たち、ビリーとエディとローラにも感謝する。また、アシスタントのケヴィン・パトニック、そしてボスのティム・ケックがいなければ本書を書き上げることはできなかった。ボブ・フィクソとケイト・フラックには、何から何までお世話になった。マークとダイアンのスパウア夫妻や、エミリー・ホワイト、リッチ・ジェンセンにも同様にお世話になった。本書の中には、ラジオ番組『ディス・アメリカンライフ』ですでに放送済みの内容もいくつか含まれている。アイラ・グラスと、『ディス・アメリカンライフ』のプロデューサーを務めるナンシー・アップダイク、アリックス・スピーゲル、そしてジュリー・スナイダーにも心から感謝する。ダットン社の担当編集者であるブライアン・タートに、そしてキャロル・デザンティの忍耐強さに、さまざまな手助けをしてくれたカーラ・ハウランドとアレクサンドラ・ババンスキーにもありがとうと伝えたい。著作権代理人であるエリザベス・ウェールズとキム・ウィザースプーンに、さらにはナンシー・ショーン、エリス・ハリス、リサ・シュワルツ、ジェイソン・セラーズ、マーク・ヴァン＝エスにも感謝する。刊行までのさまざまな段階で励ましと助言をくれたウルヴァシー・ヴェイド、スージー・ブライト、アンドリュー・サリヴァン、ビリー・サヴェージ、そして特によき友人であるデイヴィッド・シュメイダーに感謝する。また、アンジェリーナ・アケインに、ポートランド公立図書館に、そしてマロリーホテルのスタッフのみなさんにも感謝している。スージー・アーノルド、アン・ローレンス、マリリン・ストロング、シャリ・レヴァインには特別大きな感謝を伝えたい。

キッド

僕と彼氏はいかにして赤ちゃんを授かったか

fertilization
受精

弟の力学

僕のボーイフレンドは運転中にダンスミュージックを聴きたがる。料理中も、掃除中も、朝起きたときも夜寝るときも、本を読むときも鼻くそをほじるときもセックス中も聴きたがる。ダンスミュージック（＝DAM）を聴いていればボーイフレンドはたいていのことを楽しめる。僕がDAMを聴くのは、気晴らしに全身麻酔状態になっているとき（つまり完璧にハイになっているとき）か、ダンスクラブで踊ってるときぐらい。つまりDAMはめったに聞かない。何の脈絡もなく――ハイになるのも、ダンスクラブも、ダンスもないときに――DAMを聴くなんて、正直意味がわからない。

でも、テリーはテクノが流行る前からテクノ好きで、テリーのDAM愛は、しょっちゅう二人の争いの種となってきた。僕たちはそれぞれ、一緒に暮らすために血塗られた祭壇に生け贄を捧げてきた。たとえば僕は寝るときにラジオを聞くのをやめた、ラジオがついているとテリーが眠れないからだ。テリーのほうは夜通しクラブで踊るのをやめた（僕がベッドルームにラジオを持ち込めないなら、その代償としてテリーのお尻は僕のベッドの中にあるべきだ）。でも、DAMとすっぱり縁を切るのは難しかった――僕と出会う以前のテリーの社会生活はそれを中心に回っていたから。一夫一婦問題が片づいたあとは、DAMが僕たちの唯一最大の「問題」となった。一夫一婦問題のほうは一発でけりがついた。テリーは僕があちこちで寝てくるのを嫌がり、僕は揉めごとが嫌いだったから。それに万一この先僕が誰かのペニスを自分の口に突っ込むことになったとしても、テリーは僕を棄てないだろう。理由その一、ぜったいにテリーにばれないように上手くやる。理由その二、ばれたとしても……それでも乗り越えるとテリーは約束したし。

僕たちはもう二年間一緒に暮らしていて、だから喧嘩も一種の儀式のようになり、「運転中のDAMがらみの喧嘩」はおなじみの一幕だった。僕たちはそのとき、オレゴン州ポートランドへ向かう車の中にいて、テリーは僕にアイスランド生まれのレズのイカれ女、ビョークをお見舞いしようとしていた。それはフェアではない。僕はDAMが嫌いで、しかも五号線を時速百四十キロで走行中の車から脱出するのは不可能だ。

旅の最初から喧嘩していたわけじゃない。そんなことは一度もない。僕は争いを避けるタイプの人間で（前述の一夫一婦問題参照）、車で出かけようとするたびに喧嘩が始まるのなら、最初から車に乗るのを拒否しただろう。飛行機や列車を使うか、自分たちを荷造りしてUSPの宅配サービスを利用するか、でなけりゃ、話のわかる心優しい人が音楽を担当する乗り物でポートランドに行くことを提案していた。ところがテリーは策略家で、僕の物覚えの悪さをまんまと利用した。車に乗り込むまでは、そしてどんな旅でも、出発してから最初の四十五分間はテリーは最高に行儀よく振る舞う。車内ではオーディオブックや会話を楽しもうと心にもない約束をして、まんまと僕を車に乗り込ませた。その後引き返せないほど遠くまでドライブし、飛び降りられないほど高速で車を走らせているときに、僕が文句を言うとわかっているCDをかけた――チャンカチャ、チャンカチャ、チャンカチャ――逃げ出す術のない僕は、テリーに立ち向かい戦うしかなかった。

「ダンス・ミュージックは死ぬほど嫌いだと知ってるだろ、特に車の中では。なのになぜ？」とお決まりの抗議をした。「家でならビョークにも喜んで耐えるさ、嫌なら出ていくか、自分の脳みそを吹き飛ばすか、きみをハンマーで殴り殺せばいいんだから。でも身動きとれない車内で、ビョークを無理やり聴かせるのはフェアじゃない」

こうして言い争いが始まった。きみは運転免許を持ってないじゃないか、とテリーは指摘し、そのせいで自分がずっと運転するはめになっているわけで、だから音楽を選ぶ権利があると主張した。たしかに。でもテリーは運転免許はあっても車はなく、このレンタカーの代金を支払っているのは僕だ。だから、この車の一時的な所有者である僕には、自分の耳がさらされる音楽について意見を言う権利がある。そんなの屁理屈だ、とテリー。きみはわがままだ、と僕。「イ、イ、ギー、イチャ、イー」とビョークが歌う。

ちょっと譲歩するつもりでテリーがカーステレオの音量を下げた。今や響いてくるのは「ブンブンブン」というビートだけ。そのビートこそ、僕がDAMにイライラする一番の原因だったのだ。僕は満足せず、むっつりとすねていた。テリーは運転を続けた。テリーが嫌みを言い、僕も嫌みを言った。それからさらに二十五マイル以上にわたって喧嘩は続き、ビョークを楽しむ気の失せたテリーがとうとうCDプレイヤーのスイッチをオフにすると、あとは二人とも黙りこくってシートに座っていた。

沈黙の一時間十五分が過ぎた頃、ポートランドに到着した。雨降りの春の日にシアトルからポートランドまでやってきたのは、僕とボーイフレンドが、成熟した大人としての判断で親になろうと決めたからだ。僕たちは子づくりのためにポートランドに来ていた。

僕にとっては初めてのポートランドだった。シアトルに住んでいた七年間、車でほんの三時間の距離にあるポートランドを訪れてみようと思ったことは一度もなかった。シアトルは、水と緑に囲まれた山がちで雨の多い土地だ。ポートランドも水と緑に囲まれた山がちで雨の多い土地だ。ポートランドにもシアトルにもパイオニアスクエアがあり、ハンバーガーメアリーズがあって、通りにはホームレスのストリートパンクがうろつき、巨大な本屋がある。どうしてシアトルの住人がポートランドで休暇を過ごそうなんて考えるだろう？

一方ボーイフレンドのテリーにとっては、ポートランドはよく知った場所だった。九〇年代中頃に、テリーの父親が亡くなるまでの数年間を過ごした土地だ。テリーの父親のダリルは、非アルコール性の肝硬変を患っていた。ダリルはポートランドのＯＨＳＵ（オレゴン健康科学大学）で生体肝移植を受けることにしたが、開腹してみると肝臓が癌に冒されていることがわかった。医師たちは癌を切除し、新しい肝臓を移植してダリルの身体を縫い合わせた。ところが癌は戻ってきてダリルの新しい肝臓を攻撃した。二度目に開腹したときには癌があまりにも進行していて、医師たちは肝臓をもう一つ「無駄使いする」わけにはいかないと判断した。ダリルが不運だったのは、彼がミッキー・マントル（元メジャーリーガー。ヤンキースの主砲を務めた。一九九四年に肝臓癌が全身に転移していながら生体肝移植を受けるが、翌年死亡した）ではなかったことだ。ポートランドは、テリーたち兄弟と母親が父親や夫があと一年ももたないと知らされた場所だった。

それから三ヶ月後、ダリル・ミラーはこの世を去った。

つまりテリーにとって、ポートランドは悪い知らせが届く場所だった。テリーの父親が肝臓を受け取り、それからしばらくして悪い知らせも受け取ったその病院は、ウィラメット川を見下ろす丘の上に広がっていた。その姿はまるで、ロサンゼルスのゲティ・センターと旧東ドイツの巨大高層アパート群のあいの子みたいで、OHSUを目の当たりにせずに車でポートランドに入ることは不可能だった。マロリーホテルを目指してウィラメット川にかかるスチール・ブリッジを渡っていたとき、ダリルが死んだその病院が見えてきた。テリーは不愉快そうに病院を指差した。

「あそこは嫌いだ」とテリーが言った。「ポートランドはクソだ」。やがてブリッジは下り坂になって車はポートランドのオールドダウンタウンにすべりこみ、OHSUは視界から消え去った。


僕たちが希望を託した養子縁組エージェントは本店をポートランドに置いていた。このエージェントの支店はシアトルにもあって、ポートランドでの二日間のセミナーを除くすべての手続き――もろもろの書類への記入、面接、その他のやるべきことすべて――をシアトルで済ますことができた。この二日間のセミナーが終わったら金輪際ポートランドには戻らない、ぜったいにね、とテリーは強く言った。

僕たちが選んだエージェントは「閉じられた《クローズド》」ではなく「開かれた《オープン》」養子縁組《アダプション》を行っていた。オープン・アダプションでは、この業界用語で「生みの母親」と呼ばれる妊娠中の女性が子どもを託す家庭を選び、双方の合意に基づく頻度で子どもと連絡を取り続けることになる。年に数回会って、決められた時期に写真と手紙をやり取りする、というのが一般的だ。オープン・アダプションに秘密は存在しない。子どもは自分が養子であるという事実を知ったまま大きくなり、生物学上の自分の親が誰であるかも知っている。僕たちのエージェントは、本当の意味でのオープン・アダプションを始めた最初の業者で、一九九八年現在、国内でそれを行っている数少ない業者の一つでもある。オープン・アダプションのしくみをよく知らない人が多く、なかには不安を抱く人もいるため、エージェントの経営陣は、少なくとも二日はかけて詳しく説明する必要があると考えた。

このセミナーはまた、エージェント側にとって好ましくないカップルを排除するチャンスでもあった。このエージェントは、太平洋側北西部にある他のどの業者よりも養子候補の登録数が多いため、時折、「開かれた」養子縁組法に関心のないカップルがここを通して養子をもらおうとすることがあった。彼らは養子をもらったあと、生みの母を憎んだり恐れたりする可能性があり、生みの母親が実の子どもに会うのを妨害しようとしたり、会いにきた母親を邪険に扱うかもしれなかった。エージェントは、取り扱った子どもたちがオープン・アダプションの理念に本気で賛同しているカップルに引き取られることが、その縁組に関わるすべての人にとって最善のことだと考えていた。

そういうわけで僕とテリーはここポートランドで、ごてごて着飾った老女みたいなマロリーホテルにチェックインし、いよいよ僕たちの本気度を見せにいこうとしていた。でもあと十五分以内にホテルを出なければセミナーの開始に間に合わず、遅刻すれば悪い印象を与えて、僕たちの本気度が疑問視されることになる。そして、そのせいで子どもをもらえなければ、喧嘩しながらはるばるドライブしてきた苦労がすべて水の泡となる。

それなのにまだ出発できずにいた。ボーイフレンドがバスルームに閉じこもったきり出てこようとしなかったからだ。

これは僕のせいだった。車内で爆音でＤＡＭをかけることに断固抗議したのは正しかったが、思い通りになったらその話はやめにすべきだった。ところが僕はそのあともネチネチ言い続け、車を降りてホテルに入ってからもビョークの悪口をやめなかった。勝ったのがテリーだったとしても、やっぱり僕に同じことをしただろうけど。一夫一婦制とＤＡＭに継ぐ僕たち二人の大きな問題点は、このしつこく嫌みを言う癖だった。二人とも兄がいた。僕は四人兄弟の三番目でテリーは二人兄弟の二番目。腕力では兄に負ける弟にとっては、執拗さと持久力が生き残りまたは復讐の戦略となる。殴る力は兄のほうが強いが、弟は兄よりもすばしっこく、しかもしつこい。そしてどこの弟もそうであるように、僕らもやめ時を知らなかった。冗談でもレスリングでも「じゃれ合いの」喧嘩でも、楽しかったりセクシーだったりする限度を超えてしまい、どちらかが——たいていは僕が——怪我をするはめになった。

男女の恋愛関係でも弟の力学が働くことはあるが、それはその関係に弟が含まれているときだけで、しかも普通の女性は一度に一人の弟としかつき合わない。二人の弟が一緒になるのはゲイの恋愛だけだ。そしてこの弟の力学が原因で、ホテルの受付係に旅はいかがでしたかと尋ねられた僕は間抜けな口を開き、「楽しかった。車内にアイスランドのイカれたやつがいたことを別にすればね」と答えた。僕は度を越してしまい、誰かが——今回はテリーが——嫌な思いをした。まあでも、僕の責任ではない。生まれた順番が悪かったのだ。

バスルームのボーイフレンドが、きみはどうして水に流すことができないんだ、と言ってきた。テリーは一時間半も前にビョークの曲を聴くのをやめていた。もう車も降りていた。なのに話を蒸し返さずにいられないのは一体どういうわけさ？　と。

「だいたいポートランドにいること自体ストレスだっていうのに」とテリーがバスルームの緑色のドアの向こうで言った。テリーがバスルームにこもったのは泣くためじゃなく、僕と言い争うためで、僕たちは喧嘩はドア越しにするのを好んだ。それも閉じられたドア越しに。「ストレートのカップルだらけのセミナールームで、二日間もちゃんとした、いかにも害のなさそうな、幸せで幸せでたまらないゲイのカップルでいなくてはならないんだろ。なのになぜ今、ネチネチ喧嘩を売ってくる必要があるんだ？」

「それは僕がガキだからさ」と僕はドア越しに答えた。「僕はきみと同じくらいガキだ。『バスルーム閉じこもり騒動』なんて、最高にガキっぽいやり方じゃないか？」

テリーは答えなかった。

「さあテリー、僕たちがちゃんとしたカップルだということを見せに行こう」

無言。

「ビョークのことを頭がイカれてるなんて言って悪かった。彼女は天才だ」

返事なし。

「ハニー、子づくりに行こう。赤ん坊をビョークって名づけてもいい。アイスランドの流行の歌を教えてやれよ。ぜんぜん構わないから」

それでも答えはない。やけくそになった僕は嘘をついた。

「シアトルへの帰り道は、なんでも好きな曲をずっとかけていいから」

ドアが開き、すべてが許された。


二人が出会ったのは、僕が三十歳になってすぐのことだ。そのときテリーは二十三歳だったが僕には二十四歳だと言った。一歳サバをよんだほうが大人っぽく見えると思ったらしい。僕のほうはゲイバーに来るのは三ヶ月ぶりだった。特別問題だらけだった関係が終わったあと何週間もアパートの部屋にこもり、そもそもなぜ自分はペニスをしゃぶりたいと思うのだろうと自問していた。その関係はアパートの賃貸契約が切れるより前に終わりを迎えたので、その元カレと僕は別れたあとも一緒に住んでいた。彼は別れの辛さを他人のペニスを手当たり次第に口に突っ込むことによって乗り越え、アパートに帰ってくると僕にその話をした。人はみな自分らしいやり方で悲しみを乗り越える。僕は家に引きこもってふさぎ込んでいた。彼のほうは出歩いてセックスしまくった。なんとも不公平なのは、僕のほうが彼を捨てたってことだ。彼が外で楽しくやっているというのに、なぜ僕は家に引きこもって安物のクッキーを何袋も食べ、『第三帝国の興亡』を四度も読まなくてはならないんだ？　不公平だ。

テリーと出会った夜、僕は四ヶ月間セックスしていなかった。だから正直言うと、テリーに成熟した会話ができるかどうかはたいして気にしておらず、テリーは年をごまかす必要なんてなかった。僕のおもな関心は彼の外見で、彼は見た目がとてもよかったから。そこはバーだったから二十一歳以上であることはわかっていたが、テリーはまるで少年のようだった。肩までの髪と大きな口、そしてきれいな唇を持つテリーは、ぴったりしたTシャツを着て友人たちと踊っていた。僕の心の奥底で休眠中だった男色家が目覚めた。多くの人と同じで、僕も男であれ女であれ本物のティーンエイジャーをどうこうすることに興味はない。でも十代に見える大人の男だったら？　マット・デイモン？　ジョニー・デップ？　ブラッド・ピット？　二〇世紀後半の理想の美男は間違いなく青年期の男子で、その点については僕は大衆文化に同調する。可愛い？　少年っぽい？　毛深くない？　とっとと連れてきてふんじばれ。

その日は水曜の夜で、僕たちはリ・バーにいた。シアトルのダウンタウンにある楽しめる店だ。店内は開店五周年記念パーティでごった返していて、僕はジンジャーと無駄話をしていた。ジンジャーというのはリ・バーに勤めるドラァグクイーンの一人で、店のクローク係もしていた。

「おい、可愛いのがいるぞ。髪も唇も最高だね」と僕はダンスフロアにいる髪の長い唇のきれいなキュートボーイのほうを顎でしゃくってみせた。

その髪の長い唇のきれいな男がコートのポケットの中の何かを取りにクロークにやってきたとき、ジンジャーは僕をまごつかせ、恥をかかせるチャンスをまんまとものにした。

「さっきあんたが言ってたの、この子じゃない？」とジンジャーは声を張り上げた。「ほら、なんか言いなさいよ」僕はジンジャーを睨みつけた。「ほら話して」とジンジャーが命令口調で言った。

「唇がきれいだね」

クソッ。僕はまるで『脱出』に出てきたレイプ犯みたいだった。

「おまえを食べるためだよ」（童話『赤ずきん』のオオカミの台詞）。髪の長い唇のきれいな男はそれだけ言うと友人たちのほうへ帰って行った。

それからしばらくして、さっきよりずっと酔っぱらって彼は戻ってきた。おまえを食べるためだよ、というさっきの台詞はどうやら本心だったようだ。僕たちはちょっと話し、二人ともシングルで、どちらも音楽好きで（彼は本当のことを言い、僕は社交辞令だった）、どちらもタバコはやらないことを確かめた。そのあと二人はリ・バーで唯一のドアに鍵がかかるトイレの個室に向かった。

トイレでは最後までいかなかった。ジンジャーはドアの下からコンドームを一つかみ滑り込ませてくれていたが。そのかわり、ゲイらしい行きずりのセックスを愉しむために二人で僕の部屋に向かった。トイレでいちゃいちゃした僕たちはいい雰囲気になっていたし、タバコを吸わないというのがお互い嘘でなかったこともわかっていた。それから、誰であれ家に連れ帰る前に、僕は必ず相手の唾の味が好きかどうか確かめることにしている。テリーの唾はとってもビールっぽくて、僕はビールが好きだからテリーを家に招待した。ちょうど元カレが部屋を出ていったばかりで、家具はその男が持って行ってしまったから、空っぽのアパートの部屋で二人でどんなことをしたのかはよく覚えていない。でもはっきり覚えているのは、「ふう、この子はキスが最高に上手いな」と思ったことだ。

翌朝、僕は長い髪と素晴らしい唇を持つこのキュートボーイの名前を思い出すことができず、彼がバスルームにいる間に運転免許証を盗み見ることになった。彼の本当の年とフルネームを知ったのはこのときだ。テリーは一時しのぎのボーイフレンドとしては完璧に思えた。僕は二人の関係がどうなっていくかを詳細に思い描いた。僕はいかなる法的な問題もなく男色を楽しむことができるだろう。テリーはいくつかの楽しい性戯を覚える。そのうちつまらないことで仲違いして何ヶ月も口をきかなくなり、やがてただの友人になる。

けれどもそうはならなかった。僕はのぼせ上がってしまわないように何とかテリーの欠点を見つけようとしたが――テリーは大学に行っておらず、将来設計など何一つなく大人になり、僕より七つも年下で、ビデオショップの店員だ――それでも僕たちは会うのをやめなかった。

最初の夜を過ごしたすぐあとにテリーがひどい風邪をひいて寝込んでしまい、僕の中の思いやり深く面倒見のよい一面が刺激されたことも手伝った。最初の一週間は毎晩テリーの部屋を訪ね、タイ料理の差し入れをしたりビデオを貸してやったりしていた。そんななか、ゆっくりと少しずつ僕は恋に落ちていった。

理屈で考えればこれ以上ひどい組み合わせはなかった。テリーはクラブ通いをする若者だった。ニューヨーク市にいる麻薬密売に関わる危険な類いの若者ではなかったが、ＤＪを追いかけ回すクラブ狂で、イギリスの音楽雑誌を読み、七〇年代風のファッションを身につけていた。僕は音楽好きではなく、ダンスも踊らず、砂漠で水をくれると言われてもＤＪについていったりはしない。僕とテリーの共通の友人にたまたまＤＪをしているリズという男がいて、彼は僕たちが出会う前から二人のことを知っていて、二人がつき合っていると聞いたときは大笑いしたよと言った。

「僕だったら、きみたちをくっつけるような真似は万が一にもしない」とリズ。「きみたちが？　ありえない、ぜったいに」

二人が出会ったのが一年か二年早かったら、僕だってテリーとこうなることはなかっただろう。あの最初の夜のあと、二度とテリーに会うことはなかったはずだ。ところがあることが僕の運命を変えた。二人の関係を愛に変える出来事があった。テリーが病気で寝込んでいた二日間の交際期間に、テリーに頼まれて本を買って行った。本を渡すとテリーは大興奮でベッドから起き出し、小躍りして喜んだ。どんな本か？　ゴア・ヴィダル（米国の小説家。米文学史上初の同性愛を扱った小説『都市と柱』などで知られる）の『ユナイテッド・ステイツ』。ヴィダルの四十年間の作品から選りすぐられた驚くほど分厚いエッセイ集だ。二十三歳のファグ（男性の同性愛者に対する蔑称。著者は敢えて使っている）の大半はゴア・ヴィダルのことなどこれっぽっちも知らない。ところがテリーはヴィダルが何者であるかを知っていただけでなく飛び上がって喜ぶほどのファンだったのだ。

そのあと僕たちは一緒に過ごすようになり、二人は長続きしそうな雰囲気になってきた。銀行口座を共有にし、大きな買い物をするときやどこで休暇を過ごすか、夕食に何を食べるか、といった諸々のことを相談して決めるようになった。リ・バーで出会った日以来、テリーは実際には毎晩僕の部屋で過ごしていたが、二年近く自分の部屋も借りたままだった。僕は前のボーイフレンドとはすぐに一緒に住み始めたから、新しいボーイフレンドとも同じようにするのは縁起が悪いと思ったのだ。

つき合って二年が過ぎても僕はテリーのことをボーイフレンドと呼んでいて、僕の母親はそれを嘆かわしく思っていた。

「彼はあなたのボーイフレンドじゃないわ」と母は僕をたしなめた。「あなたは三十二歳でしょ！　彼は二十六歳！　二人とも子どもじゃないのよ！　一緒に住んでいるっていうのに！　子どもが欲しいとまで言ってるくせに！　彼はあなたのパートナーよダニー、『ボーイフレンド』じゃないの！」。年を取るにつれて、母親はますます感嘆符つきで話すことが増えてきた。

たしかにテリーはボーイフレンドではないかもしれないが、別の呼び名で呼ぶのもなんだかばかげている気がした。「パートナー」というと、自分たちがカウボーイか弁護士かクリントン夫妻にでもなった気分がする。どうもこう……ジェンダーレスな感じがする。ストレートの人々はおそらくパートナーという言葉のジェンダーレスなところに安心感を感じるんだろうけど。やたらとセックスしまくる同性愛者という意味で「パートナー」という名称が使われているのを最もよく目にするのが、『ニューヨークタイムズ』に掲載される著名なホモの死亡広告であるのもあながち偶然ではない。故人に同性愛の相手がいたことを知らせたい一方で、そこに二つのペニスが関わっていることは極力忘れたいストレートの人々や報道機関は、好んで「パートナー」を使う。あれが嫌なのだ。

それ以外の「ボーイフレンド」に代わる名称にもそれぞれ問題があった。テリーを「恋人」と呼ぶと、自分がフランス語訛りの英語を話すスカンク、ペペ・ル・ピュになった気がしたし、そもそも配偶者じゃないんだから配偶者と呼ぶつもりもなかった。同性婚が法的に認められるまでは、おそらくそれは、僕の子どもの子どものそのまた子どもが死んでしまってからずいぶん経った頃になりそうだが、テリーのことを夫とか配偶者とか呼べるのは、僕自身がかぎ括弧つきでその言葉を使いたいと思ったときだけだ。そして、僕はそうしたいとは思わなかった。偽物の結婚式をして友人や家族を招待してもらうべき物をもらう、ということを考えなかったわけではないが、そうする気になれなかった。

テリーは「結婚」したり「結婚式」をしたり、「誓います」と言ったりすることを望まなかった。ストレートのまねをしたくない、というのが理由だったが、これから養子をもらおうとしているゲイの男がそんなことを言うなんておかしなことだ。子どもを持つなんて最高にストレートっぽい行為じゃないか？　子どもを持つことを真面目に考える前に、まずテリーと僕はお互いのことを本気で考える必要があった。「結婚」ごっこや「指輪」の交換ごっこはしないが、これまでのように軽い気持ちで相手をとっかえひっかえするのはやめると決めた。養子をもらったあとで僕がテリーから離れていったり、テリーが僕を棄てたりするようなことがあるとすれば、それ相応の理由があるときだけだ。でも結婚式はしないし、僕がテリーを「夫」と呼ぶこともない。一方、僕がなぜゲイの結婚に違和感を感じるかというと、その理由は僕の親しい友人の言葉によく言い表されている。彼は、ゲイのカップルの結婚は低能同士が互いに博士号を与えあうために一緒になるようなものだと言った。そんなことで賢くなるはずはなく、僕たちも自分とは違う誰かになるために結婚しようとは思わない。

ホテルから養子縁組セミナーへと向かう道中、その「呼び名問題」の話になった。ゲイの基準から見てもストレートの基準から見ても僕たちはそれほど長いつきあいというわけではなく、そのせいで養子をもらうチャンスをふいにすることを恐れたテリーは、二人の関係が比較的短いことをわざわざ言う必要はないという意見だった。でも、必ずやってくる「順番に自己紹介する時間」になったら、僕たちも何か言わなくてはならない。つきあっている期間については、少なくとも一年はサバを読もうと二人で決めていた。けれども、ポートランドにいくつもある橋の一つで渋滞につかまっている時間を費やしても、「ボーイフレンド」に代わるお互いが納得できる呼び名を見つけることはできなかった。最終的に見つけた解決策は、関係を定義する言葉をいっさい使わないことだった。ボーイフレンド、パートナー、恋人、その他のいっさいの名称を使わない。ただダンとテリーですと自己紹介することにした。セミナーに参加しているストレートの人々のなかに、物わかりがよろしくなくて僕たちがホモだとわからない人がいたら、まあ、その場合は誰かが耳打ちするだろうし。

駐車場を探しながら、僕たちはそもそもなぜ子どもが欲しいと思ったのか思い出そうとしていた。これもまたセミナーで間違いなく尋ねられる質問だ。理由はたくさんあって、そのことについては二人で、また友人たちや家族とも、たっぷり時間をかけて話し合ってきた。ところがテリーが駐車スペースに車を停車し終わっても、二人とも緊張のあまりその理由を一つも思い出せなかった。

ある意味進歩

　セミナーは、ポートランドのマロリーホテルがある地区とは別の一画にあるロイドセンターで行われた。ばかでかいだけの思ったとおり退屈なショッピングモール。発がん性物質入りおもちゃのトイザラスのそばに車を停めて建物に入っていった。ロイドセンターは全館ガラス張りで、原色と陳腐な音楽、そしてＧＡＰ、シナボン、複数の大手デパートチェーンというありがちな店舗からできていた。平日にしては混んでいる。フードコートでは、老人たちが不機嫌そうなティーンエイジャーの群れの様子を疑い深げに窺っていた。ロイドセンターの唯一の特徴は吹き抜けのど真ん中にアイススケートのリンクが陣取っていたことだ。最初は、こんなところにリンクなんてばかげてると思ったが、そもそもここにばかげていないものがあるだろうか？　だったらアイスリンクがあったっていいじゃないか。

　ロイドセンターは、あらゆるショッピングモールの例に漏れず近道できない構造になっていた。だから遅刻しそうになって急いでいたにもかかわらず、会議室を探すためにあちこちぶらつかされるはめになった。エスカレーターで上階に上って色分けされた地図で調べようとしたがよけいに迷ってしまい、天井のない渡り廊下を渡り、フードコートに立ち寄ってコーヒーを買い、センター内に二つあるベビーGAPのうち片方の店内を横切り、J・C・ペニーの店に入ってからまた引き返してたどり着いたのは、結局またあのトイザラスの前だった。僕たちは別の地図を見ることにし、今度はシナボンの誘惑を何度も振り払いながら会議室を探すことになった。でも、僕らが「養子縁組」の第一歩を踏み出すためにやってきたのがショッピングモールだったというのはいかにもなことだった。いまやアメリカでは子どもは究極の消費財なんだから。

ようやくわかったのは、ロイドセンターの会議室は本当のロイドセンターの中にはなく、カフェテリアの奥の何の表示もないガラス壁の向こうに隠されていた、ということだ。そこは、屋外のもう一つの渡り廊下でショッピングモールとつながっている別館のオフィス棟の二階にあって、どの色分け地図にも載っておらず、シナボンの隣りの地図の前に三回も戻ったのは時間と精神力の無駄だった。ホテルでの一悶着に加えて会議室を見つけるのに手間取ったことも重なって、僕たちはおよそ十分も遅刻して最後に到着したカップルとなった。

しかも僕たちは、その中で最も若く、最も男率が高く、最もゲイ率の高いカップルだった。

会議室に入っていくと、ベージュで統一された広い部屋の中の大きな会議用テーブルを囲んで座っている六組のカップルの目がこちらを見上げた。薄く色をつけた窓ガラスは駐車場を見下ろす位置にあり、テーブルを囲む椅子のうち空いているのはあと二脚だけで、みなを待たせていたことは明らかだった。養子縁組エージェントのスタッフは僕たちに冊子を一部渡し、空いている席に座るよう身振りで合図した。彼らが、待ち時間を利用して、今日はホモのカップルも来ますよと他のカップルに警告していたのでなければ、遅れてきた僕たちを見てみんな驚いたはずだ。もしも僕とテリーが最初に着いていて他のゲイのカップルが時間ぎりぎりにやってきたら、僕はきっと驚いただろう。ここは自分たち以外のゲイが来るとは思えない場所で、だからドアから入ってきた僕らを見てストレートの人たちが驚かないなんて考えられなかった。ところが席に着こうとする僕たちに向けられたのは微笑みとうなずきばかりだった。

会議室には全国共通学力テスト前の教室さながらの緊張感が漂っていた。全員席について気持ちを落ち着かせようとしていたが、逆にそわそわしてくるばかり。他のカップルはだいたい三十代後半から四十代後半ぐらいに見えた。唯一僕たちの真向かいに座っていたカップルだけは、二十代後半から三十代前半のようだった。みんなきちんとした服装をして身だしなみがよく、栄養状態も良好そうだった。そして全員白人だった。専門職についている郊外で暮らす高収入の人々。男たちはドッカーズの服を着て、女性は趣味のいいブラウスにスカートかパンツを合わせていた。ばかでかい宝石をつけたり、髪を大きく結いすぎたりする失敗を犯している者はいなかった。テリーと僕はといえば、ジーンズとTシャツに野球帽とランニングシューズというでたちで、その格好で王の戴冠式に出てしまった人みたいに場違いに見えた。

席に座り、落ち着かない心でもらった冊子に書かれた日程表を確認するふりをしていた僕は、このテーブルに座っているカップルのうちホモ嫌いは誰だろうといつしか考え始めていた。

そのとき部屋にいたストレートのカップルたちは、僕たちがホモであることなんかよりもずっと重要なことを考えていたはずだ。当然そうだろう。ところが僕たち同性愛者はあらゆる場所に同性愛嫌悪者を見つけてしまう悪い癖があって、ときどき自分で自分を追い込んでしまう。とはいえ僕たちが敵陣に入り込んでいるのは間違いなかった。子どもをつくったりもらったりすることは、「僕たち」について「彼ら」が最も期待しないことだ。僕はもちろん、その会議室にいたすべての人のことを好意的に解釈したいと思っていた。その部屋に、ゲイの男二人が子どもを養子にもらうことに反対する人が一人もいないということもありえた。彼らのように養子をもらおうと考える人々は、彼らが選んだエージェントと同じくらい進歩的な考えの持ち主かもしれなかった。なのにこうなるのはたぶん、六人の夫が六人の妻にぶち込むところを逆に僕のほうが頭の中で思い浮かべたせいだ。

ふと、初めてエージェントに電話したときに送られてきた資料のことを思い出した。そこには実際に養子縁組を希望しているカップルが自分で書いた自己紹介文も掲載されていた。その半数以上が自分はクリスチャンだと書いていた。もちろんクリスチャンが全員同性愛嫌いというわけではなく、クリスチャンでホモという人たちもいる。けれども一九九〇年代後半のアメリカでは、自分はクリスチャンだとわざわざ知らせてくる人のほとんどはホモ嫌いだと考えておいたほうが安全なのだ。ということは、そのテーブルに着いているカップルのなかに、僕とボーイフレンドは地獄行きで子どもをもらって帰る権利などないと信じている誰かがいる確率は高そうだった。

セミナーが始まるのを待つ間、話をする者は一人もいなかった。みんな目を合わせようともしなかったので、僕はテーブルを囲むカップルたちを一組一組観察することができた。僕たちを嫌っているのは誰だろう？　怪しいのは誰？　この中の誰かは僕たちを嫌っているはずだが、でもどいつが？　すぐ隣りに座っている僕の父親似の男性だろうか？　大きな眼鏡をかけたあのピンクのセーターの女性？　いかにもＮＰＲ24／7（クラシック音楽専門の有料ラジオ放送で、聴取料も高い）を聴いていそうなあのカップルか？

たぶん僕は被害妄想気味になっていた――そう、認めよう、僕は確かに被害妄想に陥っていた――でも仕方がないじゃないか？　礼儀を重んじる世の中になり、あからさまなホモ嫌いの行為が眉をひそめられるようになった今、いつ、どこで自分たちが求められていないかを判断するのが以前より難しくなった。ホモ嫌いの人々も、その偏見を昔のように自由に表現することを躊躇するようになった。僕たちが確実に求められていない場所、たとえば軍隊でも、僕たちにはそこにいてほしくないと思っている人々が、無理をして礼儀正しく振る舞っている。

たとえばコリン・パウエルは、ゲイであることを公表した兵士についての米軍勤務禁止規定の支持をテレビで表明する前に（クリントン政権の一九九三年、この規定の撤廃が検討された際に、当時の統合参謀本部部長だったパウエルは、規定を支持し「問わず、公言しない」の方針で妥協点を見出した）、ゲイのアメリカ人男性は、祖国への忠実さや勇敢さ、愛国心についてはほかのどのアメリカ人にも劣らないとわざわざ断った。同性愛者はとっても好きだけど俺の軍隊からはとっとと出て行ってほしい、というわけ。同性愛者は道徳的に問題がある、と当時の統合参謀本部部長であったパウエルは言った。だけどもちろんストレートの人々がダンスに出かけるときは話が別なのだ。金曜の夜や土曜の夜にはストレートの人々が大挙してゲイバーやダンスクラブに押し寄せるが、それで道徳観が損なわれるストレートは一人もいならしかった。僕自身は、これまで軍隊に入りたいと思ったことは一度もない。ストレートの青年たちに銃を持たせ、遠い遠い場所に送って互いに殺し合いをせよと命じる。それを妨害したいと思うわけがないだろう？　僕に言わせればこれは完璧なシステムで、問題がないなら無理に変える必要はない。

でも、もちろん僕以外のゲイやレズビアンらが海軍や陸軍に入隊し、強面の海兵隊員になりたがっているのは知っていて、だからゲイの軍隊への入隊を禁じるあの規定は不公平だと思う。いつの日かこの禁止令が破棄されることを僕は望んでいるが、そうなるまでは夜も眠れないというほどではない。けれども、とんだ茶番だった米軍へのゲイの入隊禁止規定撤廃騒動で最高に興味深かったのは、パウエルをはじめすべての人々が自分の考えを、「ねえ、俺は偏見の持ち主じゃないよ」と取り繕おうとしていたことだ。彼らは、僕たちへの不当な扱いを永久的なものにしようとしているときでさえ、無理して僕たちにおべっか（勇敢だ！　愛国心がある！　忠誠心がある！）を使おうとしていた。いい人ぶっておいて、足下では僕たちの首根っこを踏みつけていた。これも一つの進歩、なんだろうけど。

憎しみが寛容という外面をかぶるようになった今、僕たちはいったいどうやってその違いを見分ければいいのだろう？　否認や無関心、寛容、受容がまったく同じ外見を見せているとき、あなたならどうする？　社会的寛容を示すことが大部分のストレートの人々にとって当たり前になったことはよいことだけれど、それと同時に寛容であるかのように取り繕うことも、あらゆる人にとって当たり前となった。誰もが同じ表情をしているとき、いったいどうすれば思いやりのあるストレートと偏見に凝り固まったストレートを見分けることができるだろう？

残念だが見分ける術はない、少なくともその誰かが選挙に出るまでは。そしてまた、これもまたやっぱり一つの進歩なんだろうが、この進歩は寛容さを示される側を被害妄想に陥らせる類いのものだ。自分を嫌っている人と嫌っていない人を見分けることができないとき、人は最悪を想定するしかないと考えてしまう。なにしろ社会的な不寛容さによって殺される場合もある（安らかに眠れ、マシュー・シェパード）（米国の元大学生。一九九八年に同性愛者であるという理由でワイオミング州ララミーで殺害された）。僕たち二人がこのロイドセンターの会議室で（スケートリンクでかも）殺害されるとは思えなかったし、今、生きてこの話を書いているんだから間違いなく僕たちは殺されていない。でもこの「うーん、この部屋に僕を殺したいと思っているやつはいるんだろうか」という緊張感をどこへでも持ち歩かねばならないことが、僕たちの神経をすり減らしている。

こんなふうに不安にかられることがこの頃とみに増えてきた。例の米軍勤務禁止規定の騒動から数年後、僕は共和党に入党した。民主党色の強いゲイコミュニティで暮らしていた僕は、近隣の共和党員たちがどんな人たちなのか見てみたいと思ったのだ。それに、共和党員の誰かとうっかり寝るようなことを避けたかったし。僕は一九九六年の大統領選挙戦のときに共和党選挙区の党員集会に参加してみた。ところが僕の選挙区の共和党員は予想以上に少なかった。党員集会の出席者は僕一人だったのだ。寂しい共和党職員は、僕が党員登録を希望すれば、自動的にこの地区の共和党選挙区委員となり、次回の郡と州の代表者会議に代議員として出席できると説明した。代議員は党の政綱に修正動議をかけることができると知った僕は、党員登録したいと考えた。

僕が住む郡の共和党政綱にはお決まりのゲイ批判の綱領がすべて含まれていた。そこで僕は会議に出席していくつかの動議を行った。数十個の動議だ。ゲイ嫌いの綱領を廃止し、それらを修正し、ゲイの公民権を守る綱領を追加し、ゲイやレズビアンの共和党への参加を歓迎することを提案した。決められた持ち時間は動議に五分、議論に四分、回答に一分。僕の前には、嫌でも話を聞かざるをえない千六百名の共和党活動家たちがいた。当然ながら動議はすべて棄却され、僕が立ち上がって次々と動議を行うたびに僕と同輩である千六百人の代理人たちから大きなブーイングが起こった（いくつもの日刊紙が、僕の行為は議事を逸脱させるものだったと評した）。けれども、会議の参加者の誰一人として、僕に対して個人的に嫌な態度を取る人はいなかった。トイレで出会ったときでさえ。会議場で周りの席についていた紳士淑女のすべてがこれ以上はないほど親切だった。次の動議のよりよい提案の仕方を指導してくれる人たちさえいた。結局次々と却下していくのだが。

同性愛嫌悪者が、僕たち同性愛者の存在に慣れてくるにつれて、同性愛嫌悪者を判別するのがより難しくなった。同性愛者を捕まえたり電気ショックを与えたり殺したりするやり方はもはや時代遅れとなった。もちろんゲイいじめは、今でも世界中の情緒不安定なストレートの若者によくある、大人への通過儀礼的行為として残っているが（安らかに眠れ、ビリー・ジャック・ゲイサー）（一九九九年、同性愛者であることを理由に、スポーツクラブで働く三十九歳の男性が行きずりの二人の男に惨殺された）。もはや州がそうした行為を容認することはない（マシュー・シェパードやビリー・ジャック・ゲイサーを殺した男たちは、どんな幸運に恵まれたとしても、そのうち自分たちも冥福を祈られることになるだろう）。

つい最近のキリスト教保守派によるゲイやレズビアンへの攻撃もまた、思いやりという隠れ蓑をまとっていた。キリスト教保守派が新聞やテレビに広告を出し、まったくの作りごとと言える「同性愛卒業運動（ex-gay movement）」を推進し始めたとき（原著刊行の前年にあたる一九九八年からこのような動きが顕著になり、前出のマシュー・シェパード殺害事件もそれに誘発されたものと見られている）、国際ゲイとレズビアン特別調査委員会はこの運動を「よりソフトで控えめな同性愛嫌悪」と呼んだ。ゲイのライフスタイルから「自力で脱却した」と言う男性たちや女性たちが、『ニューヨークタイムズ』紙をはじめとする新聞各紙の全面広告からにこやかに笑いかける姿は、まったく信じがたいものだった。多くのゲイやレズビアンたちが、「あんな広告、怖くもなんともないね」と言い合った。

怖さは相当なものだった、ということがすぐにわかった。ゲイやレズビアンは、広告やその「思いやり深いメッセージ」の本当のターゲットではなかった。じつは広告はストレートの人々に向けたもので、そのメッセージとは、主なるイエスは小さきホモを、すべての小さきホモたちを愛している、というものではない。とんでもない、広告主たちはストレートの人々に、同性愛のない世界で暮らすことを邪魔している唯一のものは、あの愚かなゲイやレズビアンたちだ（「なぜ彼らは主イエスキリストにただその身を捧げるということができないのか？」）と信じ込ませたかったのだ。同性愛者などそもそもこの世になくてよいものだと主張することによって、広告は同性愛者には生きる権利などないと暗に言っていた。

これは宗教的保守派による、アメリカの文化に恐ろしくも新しい種類の憎しみ、つまり抹殺主義的同性愛嫌悪を持ち込もうとする試みだった。ダニエル・ゴールドハーゲンは、『普通のドイツ人とホロコースト――ヒトラーの自発的死刑執行人たち』と題する著書のなかで、第二次世界大戦前のドイツ人の反ユダヤ主義がいかに特殊で残忍なものだったかを記している。ゴールドハーゲンはこれを抹殺主義と呼んだ。ドイツのキリスト教教会は、ユダヤ人はキリストを死に追いやった者であるという考えを人々に吹き込み、やがて、ユダヤ人はドイツ文化の純化のために抹殺すべき有害で劣った人種だと考えられるようになった。そして今、アメリカのキリスト教保守派が、ゲイやレズビアンは「キリストを拒否する」者たちであり、同性愛はアメリカ文化を純化するために抹殺されるべき「行動様式」であるという考え方を浸透させようとしている。そしてそれを「思いやり」と呼んでいる。

誰かがゲイやレズビアンには生きる権利などないと主張することと、他の誰かが自分でことを起こしてゲイやレズビアンの命を実際に終わらせようとすることには紙一重の差しかない。実際、あの広告が世に出たあとに、マシュー・シェパードとビリー・ジャック・ゲイサーが殺された。もしも宗教的右派が、ある過激なサイトに書かれていたように「この偉大な国家の顔から同性愛という汚点をぬぐい去る」ことに本気で取り組めば、さらなる殺人が起こることは必至だろう。「修復セラピー」とかいう無駄なおしゃべりをしたがるゲイやレズビアンはほとんどいないし、僕たちの大半は「元ゲイ」になることに何の関心もない。同性愛的行為をこの世からなくしたければ、同性愛者を根こぎにする以外方法はない。

それでも近頃は、偏見に凝り固まったホモ嫌いでさえも、ホモなど何とも思っていないように見えることを誇りにしている。だから僕たちはたいていどんな部屋にでも、共和党の議会にさえも堂々と入っていくことができ、眉をひそめられることもない。そのとき偏見だらけのホモ嫌いはおそらく顔の筋肉に力を込め、くつろいだ表情を固定しているのだろうが、彼らは冷笑したり唾を吐きかけたり、物を投げたりしない。彼らはそれをうまくやってのける。

ロイドセンターでテーブルを囲む人々を眺めながら僕が考えていたのはまさにそのことだった。無理やり作られた、顔に貼り付けられた表情。彼らはうまくやっていた。ある瞬間には僕はこう考えた。彼らは僕たちを嫌っている。毛嫌いしている。また次の瞬間にはこうも考えた。自意識過剰になるな。彼らは僕たちが二人とも男だってことにも気づいていないかも知れないぞ。そして別の瞬間には、ここにいる親切なストレートのカップルたちも、テリーや僕と同じくらい緊張しているだけなのかも、という希望的観測を持った。彼らはきっと何も気にしていないのだ。彼らもショッピングモールで迷ってしまい、僕たちが到着する直前に駆け込んできて全員息切れしているのかも。それともこのセミナーは統計的例外で、ここには熱心なキリスト教徒は一人もいないのでは。もしかすると全員が進歩的な民主党支持者でゲイやレズビアンの友人や隣人を持ち、テリーと僕がここにいることをこれ以上はないほど喜んでいるのかも。あるいは全員がバイセクシャルだとか。

偏見に凝り固まった人と最高の友を見分けることなどもう無理なのだから、疑わしきは罰せずということにして、彼らが別の顔を見せるまではゲイに対して寛容な人々だと考えておけばよいのかもしれない。でもそうすると、笑顔を張りつけた頑固な偏見の持ち主たちはやすやすと僕たちの背後から忍び寄ることができる。だから僕はどうしたって最悪に備えたくなる。

ゲイリブ運動（六〇～七〇年代に起きたゲイ解放運動のこと。カミングアウトを推奨した）が始まった当初、ゲイの政治家たちは国中の隠れホモたちが青色になればいいのにと考えた。隠れることができないとき、人は必然的に戦わざるをえなくなるからだ（その後一九八〇年代の初めに大勢の同性愛者たちが実際にエイズ禍で真っ青になり、そしてまさに予言された通りに、カミングアウトして戦いを開始した）。最近僕は、偏見に凝り固まった人たちが青色になってくれればいいのにとよく思う。彼らが青色になれば、ストレートの人だらけの会議室に入って行くときも、ワイオミング州のバーで座ってビールを飲みたいときも、さっと周囲を見回せば済む。青色の人がいない、なら心配いらない、というふうに。そうなったら僕たちは、いつ、誰と戦うべきかがすぐわかるし、もっと重要なのは、いつ気を抜いていいかがわかるようになる。

不妊を嘆き合う

養子縁組エージェントの所長の「養子縁組――それは一生の取り組み」と題する二日間のセミナーへの参加を歓迎する挨拶の声で、僕は被害妄想的な物思いから現実に引き戻された。ルースはこのエージェントの所長に就任して三年目だが、もともとは利用者の一人だった。彼女は養子にもらった息子の写真を見せて、だから養子縁組がどういうものかよくわかっていますと言った。その顔には熟練の共感的表情が浮かんでいた。僕たちはそのあと二日間、この表情を何度となく見ることになった。カウンセラーや弁護士たち、そして自分の体験を語り、僕たちの質問に答えるためにやってきた、実際に養子を育てている親たちの顔の上に。もちろん、ルースは本気で僕たちのことを気にかけてくれていたが、おそらく彼女はこのスピーチをすでに三十六回はしてきたはずだった。このエージェントを介して養子をもらう前には同じようなスピーチを聞かされもしただろう。だからルースは、意図して共感を示せるようになっていた。

ルースは三十代初めの魅力的な女性で、髪は茶色でウェーブがかかっていた。彼女は関心を示しつつ距離を置くという矛盾をはらんだ態度を身につけていて、それはソーシャルワーカーとただの人とを大きく隔てる資質だった。テーブルを囲む養子縁組希望者たちは彼女にとって、抽象的存在とまでは言わないがそれに近い存在——つまりクライアントだった。ルースは開会の挨拶のなかで、彼女と彼女の会社が僕たち一人一人を深く思いやっていると言った。でもその口ぶりからは、僕たちの個人的事情にいちいち関わるつもりはないということがはっきり伝わってきた。仕事が忙しくてそんな暇などない、と。彼女のメッセージは表向きは思いやりに溢れていたが、そこに隠されていたのは「あんたたちはここに来た。養子をもらいにきた。いい加減それを受け入れなさい」だった。

明らかに、ストレートのカップルたちは何らかの諦めの末に、このエージェント流に言えば養子縁組に「至って」あるいは「たどりついて」おり、それを肉体的な宿命であるかのように感じていた。僕は、セミナー初日がこれほど陰鬱な空気で始まるとは予想もしていなかった。そしてルースの開会の挨拶が佳境に入ってくるにつれて、テリーと僕はますます場違いなところに来てしまった気分になり、会議室に入ってきたときよりもさらに目立ってしまっている気がしてきた。

僕は配られたやたらに分厚い冊子を開いて日程表を覗き込んだ。「不妊を嘆く」「不妊に対処する」「不妊とその養子縁組への影響」「養子縁組によって失われるもの」。そっとテリーを突ついて冊子を横滑りさせた。テリーは眉を上げた。僕たちが不妊を問題だと思ったことは一度もなく、それはたんなる事実で、だからそれについて時間をかけて考えたことはなかったし、もちろん何の対処もしてこなかった。それに「養子縁組によって失われるもの」も僕たちには皆無で、養子をもらうことはむしろ勝利でしかなかった。一九八〇年に僕が同性愛者であることをカミングアウトしたとき、いつか自分が養子をもらえるようになるとは考えもしなかった。ゲイの男が養子をもらうのは違法だと間違って思い込んでいた。だって当時ゲイの男に家族などいなかったから——僕らゲイは家族にとって脅威だった。

ボーイフレンドがメモを書いてよこした。「一日目はパスさせてもらうべきだったかもね」

ルースは会議室に集まった人々に向かって僕たちが抱える不妊の問題をざっと説明していった。「不妊が原因で養子縁組が上手くいかないことがあります」と言うとルースは理由を説明した。「妊娠が思い通りにならなかったという思いから、養子縁組で自分の意思を通そうとすることがあるのです。夢に見てきた血のつながった子どもではないからという理由で、養子にもらった子どもを疎んじるようになる場合もあります。みなさんは成功した方々です。社会的に成功し、素晴らしい結婚をしました——子どもを持てなかったことがおそらく人生で初めて上手くいかなかったことなのではありませんか？ あなたにとって初めての敗北だったのでは？」

これを聞いたとき、初日はパスすべきだったと確信した。ボーイフレンドと僕は自分たちの不妊をとっくの昔に受け入れていて、ストレートのカップルに混じって座っていると、自分たちがその場にいること自体、彼らの「敗北」を茶化すことになる気がした。

「血のつながった『自分の』子どもを持てないことを悲しんだり怒ったりしたいというなら、それはそれで構いません」とルースは続けた。「でもそのような感情に人生を支配させてはいけません。豊かなところから親としての一歩を踏み出しましょう、貧しいところからではなく……」

高校時代や大学時代、ストレートの友人たちは、僕に向かってゲイであることの不利益の数々を指摘した。冗談めかしてはいたが本気のように聞こえた。性的指向に関する彼らの理解はひどく偏ったもので、当時は僕自身もそうだったんだけれど、なんとか僕を説得してゲイをやめさせようとした。彼らは僕との友人関係を失いたくないと思い、そしてもしも僕がゲイに「なってしまったら」友情も終わりを告げると考えていた。一九八〇年当時、ゲイであることは人の道を踏み外して秘められた社会に加わることであり、遠くに行って別人になってしまうことを意味していた。そうなれば、何年か後の街角で、レザーパンツに緑がかったブルーのTシャツ姿でバスを待つ僕を友人たちは目撃することになる。そうなるのを阻止しようとして、ゲイは結婚できないしちゃんとした仕事にも就けない、住みたい場所にも住めないんだぞ、と友人たちは警告した。それにゲイは子どもも持てないじゃないか、と。

僕はゲイの利点の数々を挙げて反論した。その当時の僕にとっての利点のことだ。ジミー・カーターは大統領職を辞任する前に、イランにアメリカが本気だと示すためにまだ高校生の年齢の男子にも徴兵登録を義務づけた。次に大統領に就任したロナルド・レーガンは、サンディニスタ民族解放戦線（ニカラグアの左翼ゲリラ組織。エルサルバドル・ゲリラを支援して対米関係が悪化した）に今にも宣戦布告しそうに見え、僕たちはいつ招集されてもおかしくなった。ゲイが有利な点、その一――僕たちみたいなのが軍に招集されることはなく、だから中央アメリカで銃弾に倒れる心配もない。でも一九八〇年代にゲイであることの究極の利点は、避妊の心配と無縁だったことだ。ストレートの友人たちにとって、避妊は何よりも頭の痛い問題だった。彼らはまず避妊具をどうやって手に入れるかに頭を悩ませ、それをどうやって親の目から隠すかということにも知恵を絞らなくてはならなかった。ゲイが有利な点、その二――僕にはピルの心配も、コンドームの心配も、生理が遅れていることへの心配も赤ん坊の心配も中絶の心配もなかった。この点については、みんなゲイがストレートより有利だと認めていた。その後、当然のことながら形成は逆転し、ストレートの友人たちがかつて産児制限《バースコントロール》に頭を悩ませていた以上の時間を、僕は死の制御《デスコントロール》の心配に費やすようになった。ストレートの友人たちが万一避妊に失敗して妊娠しても、つねに中絶という道があった。でも僕が死の制御に失敗して感染した場合、ウィルスを中絶する方法は一切なかった。僕は死ぬことになる。これはストレートが有利な点。

会議室のテーブルを囲んでいたストレートのカップルたちは、何年間も避妊に気を遣ってきて、その挙げ句にそんな心配などいらなかったとわかったときには大きなショックを受けたはずだ。「自分の本当の」子どもを持てないと知った彼らは、他人の子どもを育てるしかないとあきらめてここにやってきていた。一組ずつ順番に自己紹介していく時間になると、誰もが平静を装い、ルースの言う「豊かなところ」を目指そうとしていたが、その潤んだ瞳や突き出したあごを見れば、彼らにとってこの場に座らなければならないこと自体が、辛く苦しい屈辱的な敗北であるのは明らかだった。どのカップルもこれまでの辛い日々のことを話したり、ほのめかしたりした。何万ドルものお金が、成果の出ない不妊治療の数々や、生体外なんちゃら、試験管なんちゃら、卵子採取といったものに消えた。長い年月が無駄に過ぎていった。穏やかで精神的に安定しているルースでさえ、自分の子宮にお金と薬を注ぎ込み、血のつながりのある子どもを持つための報われない努力を続けた。

ルースは、不妊が彼女の結婚生活にいかに大きな緊張をもたらしたか、また不妊治療によって自分がどれほどひどい抑うつに悩まされたかを話した。もう我慢できないと思ったある日のこと、彼女は服用している不妊治療薬の副作用についての説明書きを読んだ。三つ目に挙げられていたのは「軽い精神障害」。正気を犠牲にしてまで血のつながった子どもを手に入れる必要はない、と決意したルースは治療薬を飲むのをやめた。これが、ルースが養子縁組に「たどりついた」いきさつで、彼女の話は、自分たちの体験を順々に話していた僕たちがその日に聞いた、他の多くの話ととてもよく似ていた。

ついにテリーと僕の番が回ってきたとき、僕たちは何と言えばよかったのだろう？　「ここに来られてワクワクしています。これ以上嬉しいことはありません」？　僕たちはそれほど舞い上がっているようには見えないたちだが、じつはすごく気分が高揚していた。僕がカミングアウトしたとき、ストレートの友人たちから一生子どもは持てないぞと言われた。一九八〇年にゲイだとわかったある男は（僕たちは寝た）、家庭を持ちたいからカミングアウトはしないと僕に告げた。でも彼は一九八六年に死に、カミングアウトすることもなく、欲しがっていた家庭を持つこともなかった。フロリダ州では現在ゲイが養子をもらうことは禁じられていて、そのうちよその州でも不法とされることだろう（この著者の予想に反して、アメリカでは同性カップルによる養子縁組の合法化が進み、二〇一六年三月に全米で合法となった。九一頁の編集部注を参照）。州によっては血がつながっている子どもであっても、ホモ嫌いの親戚連中と結託したホモ嫌いの法廷によって、取りあげられるところもある。

だから、この会議室に座って養子縁組についての研修を受け、自由が許される州で暮らし、このエージェントからちゃんとした扱いを受けていることは、僕たちにとっては敗北でもなんでもなかった。これは最高で最大の、ぶっちぎりの勝利。大成功だった。テーブルを囲むストレートのカップルにとって養子縁組は辛く長い旅路の末にようやくたどり着いた場所だったのに対して、僕たちにとってここはまさに出発点だった。で、僕たちは何と言ったのか？

場違いなことを言った、もちろん。ガチガチに緊張すると、僕の口は間抜けなことを、まるでトゥレット症候群患者みたいに口走り始める。この日も例外じゃなかった。僕たちが話す順番は後ろから二番目で、すでに五つの悲しい話を聞いていた。そこで僕の脳足りんな頭の中の頓珍漢なシナプスが、この場にぴったりなのはジョークだ、場の雰囲気を和らげてストレートの人たちを元気づけろ、と告げたのだ。

「こんにちは、僕はダン。こっちがテリーです。見ればわかると思いますが、僕たちは、僕たちなりの不妊の問題を抱えていまして」

もしも前言撤回することができるならそうしたい。声を上げて笑う人は一人もおらず、みなニコリともしなかった――どうして笑えるだろう？　ただありがたいことに、僕たちの次に自己紹介したキャロルとジャックもジョークをいくつか連発した。ジャックはエンジニアでキャロルは経営幹部だ。二人は妊娠するための努力を何年も続けてきたが成果は出なかったと言った。

「僕たちが今日ここに来たのは」とジャックが説明した。「僕が試験でついに0点を取ってしまったからです」

異性愛者としてのアイデンティティは、異性愛者に備わった子どもをつくる能力というものによって保護されている。ストレートのカップルのセックスはゲイどうしのセックスにできないことをする。「奇跡を起こす」ことだ。このセミナーに出席していたストレートの人たちは、大人になって恋をして結婚し、セックスを楽しみ、いずれは生命を生み出すためにセックスするものだとずっと考えてきた。不妊はたんにその期待を打ち砕いただけではなかった。それは彼らの性的アイデンティティにまでひびを入れた。

ストレートのセックスは快楽目的とも生殖目的とも――またはその両方にも――なるが、ゲイのセックスは永遠に快楽目的でしかない。ゲイのセックスが何かの手段となることはなく、つねに目的で、その目的とは快楽だ。ホモ嫌いたちは、それを根拠にゲイやレズビアンたちに対する自分たちの嫌悪感を正当化している。ストレートのセックスは妊娠につながるから「自然なこと」。でもゲイのセックスはただのふしだらな行為で、だから自然ではない、と。赤ん坊が、ストレートのセックスをゲイのセックスより価値あるものにし、よってストレートはゲイより価値があるということになる。赤ん坊は、「アダムとイブなのだ、アダムとスティーブではなく」から「ゲイは子どもを持てない。だからあなたの子どもをゲイにしようとする」にいたるまでの、あらゆる異性愛至上主義を支持する根拠となっている。ストレートのセックスでは、たとえ避妊していても生殖の可能性がその行為を神性化する。子どもができる可能性がゼロのセックス（オーラル、アナル、テレフォン、サイバー等）をしているときでさえ、その二人の人間が、別の状況や別の体位なら生殖可能だという事実が、ストレートのセックスを正当化する。

この理論が、ゲイの頭にもストレートの人々の頭にも同じように叩き込まれている。ゲイは、自分の欲望や快楽や愛情は正しくないことだと思い込んだまま大人になる。一方、同じことを吹き込まれたストレートの人々は、自分たちはその奇跡を起こさなければ、子どもをつくらなければいけない、と思い込む。さもなければ……どうなるかって？　子どもをつくれないストレートはもはや本物のストレートではない。そしてストレートでないなら……何なのか？　そのときあなたは僕や僕のボーイフレンドと、同じになる。とたんにあなたのセックスはすべて快楽目的となり、ゲイのセックス同様に正当性も神聖さも奪い去られる。生殖能力を伴わないストレートのセックスにはもはやそれ以上の意味はなくなる。ああ、もちろん愛情表現ではある——でもそれはゲイのセックスも同じで、それを理由にゲイのセックスがまともだと認められることはなかった。赤ん坊ができないところには、奇跡も魔法も存在しない。それでもセックスに喜びはあるだろうけど、セックス嫌悪症の（つまりはセックスに取り憑かれた）文化においては、喜びはセックスの正当な理由とは認められておらず、それが認められるならゲイやレズビアンのセックスがこれほどスティグマ化されることもなかったはずだ。

僕にはテーブルを囲んでいるストレートの人たちの気持ちがよくわかった。彼らがどんな思いをしてきたか理解できた。僕自身も同じ思いをしたことがあったから。ずっと昔のことだが。思春期を迎えたときに、僕は自分に生殖能力がないことを知った。でも、このセミナーに来ているストレートのカップルはみな、つい最近そのことを知ったばかりで、今もまだその事実を受け入れようとしている最中なのだ。僕たちと彼らが共通の思いを抱いていることを痛感したのは、セミナーでカウンセラーたちが使っていた表現を聞いたときだった。カミングアウトという言葉だ。ストレートのカップルたちは、変えようのない事実を受け入れましょうと励まされていた。いつかそのうち、自分たちの「問題」を天の恵みだと思える日が来ます。家族や友人たちにも本当のことを話すことが大切です。たとえ最初は理解されなくても。彼らは無知のせいであなたを傷つけるような質問をするかもしれません。でも忍耐強く答えましょう。偽りの人生を生きることも、つまり養子をもらってその子を血のつながった子どもで通すこともできます。でも一生真実を隠し通すことは誰にもできないのです、とカウンセラーは言った。

そう、僕たちはみな、ある意味同じ立場だった。

セミナーに出席していたストレートのカップルたちは、自分自身に対してもお互いに対しても不妊であることをカミングアウトしたことによって少しゲイに近づき、ボーイフレンドと僕は逆にストレートに少し近づきかけていた。テリーと僕は、いくつかのことをやめる覚悟をしていて、それはよくも悪くもゲイをゲイたらしめている行為だったから。それらはどれも素敵な、楽しいことばかりで、僕たちにとって価値や意味のあることだった。たとえば一夜の恋。身の安全に注意し、相手への敬意を忘れなければ、関係を持つ相手を限定しないことには旅に出るのと同じくらい見聞を広める効果がある。アムステルダムでのある夜、僕はレザーバー（革服を着たホモやSM趣味の者がたむろするバー）で一人の男性と出会った。二十八歳のドイツ人学生だ。僕たちはビールを一杯飲み、バーを出て彼のアパートメントに行った。アパートメントの部屋でいちゃつき、あと腐れのない関係を楽しみ、事が終わるとドイツの再統合や東ドイツで大人になることがどういうものだったか、第二次世界大戦中に彼の祖父母がどんな仕事に従事していたか、といったことを夜通し語り合った。

翌日は、彼の案内で自分一人ではけっして行かなかっただろうアムステルダムのある地域を見に行った。そのあと彼はホテルまで歩いて僕を送ってくれ、僕にキスをしてさよならと言った。その後彼に会うことはなかったし、もう名前も覚えてはいないけど、あれはとても美しい体験だった。もちろんこれはゲイだけに限ったことじゃない。異性愛者だって旅先ではちょくちょく寝ると聞いている。でもアムステルダムでの僕たちの体験をより気楽なものにしていたのは、ゲイである二人が共有していたある想定だった。出会った場所から考えて、二人ともこの関係がどの程度続き（十時間程度だろう）、自分たちが今何に「惹かれていて」、どんなふうに別れることになるかもよくわかっていたのだ。

アムステルダムのこの体験を否定したり軽んじたりして、エージェントや裁判所、または自分の母親に、自分が親になるのにふさわしい人間だと思わせるつもりはまったくなかった。でも親になるということは、これから先はアムステルダムのような経験を我慢したり自粛したりすることを意味するということはよくわかっていた。しかしだからといって偽善者になる必要はないはずだ。僕は、なんでもかんでも喰らってきた。男も化粧も酒も薬も。そんな経験の数々を正直に認め、その記憶は心の奥底にしまった上で、よい親になることはできるのだろうか？　できる、と僕は考えた。

テリーと僕は養子縁組を希望していたが、自分たちがどんな人間であるかを隠したり、ごまかしたりするのは嫌だった。一方で僕たちは、子どもをもらうということはアムステルダムはもうないということだと、それも一時的にではなくずっとそうなのだと、ちゃんとわかっていた。かつてテリーと三人プレイをやろうと話したこともあったけれど（正確には僕がそう言い、テリーは聞いていただけで、結局何も起こらなかった）、家に子どもが来ればそんなこと永遠にできるはずがなかった。性的に放縦なストレートの人が同じことをすれば（つまりいくつかの性的可能性を放棄したら）、おそらく落ち着いたと言われるのだろう。そして多分、テリーも僕も、古きよき時代のふしだらなビッグゲイみたいには二度とならない。そう思うと寂しかった。なにしろ、やり納めとなったふしだらな関係のいくつかはずいぶん楽しいものだったから。

養子をもらったら僕たちは他に何をあきらめることになるだろう？　そう、たぶんサーキットパーティにも行かなくなるだろう。気分転換にパーティドラッグをまた使うことがあったとしても、子どもを母親に預けて休暇で旅行に出かけたときだけだろう。僕は長らく自堕落な生活を続けてきて（一度たがを外して男にキスしたら、怖いものは何もなくなる）生き延びた生き証人として今その話をしている。もしも養子をもらったら、僕はこの自堕落な暮らしから足を洗うし、テリーもそうするだろう。つまり、テリーにも僕にも、養子をもらうことによって失うものがあるということで、きっとそのことをいくらか嘆いたりもするだろう。でも会議室に集まったストレートのカップルたちと違うのは、僕たちは失うことを選んだということだ。仕方なく受け入れさせられたわけではなかった。

本物のフェミニストの男なら…

僕たちも血のつながった我が子という「夢」に心を動かされたことがなかったわけじゃない。不妊の悩みを共有するストレートのカップルで一杯のこの会議室に来るずっと前に、僕たちも血のつながった子どもを持つことを考えたことがあった。でも、今テーブルを一緒に囲んでいる他の人たちと違うのは、僕たちが無駄にしたのはほんの少しの時間だけで、実際の金銭的損失に至っては皆無だったことだ。

血のつながった子どものことは、テリーと出会う前から考えていた。テリーとつきあい始めてからわりあいすぐに養子をもらおうと決めたのは、そのせいでもある。二人が出会ったその日、テリーは子持ち男と結婚したようなもので、だったらそうしようじゃないか？　と。養子縁組が成立するには少なくとも一年はかかるはずで、だから二人がうまくいかなくなったとしても、子どもが来るよりずっと前に別れることになり、手遅れになる前に「一生の取り組み」を取りやめにすることもできる。逆に二人が長続きすれば、つき合ってちょうど三年目あたりに子どもがやって来ることになり、家族三人で暮らし始めるにはちょうどいい時期だと思えた。

テリーと出会ったとき、僕は三人の（それぞれ別々の）レズビアンとの緊迫した子づくり交渉の真っ最中だった。三人のうちの二人はカップルであとの一人はシングルだったが、全員僕と同じタイプの同性愛者だった。つまりタフで機転のきく嘘のない人間で、さえたユーモアのセンスと、「団結した人民は不屈である」（ポーランド出身のアメリカの作曲家ジェフスキーの「不屈の民」変奏曲）という特性を覆い隠す、程よいシニカルさを持ち合わせていた。三人は全員妊娠を希望していて、しかし精子バンクを利用する気はなく、全員が父親にはそばにいてほしいと考えていた。出産したらレズビアンたちが主たる親となるけれど、僕も子どもに関わることはできる。そしてゆくゆくは、うまく行けばだが、弟や妹もつくりたい、ということだった。

それはまさに僕がそのとき望んでいたことだった。独身だった僕はフルタイムはもちろん、半日勤務でも親として子どもを育てることはできず、だから彼女たちの提案はとても魅力的だった。さっと行って父親をやり、さっと帰る。おしめにうんち？　レズビアンにお任せだ。それに、僕はゲイの男よりレズビアンの女のほうが好きだから、レズビアンと子どもをつくり——そして風変わりだが幸福な拡張版の家族をつくる——という考えは僕の心を巧妙にとらえた。

僕はカップルのレズビアンとシングルのレズビアンの両方と話してみた。そのあとまた話し合いを重ねた。何度も、何度も。

レズビアンたちの〝深く話し合うやり方〟に個人的に関わるのは初めての体験だったけれど、それは楽しいとは言いがたいものだった。特にうんざりしたのは、すべてにおいて無力さを痛感させられる点だった。自分はやる気になっていることについて、相手が心を決めるのをひたすら待つだけというのは、僕の考えでは楽しい一年間の過ごし方ではなかった。でも強引にことを進めることはできなかった。そんなことをしたらとんでもなく嫌なやつになってしまうし、この決断が、僕への影響よりもずっと重大な影響をレズビアンたちに及ぼすこともわかっていたから、僕は喜んで待つつもりだった。しばらくの間なら。僕は僕なりに最大限の努力をし、延々と繰り返される話し合いにもミサの侍者なみの忍耐強さで耐えた。あと少し、あと少し、と。

やがてわかったのは、レズビアンは三人とも「決断を下す過程のごく初期の段階」で僕に声をかけてきて、本当に子どもが欲しいのかどうかさえも誰一人としてわかっていないということだった。彼女たちは親になる可能性を「模索中」だった。模索するためになぜ僕の睾丸が必要だったのかはわからない。たんなる仮定の話なら、精子の提供者もいると仮定するだけでよかったんじゃないか？　レズビアンのカップルのほうは、どちらが妊娠するかさえ決めていないのに、それでもこの方法でやるつもりでいた。二人はもう十年間一緒に暮らしていて、子育ては二人で手探りしながらやれる唯一の新しい領域だったから。でも、子どものことや将来のこと、あとどのくらい生きられるかといったことを話し合ううちに、自分たちもいつかは死ぬ運命であることをあまりにも明瞭に意識しすぎたのだろう、そのうち別れることも検討し始めた。

シングルのレズビアンのほうが早く決断しそうに見えたが、彼女は別の精子提供者兼父親候補にも声をかけていた。だからたとえ彼女が子どもを産むと決めたとしても、僕が彼女の紙コップの中にシコシコ射精することになるとは限らなかった。長身で黒髪に黒い瞳という僕の容貌は、シングルのレズビアン自身によく似ていた。もう一人の提供者候補にも会ったことがあるが、身長百二十センチで髪はホワイトブロンドだった。シングルのレズビアンは、背が高く黒髪のハンサムな子どもか真っ白なチビのどちらをこの世に生み出したいのかを決めかねているらしかった。

この二つのシナリオのどちらかはうまくいくと考えた僕は、一年以内にもう一人孫が生まれることになりそうだと報告して母親を喜ばせた。しかし六ヶ月経っても一向に話が進まないのを見て、母親にはあの話は忘れてくれと伝えた。すぐにある感情が心にこみ上げてきたけれど、心の奥底では僕はカトリック教徒でしかもレズビアンじゃないから、その感情のことは誰にも話さなかった。その感情とは、憤怨だった。いったいなぜ、彼女たちは自分たちで決断を下す前にわざわざ僕に声をかけてきたのだ? 僕たち男が決断と呼んでいるものに達してから僕を巻き込めばよかったのに。

この問題の渦中にあったとき、僕は彼女らとは別のレズビアンで、この件に関わったレズビアンを一人も知らない友人に不満を説明した。彼女はまったく同情を示さなかった。「女であるということはまさにそういうなのことよ」と彼女は僕に言った。「無力である、ということがどういうことなのか、あなたは今学んでるんだわ」。彼女はどうやら、僕は自分の無力さを噛みしめてそこから学ぶべきだと思っているらしかった。僕がレズビアンとの交渉はやめて養子をもらおうかと思っていると言うと、女性が有史以来ずっと耐え忍んでくるしかなかった無力さを、あなたはほんの少し味わっただけでさっさとまた男の特権を使おうとしてるんだ、と責めた。

「男の特権を使おうとすることこそ、あなたが本当のフェミニストでないことの証拠なのよ」と彼女は断じた。

「いや」と僕は反論した。「僕はフェミニストだ。無力さに耐える人間は一人もいてはならないと考えてるから――男も女も、そしてもちろん僕自身もね」

「本物のフェミニストの男なら」と彼女は僕の間違いを指摘した。「こういうときは自分の無力さを噛みしめて、男性が女性に負っている巨大な罪業に対するわずかばかりの代償を支払うはずだけど」

レズビアンとの交渉はというと、険悪なムードになり始めていた。カップルが僕に頼んできたのと同じこと（シコシコやって紙コップを一杯にしろ）を、僕がシングルのレズビアンとも検討していたのを、カップルのレズビアンが知ってしまったのだ。心の奥底ではじつはダン・クェール（米の副大統領（一九八九―九三）共和党）に賛同している僕は、カップルのレズビアンを精子提供相手の第一候補と考えていた。数年間デイケアで働いた経験から、一人親の家庭よりも両親がそろった家庭のほうがいいという結論に達していたからだ。それでもシングルのレズビアンとも話を進めていたのは、僕は人に、特にレズビアンには、ノーと言えないからで、それに保険をかけておこうというつもりもあった。カップルのレズビアンとの交渉が決裂したら、シングルのレズビアンに走ろう、と。シングルのレズビアンは第一志望の相手ではなかったが、それでも子どもは法律上は二人の親を持つことになる、アパートの別々の部屋に住む親だけど、と僕は自分を納得させた。もしもシングルのレズビアンと僕がそれぞれパートナーを見つけたらその子は四人の親を持つことになるし。それに最後にカップルのレズビアンと話したとき、二人は別れるかもしれないと言っていた。だったらシングルのレズビアンとも話を進めて何が悪いんだ？

でもカップルのレズビアンは僕のようには考えなかった。二人は実際別れたわけではなく、別れることはたくさんある選択肢の一つにすぎず、決断を下す過程であらゆる選択肢を検討していただけなのだ、と言った。自分たちがあらゆる選択肢を検討するのは構わないが、僕が自分が持つあらゆる選択肢を検討するのは許さない、というわけ。

でも幸いなことに、カップルのレズビアンは僕よりもシングルのレズビアンのほうに腹を立てていた。二人は、レズビアンのマッチングサイトであるレズビアン・グレープヴァイン上に、精子のことで僕と交渉をしていることを公表していた。だからカップルが僕の睾丸につばをつけているのを知りながら、シングルが僕に近づいてきたのは明らかだった。彼女は、僕の睾丸にすでに注文が来ていることをよく知っていたのだ。この心理劇に加えて、シングルのレズビアンが昔カップルのレズビアンの片方にちょっかいを出してもう片方から奪おうとしたという事実があり、この二つ目の件をめぐる怒りと傷ついた心に対処するために近々四人で会おうということになり、そのせいで一つ目の件についての僕たちの気持ちの問題への対処のほうは、さらに先送りされそうだった。一つ目の件とはつまり、僕が理解したところでは、三人のレズビアン全員が閉経を迎えるまでには人間の子どもを生み出したい、という話であるらしかった。

こんな状況で僕はテリーと出会い、たちまち本気ですっかり恋してしまった。デートするようになってすぐに、僕たちは子どもの話をするようになった。次に書くのは、そのときの会話をそっくりそのまま再現したものだ。前に紹介したレズビアンたちとの対話と比べてみてほしい。

ダン　言っとくけど、僕は子どもが欲しいと思ってるんだ。

テリー　子どもは大好きだよ。

レズビアンたちとの交渉が失敗に終わると、テリーと僕はレズビアンなしで赤ん坊を手に入れる方法を探し始めた。そして行き着いたのが養子縁組だった。

でも、無力な精子提供者を演じて本物のフェミニストの男になる道がもう一つ残されていた。テリーと僕が二人で引っ越した先のアパートで新たに隣人となった誰かが——僕もテリーも会ったことはなかった——ドアの下からメモを滑り込ませてきたのだ。引っ越しの様子を見ていたその女性は、二人のどちらかに、父親になる気はないだろうかと考えた。テリーのクソ重いソファを二人で部屋に運び込む姿を見て、僕らが適切な遺伝的素質を持っていると彼女が判断したのは明らかだった。その女性はずっと精子提供者を探していたが、彼女の周りのストレートの男たちは誰一人関心を示さず、だから僕たちを見たときにチャンスだと思ったのだ。あの人たちなら興味を持つかしら？　と。

見ず知らずの相手から赤ちゃんをつくらないかと誘われることを奇妙だと思いながらも、僕は会って話をすることをすぐに承諾した。こうして僕たちは、この新しい隣人と一緒に朝食を食べながら話をすることになった。彼女はストレートの独身で、子どもが欲しいのだと言った。僕たちのことを何も知らないストレートの独身女性が、それでもと言う。これはすごいことじゃないか？　子どもができたあとも僕たちは隣り同士で住み続けることになり、そうしたら子どもはママとパパの両方に会えるし僕は毎日子どもと関わることができるだろう、法的な保護者は彼女一人ではあるけれど。彼女はずっと妊娠したくてあれこれやってきて、凍結精子を使った方法も試したけれどうまくいかなかった、と言った。精子を入手し、医者のところへ持って行き、検査台に上がってあぶみに足を差し入れる——そんな受精手続きのすべてにうんざりしてしまった。しかもそれはうまくいかなかった。

この失敗に終わった不妊治療のあと、彼女は新鮮な精子をもらおう、それもいますぐに、と決意した。彼女はもうすぐ四十五歳になろうとしていた。僕たちとそれをやるならすぐにやる必要があった。お互いのことをよく知り合ってからそうできるならそのほうがよかったが、一年待つ間に彼女が妊娠できなくなる可能性があった。つまりこれは急ぎの注文だった。僕たちは、もう一度会ってもう少し話そう、次は飲みながら、と約束して彼女と別れた。

彼女の部屋を出て落ち着いて考えてみると、なんだかフィットネスクラブの会員権の勧誘を受けているような気がしてしょうがなかった。この先一生続く関係を築こうというときに、お互いのことをよく知り合っている暇がないというのは、ちょっと強引すぎるように思えた。その一方で、僕の精子に急ぎの注文を出したいという誰かに出会えたことで、僕は気をよくしていた。燃えさかるビルから大急ぎで逃げ出すことにさえ賛成しそうにない三人のレズビアンとの話し合いに一年間も費やしたあとの、ストレートの独身女性からの性急な申し出は僕の心に響いた。それに、子どもの隣りに住めるというところも気に入った。この次お酒を飲みながら話せば、隣人の彼女もそれほどフィットネスクラブの勧誘係っぽく見えないかもしれないし。

でも彼女と次に会う機会はなかった。飲みに行く約束だった最初の日は僕の都合でキャンセルしなくてはならなかった。約束し直した別の日も、こちらの都合が悪くなった。彼女は急いでいたので、提案を引っ込めて替わりに養子をもらうことにした。そのあと僕たちの関係はちょっとぎくしゃくしたものになった。まるで気を持たせた挙げ句に振ってしまった女性の隣りに住む元恋人のような気分だった。やがてストレートのシングルは中国人の女の子を養子にして引っ越していき、僕とテリーは彼女のために喜ぶと同時にかなりほっとした。

それから数ヶ月後、僕たちはレズビアンのイベントとして行われた女子バスケットボールの試合会場で偶然あのカップルのレズビアンに出会った。二人は僕たちが養子をもらうことを知っていた。二人はおめでとうと言ってくれたが、そのことについて僕たちから直接報告がなかったことに少し気を悪くしていて、そのうち集まってちょっと話そう、二年以上前に始めた赤ん坊をつくることについての話し合いにきちんとけりをつけようと言った。カップルのレズビアンはまだ子どもを持ちたいと思っていて、依然として僕を精子提供者候補だと考えていた。だから、僕の睾丸が市場から抜き去られたというニュースは、彼女たちにとってちょっとしたショックだったのだ。

本当の理由

ずっとうやむやにしてきた一つの問いがある。

僕たちはなぜ子どもを持とうとしているのか。いや子どもたち、と複数で言うべきかもしれない。だってテリーと僕——前にも話したようにどちらも弟だ——は子どもには互いにいじめ合う兄弟が必要だと信じていたから。で、なぜ複数の子どもを持ちたいと思ったか、だ。僕たちは二〇世紀の終わりのアメリカで暮らすＨＩＶ陰性のゲイだ。社会的、経済的な非常事態（たとえばスティーブ・フォーブス（フォーブス社創業家の三代目。一九九六年の大統領選で共和党予備選挙に出馬した）の政権が誕生するみたいな）に見舞われない限り、僕たちの前には永遠に続く順調なＤＩＮＫＳの未来が広がっていた（ＤＩＮＫＳ＝「ダブルインカムノーキッズ」の世帯層であることは僕らゲイのカップルの初期設定だ）。ＤＩＮＫＳの暮らしを続けることは、旅行やパーティ、意味のないとは言わないまでも安直なセックスの数々、スポーツクラブ、洒落た自宅といったものを意味していた。ＤＩＮＫＳの暮らしを汚れたおむつと交換しようと正気で考えるゲイがいったいどこにいるだろう？

「男色家の中年期を、怖気をふるわずに忖度することはできない」とヴァージニア・ウルフは書いたらしい。僕は、中年のゲイがおぞましいとはちっとも思わないが（男声合唱サークルや北アメリカ少年愛協会の会員でなく、「スタートレック：ディープ・スペース・ナイン」を好んで観賞したり、小さな革製の武具をつけたテディベアをいくつもリビングに飾ったりしていない限り）。それでも三十歳になった頃から、迫り来る中年期をいくばくかの恐れを持って想像するようになった。この先四十年か五十年、僕はいったい何をして過ごすのだろう？　自分の人生にお金や男以上の何かが必要だという結論に達するのにそう長くはかからなかった。僕は自由な時間を使って何か意味のあることをしたいと思った。世界中を旅してフィエスタ焼き（米で一九三六―六九に作られた陶器）（と腸内寄生虫）を集めること以外の何かを。

それで子どもを、と。

その昔、人々は一族や種、あるいは社会への義務として子どもを生んだ。避妊の方法もなかったから、性的に活発な人たちの多くに子どもをつくらないという道はなかった。今では、少なくともほとんどの国で避妊ができるようになり、中絶も可能になった。少なくとも今のところは。親族や教会からの子どもを産めというプレッシャーを感じているカップルもいるけれど、世界のほとんどの場所で暮らすほとんどの人々にとって、子どもを持つことが史上初めて選択肢の一つとなった。では現代人はなぜ子どもを持つのか？　それは種の繁栄のためじゃない。人類の生き残りを脅かす最大の脅威はたがの外れた僕たちの爆発的繁殖なのだから。一般の人々が（これはストレートの人たちのことを指す。一般的に多いのはストレートの人々だから）現代において子どもを持つのは、それによって現実的で意味のある重要な仕事を自分にあてがえるからだ。子どもを持つことは、もはや種の繁栄のためでも、土地を相続させる後継者を育てるためでもなく、自己達成のためだ。両親にとって子どもたちは自己実現事業だ。一生続く「アウトワードバウンド（少年少女に屋外や海で冒険的訓練をさせて人格の陶冶をはかる組織）」。大人のための暇つぶし、趣味なのだ。

だったら子どもを持たない法があるだろうか？　ゲイにも趣味は必要だ。

二〇世紀末を生きるゲイである僕たちのその他の選択肢――これからの三十年間を何にかまけて生きるかについての――はまったく興味をそそられないものばかりだった。テリーと僕には主に三つの選択肢があった。

選択肢その一、バカをやり続ける。バーやパーティ、クラブ通いを続け、あちこちでセックスしまくり、薬も続ける。この選択肢の行き着く先は、間違いなくセクシーな若い男がらみの僕とテリーの別れで、その若い男はそのうちもっと若くてセクシーな男に走って僕たちを捨てるだろう。結局僕らは半端仕事をしている五十歳のファグのカップルとなり、出入りするゲイバーにたむろするのは、僕たちには若すぎる、一九九三年のワシントンでのデモ行進でどうのなんて話の通じようのない若い男ばかり。毎年新たにカミングアウトしたばかりの二十一歳のゲイの青年を勝ち取るために、さもなけりゃライバルとして打ち負かすために、僕たちは何度も何度もナイフをかいくぐり、傷跡の上にできた傷口をさらに縫い合わせるはめになるだろう。で、僕たちは死ぬ。薬物とシリコンで汚染された、有害廃棄物汚染槽のような僕たちの亡骸は人並みの埋葬を許されない。遠い親戚がこの街までやってきて僕たちを箱詰めにし、有害廃棄物焼却炉まで引きずって行く。

選択肢その二、あちこち旅してくだらないものを見て回る。二人はずっと一緒に暮らし、DINKSの暮らしで貯めた金で世界中を旅する。数えきれないほどの写真を撮り、数えきれないほどのガラクタを集め、出かけた先々で現地人とセックスする。年を取って白髪頭になっても、そのときアルツハイマーや、まだ発見されていない何らかの性感染症にやられていなければ、残っている思い出の力で僕たちは一緒に暮らしていけるだろう。で、僕たちは死んでしまい、思い出も一緒に消え去る。遠い親戚がはるばる街までやってきて僕たちの遺体と一緒にあらゆるものを――写真のアルバム、絵はがきのコレクション、性感染症の治療薬――をゴミ捨て場まで引きずっていく。

選択肢その三、ミスターアンドミスター・マーサ・スチュワート。二人で家を買って、これまでセックスに注ぎ込んできた情熱を僕たちのささやかな邸宅の改装や装飾に注ぎ込む。二人は人生最後の数年間を骨董品店やガレージ・セール、不動産売買、競売業などの商売をして暮らし、僕たちの美しいけれど去勢されたような家を完成させるために必要なあの忠実に複製されたビクトリア朝風の／エドワード七世時代調の／アールデコ調の／素晴らしい五〇年代風の／ナイトテーブルやホールテーブル、鏡、ダイニングセットを手に入れようとする。気がつけば、地元の新聞の日曜版に、命に代えても惜しくない僕たちの最高に素晴らしい自宅が写真入りで大きく取りあげられている。で、僕たちは死ぬ。遠縁の親戚がやってきて家と家具を売り払い、年老いた僕たちの遺体は科学研究のために献体される。

テリーと出会ったとき、僕はすでに子どもを持つことを考えていて、つまりこの三つの選択肢について十分検討していた。二人の未来に横たわる三つの選択肢について僕が一つ一つ説明し終えると、テリーもそれはとても気の滅入る話だと言った。どの選択肢を選んでも、最後は田舎から遠縁の親戚が出てきて僕たちが遺したものを驚くほど何の感傷もなく捨ててしまう。そして、僕たちがＤＩＮＫＳとして頑張って手に入れたものすべて――二人の財産や思い出、それにかつら――はみんな一緒くたにされ投げ捨てられる。いずれ必ずやってくる死を思うと不安になり、子どもを持つことを本気で考えれば考えるほど、それが気が滅入るほど孤独な死を防ぐ手段となりそうな気がしてきた。僕たちは誰かの忘れ去られた年老いたゲイの伯父さんたちにはなりたくなかった。

子どもがいたって年はとるが、子どもは僕たちに存在意義を与え続けてくれる。他の趣味にはできないことだ。もしも僕たちに子どもがいて、その子たちが僕たちより長く生きられれば、テリーと僕にいよいよ死が訪れても、僕たちを知っていて僕たちの遺体を片づける義務があると感じる人によってゴミ捨て場へと引きずっていかれることになるだろう。

だから子どもを、と。

ああ、もちろんわかってる。子どもは死ぬことがあるし、とんでもないやつに成長する場合もある。大人になって連続殺人鬼になることもあるし、親を捨てたり、親を殺すこともある（でも明るい面を見れば、食人鬼の異名とった連続殺人鬼ジェフリー・ダーマーの親は息子の事件で出版契約を結んだし、コロンバイン高校銃撃事件の被害者の一人の親もそうだった）。養子になった子どもが、血のつながった家族こそ本当の家族だと思うあまりに、養父母の家族をないがしろにする可能性もある。子どもを持つのは大ばくちだ。でも、子どもが考えている唯一のことが僕の金やヘイウッド・ウェイクフィールドの側卓を手に入れることだったとしても、子どもたち全員が僕が突然死することを望んでいたとしても、少なくとも僕に対して特別な関心を持ってくれている誰かがいる。それにもしも側卓を欲しがっている子どもが一人じゃなく複数いたら、遺言状を書いては書き直す楽しみがあるじゃないか。

ときどき、夜中に眠れないまま、養子をもらうのはそれを世間に見せつけるためなんじゃないかと不安に思うことがあった。養子をもらおうとしたのは、そうできることを証明するためなのだろうか？ある次元ではそれもあった、と思う。もちろん理由はそれだけじゃなかったけれど。でも、たとえ僕たちが世の中や自分自身に何かを証明したいというだけの理由で養子をもらおうとしていたとしても、世間ではもっとひどい理由で子どもが生まれている。世界中のストレートのカップルたちが、そのひどい理由で連日のように子どもを生んでいる。酔いつぶれてつっぷして、朝起きたら子どもができている。

大人になったゲイの男たちが抱く、手をつないで歩きたいという衝動と同じ種類のものが、僕たちを養子をもらう決断へと駆り立てていた可能性はある。同性のカップルにとって恋人と手をつなぐことは、けっして自意識を感じずにできることではない。自分が今どこにいて、そこは果たして安全なのかを考え、周囲の様子を窺わなくてはならない。大丈夫だ、と判断した頃には本当に手をつなぎたいのかどうか、自分でもわからなくなっている。純粋に手をつなぎたいと思った瞬間は過ぎ去っていて、でもこれだけ多くのエネルギーと思考力を注ぎ込んだからには、今さら恋人の手を取らないわけにはいかない。ようやく恋人の手を取ったときには、その行為は自分たちにもそうできると証明するためだけのものになっている。

養子をもらおうとしているのは、「自分たちにはそれができると証明するためだけ」なのかも、と考え始めると自分たちの動機が疑わしく思えてきた。だからそんなためらいの中で下した決断には、「子どもを持とうよ」以上の意味があった。ゲイやレズビアンにとって人前でイチャイチャすることは一種の政治的行動で、二人でいっしょに養子をもらうなんて、二人の仲を世間に見せつける最高の方法じゃないか、と。

もう一つ、僕には子どもを持ちたいと思う内緒の理由があった。テリーにも話していない理由。これはなかなか書きにくい話で、読者も僕の気持ちを汲んでテリーには言わないようにしてほしい。テリーが聞いたらどう思うかわからない。僕が子どもを持ちたいと思ったのは、太りたかったからだ。いや、正確にはこう言うべきだろう。子どもを持ちたいと思ったのは、僕がこれから太ることになるからだ。

いかしたゲイの男というものにデブはいないとされている（近頃は「クマ」みたいな風貌をよしとされるゲイの男たちもいるけれど、それなりの毛深さが条件だ）。僕たちは、シットアップを欠かさず、食べるものに気を遣い、クラス会や親戚の集まりに格好のいい姿で顔を出して女性たちからは「もったいない！」と言われ、男たちからは「このファグめ！」と毒づかれるタイプであることを暗黙裡に期待されている。

でもかっこよさをキープするのは破壊的な養生法で、おかげで他のことをする時間がほとんどなくなる。二十代の頃は、そそる身体をつくるためにせっせとトレッドミルで走り込み、ルームサイクルを高速でこぎまくった。僕のフィットネスの目標は洋服を着て様になる身体をつくって他の誰かの洋服を脱がせることだった。シャツを着ていれば僕の腹はへこんで見えたけど、GAPが低賃金労働者を搾取して作った僕のファグっぽいTシャツの下に割れた腹筋はなかった。ペットボトル一本くらいいいかと思っているとたちまちビール腹になる。シックスパック？　一度もない。人前で裸になることに快感を感じるジムクイーンなみの身体にはずっと無縁だった。クラブで上半身裸で踊ったこともないしタオル一枚で更衣室をうろうろしたこともない。ポラロイドのエロ写真のためにポーズを決めたこともない。（ただし一度だけ、行きずりの相手に無断でポラロイド写真を撮られたことはある。写真を撮られるのは本意じゃなかったから正確にはポーズを決めたわけじゃない。ただ悲しいかな、僕は写真が撮られるのを阻止できる状態じゃなかった、まあどう言う意味かわかってもらえると思うけど、それに、なんというか、阻止できる状態になったあとも、写真を撮ったおっかない倒錯者たちに写真を返してくれと要求する度胸はなかった。この本が出版されたらその写真はたぶん世に出てくるだろう。そして僕の親としての適性を疑問視する声が、「変態《キンキー》＝クレイジー」と考える人たちから上がることになる）。

三十歳になるまで、僕は少なくとも週三回はジムに通うようにしていた。これまでずっと、太らないように厳しく自分を律し、結婚式や葬式でふるさとに帰るたびに女性たちからは「まあ、もったいない！」と残念がられ、男たちからは「このファグめ！」と言われてきた。でも三十歳を過ぎると、ジムに出かけようとしても重い腰が上がらなくなってきた。これはよくない傾向だ。僕の遺伝子プールは肥満で満ち溢れていて、それもそんじょそこらの肥満じゃないのだ。僕の親族は愛すべきぽっちゃり型にはならない。サヴェージ一族は「肉づきがいい」とか「ぽっちゃりして若く見える」状態にはならない。サヴェージは膨れ上がる。僕の一族は病的肥満の傾向があり、太ももが巨大化して、内股でしゃなりしゃなりと歩く体重百四十キロの花魁みたいに、優雅なクリスクロスステップで、片方の足をもう片方の足に巻きつけるようにして歩くほかない。僕たちサヴェージの腹はおそろしく巨大化する。太りすぎて火葬することもできない。そこでサヴェージ一族の亡がらはある種の酵素で満たされた大桶の中に浸され、その酵素によって身体はもともとの合成要素――ビール、粗挽きソーセージ、チーズ――に分解され、それは梱包されて中西部じゅうの食糧品貯蔵庫に運ばれる。

ボーイフレンドは僕が巨大化する運命にあるとは知らず、僕もそれを知らせるつもりはなかった。車のローンや共有財産、そして子どもたちにがんじがらめにされてテリーが僕から離れられなくなってから、将来に何が待っているかを教えるつもりだ。

でなけりゃ見せるつもりだ。

ひどい話だが、自分が太る運命にあるにもかかわらず、僕は太った人間にまったく魅力を感じない。ちょっと太り気味の人にさえだ。そして運のいいことに、僕のボーイフレンドはたっぷりの油で揚げたベーコンにココナッツミルク、クリームブリュレばかり食べて暮らしても体重が一グラムも増えないやつらの一人だった。テリーが一日十時間ずっと豚の脂身ばかり食べ続けたとしても、パーカの上からあばら骨を触ることができるだろう。テリーの身体は、美しく均整の取れた骨格の上に張りついた筋と皮でできている。裸になると、僕のボーイフレンドはペニスをつけた肩幅の広いケイト・モス（イギリスのスーパーモデル）みたいに見える。そしてテリーはこの先もずっとそんなふうだろう。テリーの母親は二十歳でも通用するプロポーションの持ち主だし、おばあちゃんも八十歳とは思えない美しさだから。

もしもテリーが太ったら、もしもテリーが十代目ごとに一族の誰かの身体を膨らませる劣勢遺伝子を持っていたら、僕はテリーを捨てるだろう。自分自身が痩せた身体を維持できない運命だから、恋人にはどうしたってスリムさを求めてしまうんだ。そうそのとおり。僕は上げ足歩調で行進する（殿筋の引き締め効果大だ！）黒シャツの（着やせ効果あり！）体型ファシズム信者だ。ダンスクラブでは誰でも許可を得てからシャツを脱ぐべきだと思っているし、四十歳を超えたら体型にかかわらず人前で上半身裸になるべきじゃないと信じている。僕がゲイ・プライド・パレードに参加しなくなった理由の一つは、パレードにつきものの、ベリーダンサーチームみたいな集団が、それでデブ嫌いの偏見をなくせるという間違った思い込みに従って道路の真ん中で誇らしげに腹を膨らませる姿を見たくないからだ。もしもあのダンサーの一人が熱射病で倒れて死亡するようなことがあれば、まあ遅かれ早かれ誰かがそうなるだろうけど、そのダンサーが道に倒れたあとも三十分間は腹だけが踊り続けるだろう。

ひどいことを言うようだが、僕は自分もいつかデブになると重々わかった上で言っている。だってそれが僕の遺伝的宿命だから。自分がある日起きたら黒人になっていたり障害者になっていたりする可能性があるのでない限り、僕はそれらをネタにしない。でも正直言ってデブをからかうのは構わないんじゃないかと感じている。いつか僕もばかでかいデブになるから。僕の親戚はみな中年期に太り始める。だから僕もこの先いつ太り始めてもおかしくない。デブに関するジョークはすべて未来の自分に適応するためのちょっとした自虐的感作法のつもりだ。

そして本当に体重が増えたら、人から——特に僕以外のゲイからは……だってやつらはおそろしく残酷になれるから！——僕の姿を見て「へえ、ダンはほんとに見た目を構わなくなったな。ジムに行く気もないのかな?」なんて言われたくない。こう言われたい。「ダンは優先順位を変えたんだよ。子どもたちがいるからね。ジムに行く時間がないんだろう。彼にはやるべきもっと重要なことがあるから」

だから子どもを、というわけ。

そして、もう少し長くつき合ってからじゃなく、つき合い始めてからすぐに子どもを持つことに決めたのにはもう一つの理由があった。趣味が必要だから、とか太りたいからといった理由と同じく、これもまたあまりよい理由じゃなかったかもしれない。でもまあ、僕たちがどんな理由で子どもを持とうと考えたかを正直に話しておきたい。

僕は複数のメディアに同時配信されるセックス相談コラムを書いている。ある日、コラムの原稿を書く仕事に没頭していたところ、エージェントと編集者と出版社の人間がやってきた。彼らは僕に本を書かないかと言ってきて僕は承諾した。契約書にサインし、小数点の前にたくさんの0が並んだ前払金の小切手を換金した。この出版契約の問題点は、この本をどんなものにしたいかという構想が僕にはこれっぽっちもなかったことだった。

世の中にはすでに書き終えた本を出版したくても出版契約を結べない、まして莫大な前払金などさらに夢のまた夢、という作家が五万といるから、ありもしない本の出版契約を結んだ人間がいると聞いたら腹立たしく思うに違いない。本を書いたのに出版社が見つからないときの気分は知らないが、きっと地獄だろう。でも出すべき本がないのに出版の約束がある、というのも少なくとも同じくらいの地獄ではある。朝日が昇ると、近づいてくる締め切りのことを考える。パソコンの画面をにらんでもこちらをにらみ返してくるだけ。「なんだ、エロサイトを漁ってたの?」書斎に入ってくるたびにボーイフレンドが言う。「本はどうなった?」外に出かければ、友人からこう声をかけられる。「本はどうなった?」電話が鳴れば必ず母親からだ。「焦らせるつもりはないのよ」母親は焦らせるために電話をかけておきながらそう言う。「ただ、クリスマスまでに本が出るのか聞きたくて。そしたらみんなへのクリスマスプレゼントにできるでしょ」契約を結んだのに本ができていないというのは、執筆地獄の最も深い落とし穴ではないかもしれないが、それに近いのは確かだ。地獄はそもそも比べるものじゃない。地獄に堕ちた者はみんな苦しむ。

恋人や友人や家族から本はどうなった？　と尋ねられるのが地獄だとしたら、代理人や編集者あるいは出版社から原稿を催促されるのは最低最悪の夜も眠れない地獄だ。出版契約を結んだのに書きたいことがこれっぽっちも思い浮かばないのは、大きく口を開けた塹壕のふちに立たされているようなものだ。背後にはナチスがいて――いやいや、それはちょっと言いすぎだ。後ろにいるのはドイツ語なまりのやたらに催促がましい人たちだとしておこう。その塹壕を言葉で、それも大量の言葉で埋めなければ、そのドイツ語なまりの催促がましい人たちの一人（つまり代理人か編集者か、母親かボーイフレンド）がすぐ後ろまでやってきて、僕の後頭部に銃弾を撃ち込み空の塹壕は僕の遺体で塞がれることになる。

目の前で大きく口をあけている締め切りに怯えながら、今世間の人々がゲイの男性に求めているのはどんな本なのだろう？　と考えてみた。僕だってまったくのバカじゃないから――実際、出版契約を結べたのだ――いくつかのアイデアはあった。でもエロサイトをあちこち覗き見している間に、僕と同じように出版契約を結び、僕よりちゃんとした仕事の仕方を身につけた他のゲイたちが、もしも僕がデカチン・ドットコムを見るのをやめられていたら書いただろう本を書いて世に出してしまった。まず『ゲイはセックスをやめろ』という本が出版され、そのあとに『ゲイは郊外に住め』が出て、さらに『ゲイが語るストレートの女性向けセックスのコツ』、そして『ゲイは結婚せよ』と続いた。とにかく僕が書く気になったときには、僕が書いたかもしれない本はすべてバーンズ&ノーブルの格安残本表に載っていた。一つを除いて。何人かのゲイたちが、ゲイは結婚して子どもを持つべきだという本を書いていたが、実際にそれをやっている人――つまり子どもを育ててそれについて書いている人――は一人もいなかった。こうして僕は、机の前に座り、『本当に子どもを育てているゲイの話』を書き始めた。

結ばれた出版契約があり、法外な前払い金が支払われ、近づいてくる締め切りがあった。僕は本気で子どもが欲しいと思っていて、出版契約を結ぶ前にもう少しでレズビアンと子どもをつくるところまでいっていた。で、ボーイフレンドが養子をもらおうと言い出して、だったら一石二鳥じゃないか？　養子をもらい、養子をもらうことについての本を書く。そうすれば前払い金を返さずに済むし、この先子どもにかかる費用のすべてを永遠に賄うことができる。

つまり、出版契約がなくてもいずれ養子はもらっただろうし、養子をもらわなくても出版契約はもともと結ばれていたけれど、それでも原稿の締め切りが養子縁組の期日をほんの少し前倒しすることにつながらなかったとは言い切れない。

これが子どもを持とうと考えた理由。ああ、それからもう一つ。僕は犬アレルギーなもんで。

この本は読むな

前の章を書くのはあまり楽しいことじゃなかったので、きっと読んでもあまり楽しくはなかったんじゃないかと思う。子どものことを書いた本は、普通は甘い感傷と奇跡に満ち溢れたものと決まっている。命の誕生の奇跡、愛から生まれた新しい命、やっぱり神様はいるんだ。とかなんとか。でもじつは子どもを持つときにはつねに現実的な考慮がなされていて、計画的に妊娠するのが簡単になるにつれて、ゲイもストレートも含めてより多くの人々が『ウォールストリート・ジャーナル』ばりの実際的な費用便益分析を行って子どもを持つ時期を決めるようになってきた。

でもこれだけは言わせてほしい——のんきなセックスコラムニスト生活（封筒を開け、手紙を読み、小切手を現金化する）をぶちこわしにした例の出版契約が理由で養子をもらうことにしたわけじゃない。はっきりさせておくが、テリーと僕が「一生の取り組みである養子縁組」に着手したのは、それが契約したからには書かなくてはならない本のテーマになるかもと思いつく前のことだ。このことはどうしても書いておく必要がある。テリーと僕がこれから養子にする子どもを傷つけたくないからだ。たとえ子どもが、奇跡とはとても呼べない現実的な理由でこの世に生まれてきた場合でも、はたまた失敗が原因でこの世に生まれてきた場合でも、両親は普通は子どもたちにそのことを教えないものだ。僕たちの子どもは、希望的観測だがそのうち字が読めるようになるはずで、もしもいつかこの本がアメリカじゅうの高校で必読図書に指定されたら——そうなるべきだけど——その子はこの本を偶然見つけて、ほとんどの子どもたちが知らされていないことを知ることになる。

「僕は父親に愛されたことがありません」と彼はセラピストに打ち明けるだろう。「父が僕を養子にしたのは、前払金を使っちゃったからにすぎないんです」と。

そういうわけだから、父親になることについて書こうと決めた時点ではぜったいにやらないと思っていたことを僕がやったとしても、読者は許してくれるだろう。僕はこれから、まだ見ぬ子どもへのメッセージを書くつもりだ。その子が読めることを想定して。

可愛い我が子よ、もしもきみがこの本を読んでいるなら安心してほしい。前の章はふざけて書いた。酔いにまかせたでたらめだ。信じられない？　だったらもう一人の父さんに聞いてみるといい。僕たちは出版契約を結ぶ前から子どもが欲しいと思っていた。きみをどんなふうに養子にしたかを書くと決めたあと、たしかに養子縁組を最優先事項にはしたけれど。つまるところ、締め切りは締め切りだ、やはりね。

僕からきみへのアドバイスはこの本は読むなということだ。といっても自分のことばかり書かれている本を読むのを途中でやめるのは難しいことだろう。たとえば、神様は日曜ごとに教会で聖書を読み聞かせしてもらいたがり、僕たちがきみを教会に連れて行っていたらきみも知っているだろうけど、神様がそれに飽きている気配はない。だからきみがどうしてもこの本を読むと言い張るなら、それもいいだろう。でもそのときはここに書かれているすべてのことをちょっと疑いながら読んでほしい。神様も聖書に書かれていることのすべてをちょっと疑って読んでいる。

このきみへのアドバイス——この本を置いてゆっくりその場を離れろ——は僕の経験に基づいている。僕の母親、つまりきみのおばあちゃんは一九六四年の始めから終わりまで日記をつけていた。その年は母親が僕を孕まされた年だ。彼女の日記が出版されることはなかったが、僕は母親の鏡台を漁っていたときにそれを見つけ出した。そしてこっそり持ち去って読んだのが間違いだった。知る必要のなかったことや、知らないほうが幸せだったことを知ってしまったからで、きみがこの本を読んだ場合も同じ間違いを犯すことになる。

たとえば、僕の両親はセックスをしていた、二人で、それも何度も。日記を見つける数年前から、僕は両親がまだセックスしているんじゃないかと疑っていたが、証拠はつかんでいなかった。その疑惑が確信に変わることは、それも事もあろうに母親の手書き文字によってそれを知らされることは、十五歳の子どもの脳みそにはあまりにも刺激的すぎた。疑いを持つことと、それについて書かれたすべてを読むことはまったく別ものだ。それが誕生日カードに毎年「ママとパパより」と書いてくれるのと同じ手書き文字で書かれたものである場合は特に。両親がセックスしていたという事実よりもさらに衝撃的だったのは、母親のお腹に僕がいるときも両親がセックスしていたということだった。

でも最高にショックだったのは、母親と、妊娠中の女性にもその汚らしい手を出さずにはいられない父親が、母親のお腹の赤ん坊——僕だ——が女の子であることを望み、そうなるように祈っていたことだった。両親にはすでに二人の男の子がいて（きみの叔父さんのビリーとエディだ）、母も父も次は女の子が欲しいと思っていた。母親はろうそくに火を灯して「アベマリア」と祈り、使徒の彫像を逆さまにして裏庭に埋めた。僕が思うに、父親はきっとどこかで――雑誌『エスクワイア』の特集記事「セックスについて誰もが知りたい（でも聞けない）すべてのこと」？　それとも『フィールド・アンド・ストリーム』（アウトドア誌）か？――妊娠中の母親相手に、それも何度も何度も、性交すると赤ん坊を女の子に変えられると書いてあったのを読んだに違いない。

母親の日記を見つけたのは、ちょうど自分がゲイであることに気づき始めた頃でもあった。テレビでハーディ兄弟（児童向け推理小説の主人公。テレビの人気シリーズにもなった）が縛られるたびにちょっと度がすぎるほど興奮してしまう自分に気づいていた。なぜ男がゲイになるのか知らなかった僕は、キリストの母であるマリアが、僕の母であるジュディの女の子が欲しいという祈りを上の空で聞いていたのが原因じゃないか、とくよくよ考えて時間を無駄にした。さもなければ、母親が十二使徒の一人であるユダの彫像を埋める向きを間違ったからではないか。いやもしかすると、ダンの父親であるビルが、夜ごと僕の母に与え続けたものへの嗜好が子宮の中の僕に植えつけられたのが原因じゃないか、と。つまり母親の日記を読んだために、僕は自分がどうやらゲイらしいのは、カトリック教徒の間で行われている何らかの儀式のせい、もしくは九ヶ月もの間父親の精液がたまった子宮のなかに浮かんでいたせいだと信じるようになった。

今は、自分がゲイになったのはマリアのせいでもジュディやビルのせいでもなく、遺伝的傾向とカトリックの学校、高電圧線、それに近くでテレビを見過ぎたせいだと知っている。でもあの十五歳のときに母親のプライバシーを尊重して日記を読まなければ、僕は何年間も苦しまずに済んだのだ。だから我が子よ、きみはこの本を読まないほうが幸せになれる。僕が母親の日記を読んで知らなくてもいいことを知ってしまったように、この本を読めばきみの父親たちについて知らないほうがいいことを知ることになる。たとえば例のポラロイド写真の話や、もう一人の父親が昔はペニスをつけたケイト・モスみたいだったことなんかを。

今ここできみがこの本を置けば、きみのもう一人の父親や僕のセックスライフが微に入り細にわたって語られる章をきみは読まずに済む。自分の両親がかつてセックスしたことを生涯にわたって否定し続けることができるのは、二人のゲイの父親の養子となったきみの持つ、ストレートのカップルに育てられた血のつながった子どもたちにはけっして手の届かない特権だ。血のつながった親を持つ子どもたちは両親のセックスライフを永遠に否定し続けることはできない。なしにろ彼らは両親が少なくとも一度はセックスしたことの生き証人だから。しかし我が子よ、きみは父親がもう一人の父親の上になってペニスを突き立てるところを思い浮かべて苦悩することなく一生を終えることができる、この文を読む前に本を置いていたらの話だけど。

オープンとクローズド

カップルのレズビアンともシングルのレズビアンとも交渉決裂が見え始めた頃、僕は初めてオープン・アダプションのことを知った。でも最初は興味を感じなかった。ゲイとレズビアンの遺伝形質を混ぜ合わせるだなんて、進歩的で革新的な素晴らしい考えで、破壊的で魅力的な子づくりの方法だとその頃は信じていたから。でも親しい友人は別の意見だった。世話になっている弁護士のボブにレズビアンの友人に子どもを生んでもらう計画のことを話したところ、「なんだってそんなバカなことをするんだ?」という答えが返ってきた。

予想外の反応だった。

ボブが、レズビアンや、ゲイとレズビアンの遺伝形質を混ぜ合わせること、その他の進歩的あるいは破壊的な考えに何らかの否定的意見を持っていたわけではない。ただ弁護士という仕事柄、法律的な揉めごとへの警戒感が強く、僕の計画は間違いなく法的な揉めごとに発展すると彼は考えていた。僕が法的な父親ではなくただの精子提供者となり、養育権はレズビアンが持つが僕も「関わりはもつ」ことになる、と聞いたボブは間違いなく全員が法廷で争うことになるだろうと予言した。

「カップルのレズビアンがよその州へ引っ越したり、外国へ行きたいと言い出したらどうするんだ？」とボブが尋ねた。「今は仲良くやっていても、もしも仲違いして彼女たちがきみにはもう子どもを会わせないと決めたら？　きみの可愛い子どもを、イースタンネバダにあるアナルコ・サンディカリスト（労働組合などを基盤とする運動を通して無政府社会の実現を図る思想の持ち主）たちの完全菜食主義のコミューンに送ると言い出したら？　レズビアンのカップルが別れてしまったら？　養育権と訪問権を三人でどう分ければいい？　それにレズビアンのカップルが自動車事故や飛行機事故で死んでしまったら、誰が子どもを引き取ることになると思う？　きみか？　彼女たちの家族か？　それとも別のレズビアンか？」

そこまでは考えてなかった、と僕は正直に告白した。

「なら、考えるんだね。もしそれを本当にやるなら、そのレズビアンの友人を法廷へ連れて行くことになる覚悟をしろ。訪問権を自分のものにするために大金を払う覚悟をしておけ」

「でも、裁判沙汰にはならないんじゃないかと思うけど」と僕はおずおずと言った。

「誰だって法廷に出向くことになるとは思ってないさ。でも愚かな真似をした人間はみな気づくとそこにいることになる。その話はやめておけ」とボブは強く念押しした。「子どもが欲しいなら養子をもらえ」

僕はボブに養子をもらうことを検討してみると約束し、この間の隣人女性とのやりとりのことはボブには話さないでおこうと決めた。

ボブと妻のケイトの間には三人の子どもがいる。昔、なかなか妊娠しなかった二人が最初に思いついたのは不妊治療だった。無遠慮に行われるストレスに満ちたハイテクな処置（何個もの紙コップを使った）を一度受けたものの失敗に終わると、二人は血のつながった子どもを持つのは無理だとあきらめ、不妊を受け入れ、卵子の抽出や受精卵を子宮に着床させることなどにそれ以上無駄な時間を費やすのをやめにした。最初に養子にしたのがルーシーで、二人目の養子ガスを自宅に連れて帰った直後にボブとケイトは自分たちがもはや不妊ではないことを知った。ケイトはほんとに突然、イゾベルを妊娠したんだ。

それから数ヶ月後、レズビアンたちの決断の遅さにしびれを切らした僕は、隣人との話が流れたこともあって、ボブに養子についてもう少し詳しく教えてほしいと頼んだ。ボブ夫妻はルーシーとガスをどこで養子にしたのか？　どこのエージェントを通したのか？　そのエージェントに問題はなかったか？　費用はどのくらい？　そのエージェントはゲイのカップルにも養子を斡旋してくれると思う？

「そのエージェントがレズビアンのカップルに養子を斡旋したのは知ってるが」とボブは答えた。「これまでにゲイのカップルへの養子斡旋に成功しているかどうかはわからないね」。ボブが唯一知っているそのエージェントを介して養子縁組しようとしたゲイのカップルの場合は「途絶《ディスラプション》」に終わっていた。途絶とはそのエージェント特有の言い回しで、土壇場になって話が立ち消えになることだ。そこは比較的最近オレゴン州にできたエージェントで、ボブはそのシアトル支店の設立に手を貸していた。これまでにない画期的な方法で養子縁組を行う組織で、僕とテリーに力を貸したいと思うに違いないとボブは考えていた。

「オープン・アダプションは、ゲイとレズビアンが子どもをつくることほど革命的ではないかもしれない」とボブは言った。「でも相当に画期的な方法ではあるんだ」

オープン・アダプション？　養子縁組《アダプション》に形容詞がつくのを聞いたのは初めてだった。養子縁組だ。どれも似たり寄ったりだろう、と僕は思っていた。養子縁組は国内でも海外でも行える。エージェントや弁護士を通して行う場合もあるし、州が斡旋する場合もある。自分の子どもを育てられない女性が自分で子どもを養子に出す場合もあればエージェントが子どもを保護する場合もある。その後、エージェントなり州なりが、その子をストレートで既婚の中流階級のカップルに手渡す。養子縁組の記録は封印され、女性は子どもを生んだことさえ忘れるように言われ、子どもに自分が養子であることをいつ告げるか、あるいは告げるかどうかは、そのストレートで既婚の中流階級のカップルの判断にゆだねられる。それが僕が知っている養子縁組《アダプション》というものだった。情報をオープンにするかどうかが検討されるのは、養子となった子どもが大人になって、過去の養子縁組の記録が明かされることを望んだときか、その子が生みの親を探そうとしたときだけだ。

「オープン・アダプションとはつまり、子どもを養子にした両親がその子の生みの母親が誰かを知っている養子縁組のことなんだ」とボブが説明した。「生みの母親が、大勢の養父母候補者の中から誰に子どもを託すかを選ぶんだ。僕たちも、ルーシーとガスの生みの母親たちを知っている。二人とも、子どもを渡すと決める前に僕たちと会っている。生みの母親は、今後も僕たち夫婦にも子どもにも会うことができる。この先もずっとつき合いは続くんだよ」

オープン・アダプションは、僕がレズビアンたちと結びたかった関係よりもずっと込み入ったものになりそうだと思えた。ストレートの隣人女性との契約と比べてもさらに複雑な問題を引き起こしそうだった。生みの母親が選ぶ？　会いにくる？　生みの母親がアル中だったり薬物中毒だったらどうするのだ？　子どもは混乱しないだろうか？　母親が子どもを返してほしいと言ってきたら？

ボブは僕の質問をじっくり聞くと、きみはまったく誤解していると告げ、僕とテリーを夕食に招待すると言った。ケイトと二人で僕たちにオープン・アダプションの説明をしようというのだ。

一週間後、四人でピザを食べながらボブとケイトはオープン・アダプションについて説明してくれた。

オープン・アダプションでは、生みの母親が予備審査を通過してきたカップルたちの中から自分の子どもを託す家庭を選び出す。選んだらエージェントが生みの母親とカップルを引き合わせる。会ってみてうまくいけばエージェントが間に入り、養子縁組成立後にどのぐらいの頻度で連絡を取り合うかについて約束を取り交わす。すべてが交渉によって決められる。エージェントは生みの母親と養父母となるカップルと協力して、一年間に生みの母親が子どもと面会する最低限度の回数を記した契約書を作成する。もしも生みの母親が、養父母が希望する回数以上の面会を望むようなことがあれば、その生みの母親はそのカップルにとって適切な相手ではなかったということになる。だから養子縁組の話を進める前に、エージェントは生みの母親と養父母候補者の意見が一致していることを確かめる。オープン・アダプションを選ぶことによって、生みの母親は自分の子どもと関わりを持ち続けられる保証を手にする。赤ん坊などそもそもいなかったとか、赤ん坊は死んだということにする必要もない。クローズド・アダプションを行った生みの母親たちは、いまだにそうしろと教えられているけれど。そして皮肉なことに、面会回数は養子縁組を希望するカップルにとって神経質になりやすい事柄であるにもかかわらず、ボブとケイトの話では、養子縁組がいよいよ本決まりになると、より多い面会回数を求めるのはたいてい養父母のほうだということだった。

また、生みの母親が薬物中毒だったら、とか子どもを返せと言ってきたらといった不安は、自分が生んだ子どもを育てるのをあきらめて養子に出す女性についての、間違ったイメージからくるものだと二人は言った。

「エージェントの話では、親として子どもにしてやれることが少ない女性ほど子どもを手元に置いておきたがるということよ」とケイトは言った。彼女もまた弁護士だ。「未来に希望があって人生でやり遂げたい目標を持つ女性たち。そんな女性が子どもを養子に出すことが多いの。人生に思い描くことがほとんどない女性ほど子どもを手放したがらないものよ。だって彼女たちに他に何がある？　他の誰が彼女たちを愛してくれるの？」

「でも、生みの母親が赤ん坊を見てやっぱり返してほしいと思ったら？」とテリーが尋ねた。

「いったん養子縁組が決まったら、生みの母親には子どもを〝取り戻す〟法的権利はないんだけれど、それは別にして、オープン・アダプションを選ぶ女性たちは、子どもを取り戻したいと思うことがあまり多くないんだ」ボブはそう言うとピザをもうひと切れ取った。「子どもがどこにいるかわからず、誰に引き取られたかも、子どもたちがどうしているかもわからない女性たちこそが、子どもを養子に出したことを後悔しやすい」

「ちょっと考えてみて」とケイトが言った。「あなたは女性で、妊娠してから九ヶ月間お腹のなかで小さな赤ちゃんが育っていくのを感じてきた。そして、出産し自分の身体から赤ん坊が出てくるのを目の当たりにするというとっても心を揺さぶられる体験をした。そこでクローズド・アダプションを選べば、あなたの赤ちゃんは姿を消してしまう。そしてあなたは一生こう考え続けることになる。『わたしの赤ちゃんは元気かしら？　幸せなの？　どんな人に育てられてるんだろう？』。その答えを知る唯一の方法は子どもを取り返そうとすることなの。でもオープン・アダプションなら、生みの母親は赤ん坊が元気かどうか見に行くことができ、そしてまた自分の生活に戻ることができる。彼女はオープン・アダプションという方法を自ら選択したことによって、子どもに会う権利を手に入れ、赤ん坊がどこで暮らしているか知っているから心穏やかでいられる。彼女は、心配はいらない、と知っているのよ。もちろん悲しみもしなければ後悔もしない、というわけではないわ。でもオープン・アダプションなら、生みの母親は空虚の中で自分の感情と向き合わずに済むの」

僕は、オープン・アダプションによって彼らの子どもたち、つまりルーシーとガスが混乱したりしていないか、と尋ねてみた。

「いいや、混乱するのは大人だけさ」とボブが答えた。

五歳になるルーシーと三歳になるガスと二分間話してみたところ、二人に混乱がないのは明らかだった。二人は自分たちが養子だと知っていた。自分たちの生みの両親が誰か知っていた。自分たちの本当の両親が誰かも知っていた。そしてそれをちゃんと区別していた。

ポートランドのセミナーで僕たちはオープン・アダプションについてさらに詳しく学んだ。ボブとケイトに夕食に招いてもらっていたおかげで、僕たちは出席していた何組かのカップルよりも豊富な基礎知識を持っていた。それでもまだ学ばねばならないことがいくつかあった。

　養子縁組を専門とする弁護士の講義が初日の午後にあって、オープン・アダプションが法的に有効なのはオレゴン、カリフォルニア、ニューメキシコの三つの州だと聞かされた（その後オープン・アダプションを認める州は増え、現在では米国の養子縁組の主流をなしている）。オープン・アダプションの契約が法的拘束力を持つためには、生みの母親か養父母となるカップルかのどちらかがこの三つの州のどれかに住んでいる必要があるということだった。それ以外の州に住む生みの母親と養父母がオープン・アダプションの取り決めをした事例はあるが、それは法的拘束力のない契約だ、と弁護士は言った。

「そのような場合、生みの母親は法的手段に訴えることができません。彼らが交わした養子縁組の取り決めは、ただの取り決めにすぎず、法的拘束力のある契約ではないからです」と弁護士。「以前は、オープン・アダプション契約で養子をもらい、契約書にサインし、そのまま赤ん坊と一緒に姿を消してしまうケースもいくつかありました。そんなことをする養父母は地獄で恐ろしく長い間苦しむことになるでしょうね、わたしの希望ですが」

　会議室の雰囲気は、その日の朝ほどなごやかではなくなっていた。テーブルを囲むカップルのなかで、大きな物音一つで崩れてしまいそうなもろさが感じられない唯一のカップルはジャックとキャロルだけで、僕たちの左隣に座っていた。二人は弁護士が説明中にはさむちょっとしたジョークにもすぐに声を上げて笑い、僕たちもそれをおもしろがるユーモアの持ち主だと見抜いて共犯めかした笑みを送ってきていた。

　弁護士の話は続いた。ほとんどの州では、養子縁組が最終的に承認されるまでにエージェントはあらゆる手を尽くして赤ん坊の生物学上の父親を探し出さねばならない。その父親が養子の話を聞いていない場合だ。父親が見つかると、エージェントは生みの父親を説得して権利を放棄させる必要があるが、たいていの場合それはスムーズに片づく。でもなかには養子縁組を妨害しようとする父親もいる。

「父親が子どもを養子に出すことに同意しない場合でも、父親自身が子どもを育てる義務は生じないため、子どもが法的に宙ぶらりんの状態となることがあります。血のつながった両親からは望まれず、しかし養子になることもできない。これは、多くの州が現実に抱えている問題です——でもここオレゴンでは違います」

オレゴン州の養子縁組に関する法律は他の大部分の州の法律とは根本的に違っていた。血のつながった父親が母親のそばにいない場合、つまり妊娠期間中に父親が母親に対して経済的、精神的支援を行っていなければ、オレゴン州の法律では父親はすでに父親としてのさまざまな権利を放棄していると見なされた。オレゴン州の法律は、「男はオーガズムを、女は赤ん坊を手に入れる」を容認していた。妊娠を知らなかったという言い訳も通らなかった。生物学上の父親が、自分が一発やった女性が妊娠したのを知らなかったということは、その女性とはそれほど深く関わっていなかった証拠だと考えられた。ここにもまた、「男はオーガズムを女は赤ん坊を」が見てとれる。オレゴン州では、妊娠の瞬間にそこにいたという事実だけで男に多くの権利が与えられることはなかった。

「最も望ましいのは」とその弁護士が言った。「あなたがたを選んだ生みの母親がオレゴン州在住であることです。その母親がカリフォルニア州かニューメキシコ州に住んでいる場合は、実の父親が子どもを誰かの養子にするという母親の決断に協力的であることです」

不公平なことに、女性が赤ん坊を手元に置いて育てる決断をした場合、オーガズムだけを手に入れた男は十八年間か二十年間子どもの養育費を払い続けなければならなかった。もしもオレゴン州の法律が首尾一貫したものであるなら、男にも父親としての権利や義務を受け入れるか拒否するかを選択する権利が与えられるべきだ。しかしそうするには法律を変えなければならず、そんなことをすれば政治家はダメ親父に甘いという非難にさらされることになり、だから法律は変えられそうになかった。オレゴン州で一夜限りの関係を求めている男性たちへ僕から公平なアドバイスをするとしたら、男とやれ、だ。

生みの父親の問題を排除したことで、オレゴン州はアメリカで最も養子縁組に適した州として広く知られるようになった。ここ数年間に起きた注目を集めた養子縁組の失敗例は（子どもたちは彼らが初めて知った家庭というものから引き離されることになった）、子どもが養子になったあとに生みの父親が現れたことが原因だった。ベビー・リチャード（イリノイ州で、子どもは死産だったと聞かされていた父親が、実際には養子に出されていた子、リチャードの養育権を巡る訴訟を起こして勝訴した）とベビー・ジェシカ（ミシガン州で、養子縁組成立後、養子縁組に関わっておらず親権を放棄していなかった父親からの申し立てにより、最高裁は養女となったジェシカを実父に返すように命じた）の双子の幽霊は養子縁組を希望するカップルにつきまとって離れない。養子縁組に関する雑誌をめくると、「わたしたちはロシア、中国、そしてオレゴン州での養子縁組を専門に行っています」と謳うエージェントの宣伝文句をよく目にするのはそのせいなのだ。

弁護士の説明のあと、何人かの生みの母親たちがセミナーに顔を出すことになっていた。彼女たちが来る前に、このエージェントの「養子縁組のスペシャリスト」であるジルから、オープン・アダプションを選ぶ生みの母親がどういう種類の母親であるかについて話があった。

「養子縁組を希望するカップルは、州に子どもを取りあげられる女性たちと、子どもを養子として育ててもらう選択をする女性たちを混同しがちです」とジル。

「子どもを養子に出す」と言ってはいけないのだ、とこのとき僕たちは学んだ。この表現を使うと養子縁組の世界では眉をひそめられる。孤児となった都会の子どもたちが「孤児列車」に乗せられ、地方の村に運ばれて養子として引き取られていった慣例から生まれた言葉だからだ。その昔、孤児列車が駅に着くと子どもたちはプラットフォームに整列させられ、農家の人々に品定めされた。農場労働者として見込みがありそうな子どもは「養子にもらわれ」それ以外の子どもたちはふたたび列車に乗せられて次の駅を目指すことになった。

「この社会には、自分の子どもを養子として育ててもらおうと考える女性に対する数え切れないほどの偏見があります」とジルは続けた。「養子縁組を行う人はみなこの偏見を捨て去る必要がありますが、オープン・アダプションを選んだ人は特にそのような偏見を根こぎにすることが重要です。なぜならみなさんは生みの母親とずっと連絡を取り続けることになるからです」

会議室のカップルたちは、数ヶ月前に僕とテリーがボブとケイトに尋ねたのと同じ質問をした。生みの母親が薬物中毒だったら？　子どもを返してと言われたら？　子どもたちが混乱するのでは？

ジルは、子どもが養子として育てられることを望む女性たちは、たいていそのほかにやるべきことがたくさんある女性たちだ、と説明した。

「彼女たちには思い描く未来があって、そのときその未来図に子どもは含まれていません。自分の子どもの育つ家庭を自分で決められることが、彼女たちに大きく影響します。母親たちは子どもを捨てたとも、無責任な行動をしたとも思いません。オープン・アダプションの特徴は嘘がないことであり、生みの母親とその子どもたちのことを一番に考えている点なのです」

「オープン・アダプションは、生みの母親と子どもとの、そして生物学上の家族と養父母家族のつながりがずっと続いていくことを意味しています。オープン・アダプションは嘘のない養子縁組で、養子となった子どもは、自分の〝本当の〟母親や父親は誰なのか？　なぜ両親は自分を捨てたのか？　といった悩みを抱えながら成長することがありません。子どもが、本当の両親はなぜ自分を育てられなかったのだろう？　と疑問を感じたときには、生みの母親に尋ねることができるのです」

　エージェントは、オープン・アダプションは養子縁組を希望するカップルにとっても最良の選択肢だと確信していた。でもロイドセンターの会議室にいたカップルのすべてがそのとおりだと思っているようには見えなかった。

　養父母となるカップルは縁組の関係者の中で失ったものがある唯一の人々で、彼らが失ったものとは一定の自律性と自己統制感だ。「従来の」クローズド・アダプションが始まったのはほんの五十年前で、そのときに養子縁組に関する法律が全国的に書き換えられた。それまでおおっぴらに（そしてたいていは正式な手続きなしに）行われていた養子縁組は管理され、養子となった子どもたちを非摘出子の汚名から守り、妊娠した独身女性たちに婚前交渉の傷がつくのを防ぐために記録が封印されて「非公開《クローズド》」となった。現在でも養子縁組が成立すると、裁判所はその子どもの本当の出生証明書を封印して新しい出生証明書を発行する。「父母」の欄には養父母の名前が記載される。これはどこでも行われている措置で、進歩的なオレゴン州でさえ例外ではない（オレゴンを含む一部の州には、成人した養子のリクエストに応じて元の出生証明書の情報を開示する制度がある。二一八頁参照）。

（「僕の名前は父親の欄に入れてほしいな」とテリーが小声で言った。「きみのほうが子どもを産めそうなお尻をしているから」。どこかよそで二人きりのときにテリーが僕の尻の話をみだりに持ち出したなら、背中をパンチしてやっただろう。でも、僕たちの親としての適性を評価しようとしているかもしれないソーシャルワーカーがうじゃうじゃいる部屋でパンチすることが、どんな結果をもたらすかわからない。だから机の下でテリーの足を蹴るしかなかった）。

クローズド・アダプションはまた、養子縁組を希望する親たちに、すべての養父母が望むわけではないが、なかには望む養父母もいるあるものを提供した。つまりクローズド・アダプションは、養父母が養子にもらった子どもを血のつながった子どもとして育てることを可能にした。実の親子らしく見えるように養父母と似た容貌を持つ子どもを引き合わせることが昔から行われてきた。クローズド・アダプションは嘘を許容する制度なのだ。

言うまでもないが、テリーと僕はたとえクローズド・アダプションを選択してもこの恩恵に与ることはできなかった。家族や友人たちに口裏合わせを頼めば数年間は子どもを騙せるだろうし、学校にやらずに家庭学習させればもう少し長く嘘をつき通せるかもしれない。それでも子どもは遅かれ早かれ理解するだろう。男二人では赤ちゃんはつくれない。

でもこの世には、むしろテリーと僕も子どもは自分たちの尻から生まれてきたと信じて子育てできるようになるべきだ、と考えるキリスト教原理主義者が存在する。ゲイやレズビアンについて書かれた本を学校から排斥する運動を推進しているシアトルの女性を取材したときのことだ。彼女は、同性愛は親子の間でのみ話し合うべき問題であり、同性愛などというものがこの世に存在することさえも、それを子どもに知らせるかどうかは親が決めることだと考えていた。あなたは、親には子どもを無知のままにしておく権利があると言いたいんですね、と僕が指摘すると彼女は誇らしげに答えた。「そう、そのとおり。それは親としてのわたしの権利だわ。うちの子どもたちは、わたしが知らせたくないと思うことは知らなくていいんです」

僕はもうすぐ親になるつもりだ、と彼女に告げた。その場合僕にも、異性愛「なんてもの」の存在を子どもにまったく、何一つとして教えない権利はあるんでしょうか？　と尋ねてみた。

「ええもちろん。ねえ、ゲイであるかストレートであるかはこの問題とは無関係だし、クリスチャンかどうかも関係ないわ」と答えて彼女は共通の立場で話をしようとした。「これは親の権利の問題なの。もしもあなたに子どもがいれば、あなたが適切だと思うやり方で育てるべきね。子どもたちに異性愛の存在を教えたくないなら、教える必要はないわ」

嘘をつき通すには、生みの母親は当然姿を見せないほうがいい。テリーと僕の場合も、生みの母親が訪ねてきて子どもに会わせてほしいと言ってきたら異性愛の存在を隠しておけなくなる。エージェントを通して子どもの養子先を見つけようとする女性のなかには本当に姿を消すことを望んでいる人たちもいて、彼女たちがオープン・アダプションを選ぶのは、たんに子どもが養子となる家庭を選択する手助けが欲しいからなのだ。

「オープン・アダプションを選択する女性たちは子どものことを思い、子どもが大切にされ幸せになってほしいと望んでいます。だからこそ、彼女たちに子どもの将来設計をする役割を担わせることがとても大切なのです。このエージェントを訪れる女性の大半がこの方式——自分で養子先を選び、ずっと連絡を取り合える——でなければ子どもを養子として育ててもらうことは考えなかった、とカウンセラーに打ち明けています。この方法がなければ自分で育てることにしただろうと言う女性もいますが、ほとんどの女性はクローズド・アダプションを選ぶくらいなら妊娠中絶しただろうとほのめかしています」

妊娠中絶が憲法で保障された女性の権利であることが明らかにされた一九七三年、養子縁組を希望する子どもの数が急激に減少した。多くの女性にとって妊娠中絶は辛い選択だが、予定日までずっとお腹に赤ちゃんを抱え、産んだら子どもは死んだか、出産などしなかったことにしろと言われることも、同じくらい辛いことだ。女性のなかには、赤ん坊を置いてさっさと立ち去り、あの子は今頃どこでどうしているだろうなどと考えもしないで一生過ごせる人もいるのかもしれない。でも中絶してしまえば、どんな女性もあれこれ思い煩わずに済む。だって彼女は子どもがどうなったか知っているから。実際に赤ん坊が「生まれない」ようにする選択肢があるときに、どうして赤ん坊が「生まれなかった」ふりをする必要があるだろう?

そのあと休憩をはさんで、養子をもらうために僕たち全員がしなくてはならない山のような事務手続きの説明を聞いた。家庭調査を始め、超えなくてはならないさまざまなハードルがあることもわかった。それらをクリアできて初めて僕たちは養父母候補者の一員となることができ、生みの母親はその中から子どもを託すカップルを選び出す。そのあと、二人の生みの母親たちが会議室に招き入れられてテーブルを囲む席に着いた。その日の午後はずっと生みの母親のことが話題にされていたので、実際にその二人の姿を見たときには、まるでマドンナとシェールを間近で見ているような気分だった。

その日の朝に僕を苦しめていた根拠のない不安は収まり、僕はとてもくつろいだ気分だった。いくつか質問もできたし、会議室にいる別のカップルたちと目を合わせることもできた。そしてちゃんとした扱いを受けていた。自分は「ゲイのやつら」の一人ではなく、九人の父親候補の一人なのだと思えた。生みの母親たちが口を開くまでは。

「わたしはずっと、子どもをよきクリスチャンに育ててくれる家庭を見つけたいと思ってきました」と一人が言うと、「ええ、わたしもそれは重視してきました」ともう一人も賛成した。

二人は他にもいろいろなことを話した。話しやすいカップルに養父母になってもらいたいとか、どのくらいの頻度で子どもに会いたいか、子どもの将来設計に関わることが自分たちにとってどれほど大切か、子どもとのつながりを維持できることがどれほど素晴らしいことか、二人とも自分の判断が間違っていると思ったことはなく、養父母こそ血のつながった我が子の「本当の」親だと考えている、といったことを。でもすべては、もちろん、もはやどうでもいいことだった。僕の耳に入ってきたのは「クリスチャンの家庭」であることが重要で、どちらの母親もそう思っているということだったから。テリーと僕は時間を無駄にしていたのだ。

次の休憩時間中、テリーと僕はスケート靴をレンタルし、自分たちの靴はロッカーに放り込んで、ロイドセンターのスケートリンクをぐるぐる回り続けた。しばらくの間僕たちは無言だった。

「家に帰ったほうがよさそうだね」とテリーが口を開いた。「知り合いにシングルのレズビアンならたくさんいる。誰か代理母になってくれないか聞いてみよう。生みの母親が僕たちを選ぶことはなさそうだ」

「お金を払って誰かに代理母になってもらうほうが、養子をもらうより安くつきそうだし」と僕は答えた。「料金表を見たかい？」

「僕たちは甘い夢を見過ぎてたんだと思う」とテリー。

それに答えようとしたとき、キャロルとジャックが手を振って僕たちをリンクの端へ呼び寄せた。

「あなたたちはラッキーね」とキャロルが言った。テリーと僕は顔を見合わせて、それ一体どういう意味？　と尋ねた。「あなたたちは全然違うもの。他の候補者はみんなまったく変わりばえしない。全員白人で郊外で暮らす中流階級。そしてストレート。あなたたちは目立つわ。生みの母親たちも、候補者のなかで目立つあなたたちに注目するはずよ」

「そうだよ」とジャック。「きみたちは誰より先に選ばれるさ」

DGキッズ

キャロルとジャックが間違っていた場合には——僕たちがすぐに選ばれなかったときやまったく選ばれなかったときは——いくつかの別の選択肢があった。ボブとケイトの話を聞いてあっさり宗旨替えした僕たちは、クローズド・アダプションは生みの母親にとっても、養子になった子どもにとっても不公平な方法だと考えるようになっていた。だからエージェントを通した従来のクローズド・アダプションは、僕たちの選択肢にはなかった。でも、オープン・アダプションで生みの母親に選んでもらえなかったときは、親になるための別の方法を考える必要があった。海外での養子縁組は可能だったが、それは「慎重に」、つまり正体を隠してやらなければならず、二人ともそれは得意じゃなかった。もう一つの方法としては、虐待やネグレクトに遭った子どもを州からもらいうける道があった。彼らは児童保護施設で辛い生活を送る子どもたちで、血のつながった家族から与えられた心の傷を癒そうとしていた。僕たちはこの方法に damaged-goods ＝ＤＧオプション（damaged goods は商品や製品について「訳あり品／不良品／傷もの」といった意味合いで使う言葉）という無神経な名前をつけていた。

州に保護されている子どもたちはみな例外なく異性愛の両親から虐待されたり育児放棄されたりした子どもたちだった。ストレートの両親が血のつながった自分の子どもに暴力をふるったりレイプしたり、育児放棄したりすると州が介入する。子どもたちを血のつながった親の元に帰せない場合、州が子どもたちを養育してくれる家庭を探す。養子縁組の現場では、こうした子どもは「斡旋困難な」あるいは「特殊ニーズのある」子どもと呼ばれる。斡旋先が見つからないのは、養子をもらおうとするカップルの大半が同じものを望んでいるからだ。健康な、白人の、幼児を。養父母たちは健康な赤ん坊を欲しがる。心にも身体にも傷を負っていない子どもを。DGキッズはたいてい健康ではなく、白人でないことが多く、生みの両親が親としての権利を剥奪される頃にはたいてい幼児ではなくなっていた。テリーと僕は、養子縁組について話し合い始めて間もなく――恥ずかしい話だけど――僕たちもみなが欲しがるような子どもをもらおうと決めていた。国籍にはこだわらなかったが健康な子どもが欲しかった。

でもストレートの人たちが愛読する新聞で読む養子をもらったゲイのカップルの話は、ほとんどいつもDGキッズを養子にした話だ。Good Gay = GG（善良なるゲイ）のカップルがDGキッドの里親となり、世話をして健康を取り戻させ、情が移ってそのDGキッドを養子にする決断をする。GGカップルがDGキッドをこの厳しい社会システムから救い出した。行間の意味は？　このGGカップルがいなければ、このDGキッドは家族を持つことなどできなかっただろう。だから……どうせゲイたちは〝理想的な〟子ども（健康な白人の幼児）を〝理想的な〟家庭（ストレートの白人カップル）からもらうことなどできないんだし、だったらそのファグたちに赤ん坊をやればいいじゃないか？　ゲイの男たちも〝訳あり〟なんだから、〝訳あり〟の子どもでいいだろう？

僕たちゲイも養子をもらいたがっている他のすべてのストレートのカップルと同じくらい身勝手だと認めることはあまり気の進むことじゃなかった。それにDGキッズを養子にするのは簡単で比較的迅速にことが進むのに加えて、他にもいくつかの利点があった。まずそれは非常に徳のある行為で、よいカルマが積めるというだけでも価値がある。それにゲイの男はつねに道徳的に劣っていると言われてきたから、自分のほうが道徳的に上だと示せるチャンスにはどんなものであれそそられた。またゲイは、道徳的に劣っているばかりか、子どもたちにとって危険な存在だともされてきた。ストレートの親によって危険にさらされた子どもを養子にもらえば、子どもを性的に虐待しているのは、ゲイと認められる男性ではなくストレートと認められる男性であることを示すどんな統計を引用してくるよりも効果的に、そのひどい嘘を論破できる。

それほど遠くない昔、あるGGカップルのことがニュージャージー州で話題になった。そのGGカップルはアダムという子どもを養子にしたいと考えた。アダムは生まれつき薬物中毒で肺に異常があり、心臓にも問題を持つDGキッドだった。GGカップルは里親としてアダムを育て、彼らの手厚い看護のおかげでアダムの症状は驚くほど改善し、もはやDGキッドではなくなった。するとGGカップルは、それぞれが片親として養子縁組を申請すると大金がかかるので、カップルとしてアダムを養子にもらう権利を求める訴訟を起こした。裁判所は彼らの訴えを聞き入れ、ニュージャージー州に住むゲイのカップルにストレートのカップルと同等の法的資格を与えた（当時、オレゴン州やカリフォルニア州をはじめとするいくつかの州ではすでに法的に認められてはいたが）。カップルが勝訴すると、「GGカップルがDGキッドを養子にした」というニュースがアメリカ中の新聞の紙面を賑わした。

キリスト教保守派の人々にとって、アダムのニュースは喜ばしいことではなかったが、二人のゲイの男たちが誰にも望まれていない一人の子どもを——それもこともあろうに異性愛の両親によって危険な目に遭わされた子どもを——養子にするために裁判を起こしたと聞いて、ゲイは子どもにとって危険な存在だとはさすがに主張しづらくなった。ホモ嫌いの家族研究委員会（FRC）によるアダムの件についての新聞発表にも、ゲイの男性は子どもたちや道徳、アレチネズミあるいはその他のいかなるものにとっても危険な存在である、という文言はなかった。その代わりに幼いアダムに対する深い憂慮だけが示された。

「二人の父親に育てられた子どもは、一生誰かを『ママ』と呼ぶことができないのです」とFRCの文化研究局長であるロバート・ナイトはFRCの新聞発表の中で述べている。本来保守派は、新たな権利が認められることには反対するものだが、このときFRCは憲法の条文のなかに新たな権利を読み取っていた。「ママ」と呼ぶ権利だ。「ニュージャージー州はこの子どもから母親を持つ権利を生涯にわたって剝奪したのです」

ゲイの人権団体、ヒューマン・ライツ・キャンペーンの代表であるエリザベス・バーチが、ガールフレンドのヒラリー・ローゼンとともに双子の兄妹ジェイコブとアナを養子にしたときには、FRCはふたたび新聞発表を行い、今度はこの兄妹が父親を持つ権利を侵害されたと訴えた。「レズビアンの家庭で子どもを育てることは、父親から愛情を受ける機会を故意に奪うものであり……二人のレズビアンに育てられたジェイコブはいったいどのような男性像や父親像を持つようになるのでしょう？　父親の愛を知らずに育つことになるアナは、いつか大人になったときにどのように男性に接するようになるのでしょうか？」

キリスト教保守派の人々がゲイの養子縁組に難癖をつける論拠となりうるものなら山ほどある——レビ記、ローマ人への手紙、テモテへの第一（第二）の手紙——しかし彼らがこの頃よく持ち出すのは、すべての子どもにはママやパパを持つ権利があるというものだ。でもじつは、「ママ」「パパ」と呼べる相手のいない環境で多くの健康な子どもが育っている。子どもたちは祖父母や叔父、叔母に育てられる場合もある。男手一つで、あるいは女手一つで育てられる子どももいる。僕たちの隣人だった女性が、この先父親の愛を知ることはないと思われる小さな女の子を養子にしたときには、ＦＲＣは新聞発表など行わなかった。じつはＦＲＣは、すべての子どもに男女一人ずつの親をもたせることにそれほど関心があるわけではなかった。彼らが関心を持っていたのは、ストレートの人たちが当然のように享受している権利をゲイやレズビアンから奪い去ることであり、そしてもちろん、いかがわしく気味の悪い同性どうしの家庭で子どもたちが育てられる悪夢のような光景を、オマハで暮らす老女たちに思い浮かべさせ、脅えさせて寄付を集めることだった。悪夢のような光景とは、ゲイだらけの温泉浴場で開かれる小さなアダムの遊び仲間の集まりや、幼いアナがミシガン・ウィメンズ・ミュージックフェスティバルの会場でシャツを着てないＷＩＭＭＩＮ（womanやfemaleを避けるためにフェミニストが好んで使う綴り）に髪を編み込んでもらっている姿のことだ。

ゲイやレズビアンのカップルの養子になった子どもたちは「パパ」「ママ」と呼ぶことはできないかもしれないが、女性か男性のどちらかしかいない世界で大きくなるわけではない。ゲイの男性にも母親や叔母がいる。僕たちにも女性の友人や同僚、隣人たちがいる。レズビアンたちにも父親や兄や弟がいて、男性の友人や同僚、隣人がいる。ちゃんとものを考えているゲイのカップルなら、ちゃんとものを考えているストレートのシングル家庭と同じように、子どもたちに男性と女性両方の役割モデルを与えられる環境を整える努力をするだろう。

ゲイやレズビアンが親になることへの反対意見は、もちろん子どもたちのためを思っての意見ではない。これは政治的問題だ。今のところ、ゲイやレズビアンが養子をもらうことが違法とされているのはフロリダ州だけだが、キリスト教右派はゲイによる養子縁組をテキサス、インディアナ、ユタ、オクラホマ、アリゾナの各州でも禁止することを求めている。* テキサス州知事時代、ジョージ・W・ブッシュはテキサス州におけるゲイやレズビアンによる養子縁組禁止を支持する立場を明らかにし、「父親と母親がいる伝統的な家庭こそが、家庭を必要としている子どもたちにとっての第一の選択肢であるべきだ」と述べた。ブッシュが母親と父親がそろった家庭への支持を名言したのとちょうど同じ頃、ニューハンプシャー州知事のジーン・シャヒーンは、制定後十二年になる同州のゲイによる養子縁組を禁止する法律を取り消す法案に署名した。そしてゲイによる養子縁組を禁止する法案を取り消すことは「ニューハンプシャー州にとっても我が州の子どもたちにとってもよいことだ」と説明した。ゲイによる養子縁組に関してはアメリカは不自由な州と自由な州にはっきり二分される。

ゲイによる養子縁組の禁止はゲイの結婚の禁止ほどは世論調査で賛成票を集められない問題だが、ゲイの養子縁組を禁じる法案を通すことは、ゲイどうしの結婚を禁止する法案を通すよりも難しいだろう。一九九六年に制定された結婚防衛法は、いつともしれない未来に現実になるかもしれない結婚の形を未然に防ぐためのものだった。でもゲイによる養子縁組は仮説ではない。ゲイたちはずっと昔から子どもを養子にしてきた。レズビアンたちもずっと養子をもらったり赤ん坊をつくったりしてきて、これからもずっとそうするだろう。連邦政府の機関である国家養子縁組情報センターは、今後六百万人から千四百万人の子どもたちがゲイやレズビアンのカップルに育てられるようになると予測している。ゲイによる養子縁組を禁止しようという戦いは、仮想の子どもたちや理想の家庭をめぐるものではなく、現実の家庭で暮らす現実の子どもたちをめぐる戦いなのだ。つまり問うべきことは、「ゲイの家庭で育ったら子どもはどうなるか?」じゃなくて、「ゲイの家庭で子どもたちはどんなふうに育っているか?」なのだ。

今ある限られた調査結果は、ゲイやレズビアンの両親に育てられている子どもたちに問題はないことを示している。子どもたちは、ストレートの家庭で育った子どもたちと何ら変わりなく社会にうまく適応し、大人になったときには自分はストレートだと感じ、他の子どもたちと積極的に関わることができる。つまりそれほど大きな違いはない。ゲイやレズビアンたちがはずみで子どもを持つことはないから

＊編集部注　同性カップルの法的権利をめぐる事情については原著刊行後の十七年間に大きく変化し、本邦訳の刊行時までに法的には決着をみている。二〇一五年六月に米連邦最高裁が同性婚を禁じていた四州の州法に違憲判決を下したことで、まず同性婚が全米で合法化されることとなった。また、同性カップルが養子を迎えることについても、二〇一六年三月にはそれを禁ずるミシシッピ州の法律が違憲であるとして差し止められ、全米五十州で合法となった。ただし、ミシシッピ、ミシガン、ノースダコタ、バージニアの四州は、養子縁組機関が宗教上の理由から同性カップルへのサービス提供を拒否することを認めている。また、テキサス州では同性カップルが公的な里親制度をへて養子を迎えることはできない（私的養子縁組なら可能）。このように、同性カップルによる養子縁組が異性カップルと条件的に同等ではない状況が、一部にはいまなお残っている（二〇一六年六月現在）。

――ある晩酔っぱらって養子をもらってしまったり、うっかりよろけた拍子に人工授精クリニックの診察台のあぶみに足を突っ込んでしまったりするのは難しい――僕たちの子どもは全員望まれた子どもで、計画され、待ち望まれた子どもなのだ。そして子育ての専門家たちはみな、望まれた子どもはたいてい愛され、愛されている子どもは大切に育てられる、と言っている。

このままオープン・アダプションで行こう――というかやってみよう――と決めたテリーと僕は、DGキッズ・アダプションという選択肢は却下することにした。身体的、情緒的な問題を持つ子どもを養子として育てる能力があるのは限られた親だけだ、という話も聞いた。それに、自分たちは虐待するストレートの親たちより上だと考え、彼らより道徳的に優位に立っていることに満足感を感じるだけで、どこまで困難に耐えられるかわからなかった。もちろん、アダムみたいないい子や回復可能な子どもを養子にできるチャンスはいつだってあるけれど、手のつけようのない子どもや、回復が見込めない子どもに巡り合うことだってある。僕たちは不利な立場から子育てを始めたくはなかった、少なくとも初めての子育ては。どこかの誰かに傷つけられた子どもをもらいたくはなかった。そう、子どもをだめにするなら自分たちの手でそうしたかった。

それに、もしも僕たちがオープン・アダプションを選んで健康な子どもをもらおうとしても、ロバート・ナイトやFRCは文句を言わないんじゃないかと思う。彼らがゲイの養子縁組に反対している理由が本当に子どもたちからママやパパを持つ権利を奪うことにあるなら、ナイトやFRCはテリーと僕がやろうとしていることを知ってある意味安堵するはずだ。僕たちがもらう子どもは――選ばれればだけど——どんな子であれ生みの母親とも関わり続けることになるから。その子は「ママ」と呼ぶことができるし、母親の愛情を知ることができる。ＦＲＣが味方についてくれるはずだと思うと、オープン・アダプションへと進むうえではなかなか心強かった。

で、ＧＧカップルの道を選ばなかった僕たちはどうするか？　僕たちは自己中なゲイのカップルとなって健康な子どもをもらおうとする。でも、もしもそのことで嫌なやつらだと言われるなら僕たちには大勢の仲間がいた——そのほとんどがストレートの人たちだ。僕ももちろん、この選択には大きな罪悪感を感じていて、健康そのものの子どもだって一瞬でＤＧキッズになることがあるんだぞ、と自分に言い聞かせもした。ブランコからたった一度転落しただけで、バスタブのなかでほんの一瞬目を離したすきに、重大な障害を負った子どもを育てることになることだってある。万一そうなったら、そのときは僕たちも善良な親たちと同じように困難に立ち向かうだろう。でも最初は公平なスタートを切りたかった。ずっと公平が守られる保障はないとはわかっていたけど。

友人や家族への報告

養子をもらうと友人たちや家族に報告するのは、予想以上に大変なことだった。一番多い反応、「何でまた?」への答えを用意していなかったからだ。くどくどしい説明（レズビアンからの提案、隣人女性のこと、弁護士たちから聞いた話、生みの母親のこと等々）を繰り返すのはやめて、「だって子どもを盗むのは犯罪だから」とか「僕たちにも趣味が必要だから」などと言って済ませた。何人かの友人には「僕が太りたいから」と本心を伝えた。これからは誰かに理由を聞かれたら「僕の本を買え」って答える。

「何でまた?」はこれから出産を控えたストレートのカップルにはけっして問われない質問だ。ストレートの人たちが子どもを持つことになった理由なら誰でも知っている。酔っぱらって服を脱ぎ、子どもができた。そしてこの世では誰かがヤギの乳搾りをしなくてはならないし、誰かがイギリスの王位を継がなくてはならない。ストレートの人たちが子どもを持つのは、それがストレートの人たちがやるべきことだからだ。僕たちホモがストレートの人たちを繁殖動物《ブリーダー》と呼ぶのにはそれなりの理由がある。

繁殖したくない、あるいは繁殖できないストレートにもそれなりの理由がある。僕の兄のビリーは子どもは欲しくないと言っていて、週に三、四回は母にその理由を説明しなくてはならない。母親は八〇年代後半にどこかでセラピーを受けてきて以来、すべてのことがらには表面的な意味とは別の意味が隠されていると信じるようになった。だから母親の考えでは、自分の長男が子どもを欲しがらないのには何か意味があるはずで、わかりきった答え（ビリーは子どもが好きではない）ではまったく満足できなかった。ビリーが子どもは好きではないと言うのは、ビリーが自分の少年時代が好きではなかったということで、つまりは育てられ方が気に入らなかったということで、ということはビリーは両親に憤りを感じており、セラピーが必要だということになる。ビリーは全然不幸じゃなかったし、セラピーなど望んでいなかったけど。でもセラピー好きに言わせると、誰かが幸福を感じているからといって、その人が助けを必要としていないとは限らない。熟練のプロの手にかかれば、僕の兄も心の奥底に隠れた大きな悲しみに気づかされることになる。

僕の家族もテリーの家族もほとんど全員がストレートだったが、親になろうと思っているという僕たちの報告を聞いたときの反応はそれぞれの家族で違っていた。僕の家は子だくさんで騒がしい、先祖代々感情表現が豊かな、都会で暮らすアイルランドカトリックの家族だ。どの時点で計算しても（そのときたまたま誰が誰と離婚したかによって微妙に変動する）叔父や叔母はだいたい二ダースほどいる。僕には三千人の従兄弟がいて、どうしようもない祖母が一人、兄が二人に親が二人、義理の親が二人、義理の弟や妹が三人、それに何百人もの義理の従兄弟がいる。その全員に養子をもらうと伝えるのは時間も労力もかかりすぎるので、母親に報告してあとは母からみなに知らせてもらうことにした。

最初、母は話が飲み込めないようだった。

「あのレズビアンのカップルとはどうなったの?」

レズビアンたちは結局子どもが欲しいのかどうかさえまだわからない状態だったので、待つのはごめんだと思ったのだと説明した。母は、セラピストのところへ行って「そのことについてよく話し合って」それから話を進めるべきだと勧め、僕は養子縁組エージェントのカウンセラーにすでに相談ずみだから大丈夫、と言った。十五年前に僕がゲイだと打ち明けたときには、母はセラピーなんて勧めなかった。代わりに冗談を言った。そのときの深夜のやりとりはこんなふうだった。

「母さん……僕は、ゲイなんだ」

「ほんと? ねえ、公園で二人のゲイに襲われた女性の話知ってる?」

「知らないよ、母さん」

「一人が女性を押さえつけ、もう一人は彼女の髪をとかした」

母親は僕の告白をわりとうまく受け止めたように見えたけど、その二日後に彼女はちょっとしたパニックに陥った。母親はずっと僕がよい父親になると信じてきて、でも僕がゲイだったからには、もうけっして「無事に親になる(get to parent)」(この動詞を使ったのは母親だ、僕じゃなく)ことはないだろう、と。母親にとって幸運だったのは、当時彼女が何人かの精神分析医たちが運営する診療所の管理を任されていて、無料でセラピーを受けられたことだった。養子をもらうことは、僕がゲイであることに関して母親が胸をいためてきた唯一の問題の解決につながり、だから母親はその知らせに大喜びで、早々と手紙の最後に「ジュディおばあちゃんより」とサインし始めた。

二人の兄と妹、それに義理の父親のジェリーもとても喜んだ。なかでも特に喜んだのがビリーで、兄弟に子どもができればできるほど、自分は子どもをつくれと迫られることが少なくなるからだ。妹のローラは子ども好きで、自分の子どもをとても欲しがっていたけれど、オプラ・ウィンフリー・ショー（アメリカで非常に影響力があるといわれるトーク番組。オプラはアメリカンドリームを体現する女性司会者）に影響された彼女の高い理想に叶う相手にまだ巡り合えずにいた。ローラはいつも、すごくいいやつでしかも彼女が歩いた地面さえも崇拝するような男を、「人を愛する前にまず自分自身を愛せていない」という理由で捨ててしまう。このぶんでは、とことん自分大好きな男に出会う日まで、ずっと一人でいることになるだろう。母親から知らせを受けるとローラはすぐにテリーに電話をかけてきて、必要ならいつでもとんで行って赤ちゃんの世話をするからと言った。ローラは僕たちが女の子をもらうことを期待していて、叔母さんになれることにワクワクしていた。

でも、ローラは叔母さんになったことがないわけじゃない。兄のエディにもマーズという男の子がいた。僕の甥にあたるマーズは母親、つまり離婚したエディの元妻とモンタナに住んでいた。エディは空軍に所属していた短い期間に結婚した（子どもにマーズと名づけたのはそのせいだ。マーズとはローマ神話に出てくる戦の神だから）。離婚後、エディは故郷のシカゴに戻ってきていた。そのためマーズと連絡を取り合うのが難しくなり、僕の母親も孫に会いたくてもなかなか会えなかった。エディは僕とテリーのために喜んでくれたが、警告の電話をかけてきた。

「自分たちが何をしようとしているかまるでわかってないようだから言うけど」とエディは笑いながら言った。「子どもは素晴らしいよ、でもな、どえらい手間がかかるぞ」

テリーの家族のほうはどこか心配そうだった。でもそれを僕たちに伝えたりはしなかったけど。僕の一族はしゃべりすぎでうるさすぎるが、テリーの家族は口数が少なすぎる。テリーが育ったのはスポケーンという名の、片側には巨大な砂漠が広がり、もう片側はアイダホ州に接する小さな街だった。よき監督教会員らしく、テリーの両親は二人の子どもを授かると、そこで子づくりをやめた。テリーの母親であるクローディアはテリーの父親の死後再婚し、テリーの兄のトムは、僕たちが出会って間もなくプロミス・キーパーズ（米国で一九九〇年に結成された男性のみのキリスト教団体。男性優位の保守的態度で知られる）に加わった。テリーの一族は僕の一族とは正反対のもの静かで慎重な人たちで、時間をかけてじっくり考えてから口を開く。騒がしく自己主張の強い人たちに囲まれて育った僕は、初めのうちはミラー家の人々が集まったときのお葬式のような雰囲気がどうにも居心地悪かった。テリーの家族との夕食は、まるで自然史博物館の「現代人」のジオラマのなかで食事をしているみたいだった。ペラペラ話す人も、せかせか動き回る人もいなかった。それにも徐々に慣れてはきたものの、テリーの母親に初めて会ったときには、彼女の沈黙が僕を怖じけづかせた。

自分が男色の牙にかけている男の母親に会うという状況は、ホモが沈黙を非難の意味だと最も解釈しやすい場面の一つだ。テリーの母親に十分間じっと見つめられた——にこりともせず、瞬きもせずに——とき、彼女は男色を好む僕の厚顔無恥さに嫌悪感を感じているに違いない、と確信した。

僕の家族は、沈黙は非難と受け止められることがあると知っていて、そう思われるのを好まない。新しいボーイフレンドを家に連れてくるたびに、いつでも大騒ぎして歓迎するものだから、僕が肛門性交されることに家族は大賛成なのだと思うやつもいた。僕の家族は、特に妹は、僕が家族の目の前で肛門性交されることを強く望んでいるのだと勘違いするやつさえいた。

でもテリーの母親に何度か会っているうちに、彼女も本当に僕たちの関係を認めてくれているのだとわかってきた。テリーの母親はテリーの兄や義理の父親（デニス）同様本当にいい人で、ただとってももの静かなだけで、テリーの母親と僕の関係は今も少しずつ前に進んでいる。一度、彼女のテフロン加工のフライパンに僕が金属性のヘラを使ってしまうという不幸な後退があったものの、僕たちはその出来事を水に流してうまく関係を修復してきた。とにかく、初めて会った日以来、事態はよい方へと向かう一方だ。クローディアとデニスは釣り好きで、この間もカラスガレイ九十キロ分を船便で送ってくれた。アラスカへ旅行したときにクローディアが釣ったものだ。僕たちの冷凍庫は魚で一杯になった。多くを語らない彼女だけど、僕たちに飢え死にして欲しくないと思っていることははっきり伝わってきた。

養子をもらおうと考えている、とテリーが母親に伝えたとき、テリーにも母親の反応は予想がつかなかった。でも、孫ができると知ってすごく喜ぶかも知れないとは思っていた。ところがクローディアはただ一言「まあ」と言っただけだった。どんなふうに養子をもらうのかとも、それはいつなのかとも聞かなかった。彼女がどう感じたのか僕たちにはわからなかったけれど、なんだか興味がなさそうに見えた。

それから数ヶ月後、僕たちがちょうど忙しく書類の記入をしていたときに、ミラー家から毎年恒例のクリスマスの近況便りが届いた。テリーの母親はテリーの兄のことを長々と書いていた。トムは次の六月にパムと結婚する予定で、パムはとても素敵な女性で二人が出会ったのはキリスト教原理主義の教会だった、と書かれていた。文面から、トムはとても幸せで、フィアンセはとても可愛い女性で、二人が出会ったのは六ヶ月前で、たったの三ヶ月で婚約したこと、そしてみんなが結婚式を楽しみにしていることが伝わってきた。報告は長々と、四段落にも渡って書き連ねられていた。

テリーについては、「テリーは書店で働いていて、仕事を楽しんでいます」。ただそれだけ。つき合って二年になる男のことも、僕たちが養子をもらおうとしている事実も書かれていなかった。もしも僕たちがプロミス・キーパーズの会員を養子にもらおうとしていたなら、もう一行か二行は僕たちのことを書いてもらえたかもしれない。このクリスマスの近況便りが書かれたのは、ウィークエンド・セミナーに出席した僕らが提出書類と格闘しているときだった。クローディアは僕たちが子どもを手に入れる準備をしていることを知っていた。エージェントに提出する僕たちの推薦状まで書いてくれていた。

もしかすると、彼女は来年のクリスマスの近況だよりで僕たちに子どもができたと知らせてみんなを驚かそうと思っているのかもしれない。でもテリーでさえそうは受け取らなかった。テリーは、近況便りは母親からのわかりづらい意思表示に違いないと思っていた。彼女はきっと気に入らないのだ、と。誰かが「あまり雄弁ではない」とき、僕たちはその人の行動から気持ちを読み取ろうとする。そしてこんなふうに僕たちについて何も触れられていないことは、彼女の真意をとても声高に物語っていた。テリーはショックを受けていたが、クローディアに聞いてみるのは嫌だと言った。

「そんなこと聞いても意味がない。それに、聞けば母さんの気を悪くするよ」とテリー。

「あの手紙を読んで、きみのほうこそ気を悪くしたんだろ。だったらお母さんに聞いてみればいいじゃないか?」と僕。

テリーは少し考えた。

「赤ん坊を見れば、母さんの気持ちも変わるんじゃないかな?」

友人たちは、ゲイもストレートもみな応援してくれた。でも年上のゲイやレズビアンの友人たちのなかには、僕たちが子どもを欲しがっていること自体に戸惑いを感じる人たちもいた。彼らがカミングアウトした頃は、子どもはゲイを異性愛の世界に捕獲する罠のしかけだったから。また、子どもを持つことはゲイやレズビアンの解放への裏切りだと考えている人たちもいた。ある六十代のゲイの友人は、若いゲイやレズビアンたち（彼に言わせると五十歳以下はすべて若かった）が出す要求の高さに驚いており、そのうちあまりにも多くを要求しすぎる者が出てきて社会的な反発を引き起こし、ゲイ全体に被害をもたらすことになるのではと心配していた。俺が若いときに望んでいたのは、逮捕される心配なしにペニスをしゃぶる権利を与えられることだけだったがね、と彼は言った。だから僕が養子をもらおうと思っていると初めて打ち明けたとき、彼はまるで僕たちが木星に移住すると言いだしたかのような顔をした。大学で教えているゲイの友人は僕が「異性愛を規範とする」ライフスタイルを選ぼうとしていると冗談まじりに批判し、ある共産主義活動家のゲイは僕が寝返ったと非難した。

他の何人かのホモたちから言われた反対意見は、僕とテリーは養子をもらうべき種類のゲイではないというものだった。僕たちが養子をもらう話がシアトルの街で噂になると、ある地元のゲイの活動家で頭のイカれたやつから電話がかかってきた。きみたちは自分たちがしていることの政治的意味がわかっているのか？　と。彼は、テリーと僕はもう少し待つべきだと考えた。これはとても重要なことなんだ、と彼は言った。今のこの時に養子をもらうゲイが、安全で人に恐怖感を与えない人物であることがね、と。養子をもらうゲイのカップルは、四十代で少なくとも八年は一緒に暮らしていて、浮気もせず、専門職についている何の落ち度もない攻撃のしようがない人物でなくてはならない。キリスト教右派がゲイによる養子縁組を問題視している今、養子をもらったゲイはさまざまな詮索の目にさらされることになる。だから、ストレートの人々にできるだけ脅威を与えないカップルであることが大切だと彼は考えた。僕やテリーのように「都会のゲイのライフスタイル」を連想させるゲイの男たちは待つべきだ、と。

ゲイの政治運動に関わっている友人たちのほとんどは、僕たちをとても応援してくれていた。ゲイは（何であれ）キリスト教右派の考えに反することをするのを当座は控えておくべきだと言う人もほとんどいなかった。でも、僕たちは養子をもらうべき種類のゲイではないと言う人は一人ではなかった。つまり政治的理由からだ。僕はこれまで自分のセックスライフについてあまりにも赤裸々に、あまりにも多くをあちこちで書きすぎてきた。宗教右派はゲイによる養子縁組を禁止したがっていて、あのオマハのか弱いご婦人たちを震え上らせるために使えそうな、養子を育てるゲイのカップルを探しているはずだ。

邪悪なゲイの養父母の、本当にスキャンダラスな一例目が出てくるまでは、つまり養子となった子どもたちをレイプしたり殺したりするゲイの父親やレズビアンの母親が登場するまでは、キリスト教右派は誰であれ彼らの目に止まった「不適切な」ゲイの親でなんとかしのいでいくほかない。もちろんストレートの人たちも、毎日のように子どもをレイプしたり殺害したりしている。幼児の虐待など日常茶飯事だから、状況がよほど変わっているか人々の興味をそそるほど陰惨である場合（美少女コンテストで優勝した六歳の少女、ヘビメタの卒業記念パーティ、窓から放り出された子どもたちなど）を除いて、ストレートの親たちによってもたらされた子どもたちの死亡記事が新聞に載ることはない。そしてもちろん、そうした事件が異性愛者の親としての不適切性を示す事例として取りあげられることもない。

ところがゲイやレズビアンに関しては、子どもを持つことは他のあらゆることと同様に特権と見なされがちで、権利だと考えられることはない。そして特権は時に取りあげられる。

二人の関係について取り繕ったこと

僕たちはポートランドでのセミナーから必要なものをすべて持ち帰った。自信以外のすべてを。書かなければならない書類が山のようにあり、ほとんどの生みの母親はクリスチャンの家庭を望んでいるように見えたにもかかわらずオープン・アダプションを選択するなら、山のような小切手を切らなくてはならなかった。大多数の養子縁組エージェントとは違って、僕たちのエージェントは多額の前払金は要求しなかったが、そのかわり時間差でずっと支払いが続く。そうすることによって負担感を減らし、お金のない人でも養子を迎えやすくする、というのがエージェントの所長の説明だ。それでも養子縁組はお金がかかる。セミナーの参加費が三百五十ドル。次に来るのが申し込み費の六百ドル。そのあとに事前準備費と家庭調査費として二千百七十五ドルが続く。さらに養父母候補エントリー料が三千八十ドル。もしも生みの母親に選ばれた場合は養子縁組企画仲介料が四千六百五十ドル。実際に養子をもらうことになれば斡旋料として二千百ドルが必要だ。エージェントへの支払いは総額で一万二千四百五十五ドル。でも支払いスケジュール表には追加料金についての注意書きがあった。「旅費、医療費、弁護士費用、そして必要と認められ、すべての関係者が望む場合には、生みの母親の養子縁組に関わる生活費」。締めて一万三千ドルから一万五千ドルの出費になりそうだった。

支払いスケジュールを眺めていると、なんだか分割払いで赤ん坊を買おうとしているような気がしてならなかった。

ポートランドからは大量のパンフレットも持ち帰っていた。なかでも一番役立ったのは、エージェントが意図していたようにではなかったが、「こんな理由で養子をもらってはいけない――その10の理由」という冊子だった。ポートランドを後にする（「金輪際来たくないね、できれば」とテリーは言った）車の中で僕はその冊子に書かれていることをテリーに聞こえるように読み上げ、僕たちは、次に予定されているエージェントのカウンセラーたちとの面談で、何を言ってはいけないかを学んだ。たとえば、二人の気持ちが冷めてきたので子どもがいればまた絆が深まると思ったとか、人生に自分たちを愛してくれる誰かがほしくて、と言ってはいけない。子どもが欲しいと思ったのは、人生でまだ成し遂げていないことを自分に代わって成し遂げてほしいから、とか、親のない子が可哀想でというのも言ってはいけないことだった。でも「こんな理由で養子をもらってはいけない――その10の理由」のなかに、趣味が欲しいからとか、自分にはそうできると証明したくてとか、太りたいからといった理由は見当たらなかった。

次に予定されていたのは候補者選定の最終面接だった。セミナーから一週間後、僕たちは小さな会議室でエージェントのシアトル担当のカウンセラー、マリリンと向き合っていた。マリリンは、エージェントは僕たちに協力したいと考えており、僕たちはオープン・アダプションの適切な養父母候補であると思われ、自分は僕たちにぴったりの生みの母親がいると確信していると言った。そして帰ろうとする僕たちに、書類は全速力で書き上げておくように、と呼びかけた。

全速力で書き上げるべき書類は本当にたくさんあった。エージェントが作成した家庭調査票に加えて、僕たちは申し込み書類一式に記入し、健康診断書を書いてもらい、財務情報の公開を承認する書類に署名し、犯罪歴の調査を許可し、誰かに推薦状を書いてもらい、自分たちの履歴書を書かなければならなかった。セミナーの終わりはまさに書類仕事の始まりだった。家庭調査期間中は、エージェントのカウンセラーが僕たちの家にやってきて膝を交えて語り合い、あなたがたは自分が何をしようとしているのかわかっているんでしょうね、と問いただされることになる。もしも僕たちの関係が、養子縁組プロセスのこの書類記入の段階が終わっても続いていれば、養父母候補者リストに名を連ねる前の最後の仕事は、「親愛なる生みのご両親へ……」の手紙を書くことだ。

生みの母親が自分の赤ん坊を託す家庭を決めるときがついにやってくると（妊娠六ヶ月を過ぎていて、何度かカウンセリングを受けていることが条件だ）母親は「親愛なる生みのご両親へ」と題された何通かの手紙を渡されてよく読むように言われる。ボブとケイトによると、この手紙に最も苦労させられるとのことだった。生みの母親たちは、「親愛なる生みのご両親へ」と題する署名入りの手紙をそれぞれ何通かずつ受け取る。このとき、たとえば生みの母親が混血の子どもを宿していれば、そのような子どもに関心のないカップルからの手紙は除外されて彼女には届かない。その後、生みの母親は、「親愛なる生みのご両親へ」の手紙の束の中から一組か二組のカップルを選び出し、そのカップルの家庭調査票と履歴書を受け取る。生みの母親はその中から一組のカップルを選ぶ。エージェントは選ばれたカップルに電話をかけ、場所を設定して生みの母親と彼女の第一希望のカップルを引き合わせる。この時点で、生みの母親もカップルもノーと言うことができる。その場合生みの母親は第二候補のカップルと会い、最初のカップルは養父母候補者リストに戻る。でも、もしも生みの母親がカップルを気に入り、カップルのほうも生みの母親を気に入れば、三ヶ月後にはカップルはその子どもを養子とすることになる。簡単だ。

でもいつも簡単にいくとは限らなかった。ときには女性が子どもを産んだ病院からエージェントに連絡を取ってくることもある。その場合、「親愛なる生みのご両親へ……」の手紙の束とエージェントのカウンセラーは大急ぎで病院へ向かうことになる。生みの母親は手紙の中から一組の家族を選び、カウンセラーは選ばれたカップルに電話をかけてその子が欲しいか尋ねる。病院からの電話で養子の斡旋を受けた場合、養父母は子どもが生まれる前に生みの母親に会うことができず、それは望ましいことではない。生みの母親とは一生つき合うことになるわけで、だから相性の善し悪しは重要な問題だ。それに、その女性は養子縁組について何のカウンセリングも受けておらず、「子どもを養子として育ててもらう」という決断が確固たるものではない可能性もあった。

「書類をすべて書き終え、家庭調査も終わり、生みの親への手紙も書いたら、もうあなたにできることは何もありません」とルツはセミナーで言っていた。「養父母候補者登録後、連絡が来るまでの平均的な待機期間は九ヶ月です。でもなかには二年間も待ったカップルもいます」

待っている期間が辛く苦しいものになることは明らかだった。「こんな理由で養子をもらってはいけない――その10の理由」と一緒にエージェントから配られた別の冊子には、養父母候補として連絡を待つ間に頭がおかしくならないための方法が列挙されていた。家の改装や改修をする、旅行に行く、本を読む、お菓子作りを習う。一方やってはいけないのは、ベビーダンスやおしめ、ベビー靴を買うこと、そして子ども部屋の飾りつけだった。空っぽの子ども部屋を毎日眺めながら二年間も過ごせば、どんなカップルだって頭がおかしくなるだろう。どこからどう見てもテリーと僕は長く待つことになりそうだったから、僕たちは養父母候補として連絡を待つ間、空いている部屋の天井にうさちゃんを描いて過ごすような真似はしないと決めた。

「そもそも」とセミナーの初日にルツは僕たちに言った。「最初の数週間に必要なものは、病院からの帰り道にすべて買い揃えられるのです」

でも病院からの連絡の心配をする前に、まずは家庭調査があった。エージェントから派遣されたカウンセラーが僕たちの自宅を訪問し、あれこれ質問し、僕たちの親としての適性を評価してエージェントと州宛てのレポートを作成する。

僕は何とも思わなかったけれど、セミナーに出席していたストレートのカップルたちがそのことをひどく気にしているのは明らかだった。最初の質問タイムに出された質問のほとんどが家庭調査についてだった。家庭調査はどのように実施され、どの程度立ち入った質問をされるのか、エージェントは何を確かめたいのか、「落とす」目的で行われるのか、これまでどのくらいの頻度で「落とされて」いるか。ルツは、家庭調査はまったく敵対的なものではなく、家庭を訪問してたくさん質問はするが、誰かを「落とす」ためのものではないと請け合った。予告なしの訪問はしないし、こと細かく調べることもない、引き出しやクロゼットを引っ搔き回したりもしないと言った。でも、プライバシーに関する質問についてはしないわけにはいかない。エージェントは州や生みの母親に対して僕たちの親としての適性を保証しなくてはならず、そのためには僕たちのことをよく知る必要があるからという話だった。

誰かに子どもを引き渡す前に、エージェントがその誰かの自宅に人を派遣し、いくつかの質問をさせるのは理にかなったことだと思えた。僕たちの家に煙探知機と屋内トイレが完備されていて、赤ん坊を欲しがるちゃんとした理由があることをエージェントが確かめることは、誰にとっても一番よいことだろう。同様に、もしも僕たちの家の壁という壁に五芒星形（ピタゴラス学派や魔術師らがオカルトの象徴として用いた模様）が描かれ、リビングルームに鶏の死骸がころがっていたとしたら、やっぱりエージェントはそのことを考慮に入れようと思うだろう。家庭調査は当然のことだと僕には思えた。

とはいえ、僕はストレートじゃない。

僕は大人になってから今まで、自分が子どもを持つと決めるとき、その決断に関わるのは自分の他にあともう一人だけだと考えて生きてはこなかった。テリーも僕も、子どもを持つことは、誰にも奪うことのできない自分たちの生得的権利だとは考えていなかった。養子をもらうと決める前にも、僕たちを父親にしたかもしれない人たちからの大量の質問に答えなければならなかった。レズビアンたちや隣人女性のことだ。

でもストレートのカップルたちは、子どもを持つ決断は完全に自律的なものだと考えてきた。妊娠しようとして上手くいかないとわかると、彼らは不妊治療に向かった。そのとき彼らは身体的自律性をいくらか失い、そのうちの何組かが耐え忍んできたことから推測すると、少しばかり尊厳も傷つけられた。

それでもまだ主導権は彼らにあって、いつどのように子どもを手に入れるかを決めるのは依然として彼らだった。

だから人工授精による妊娠をあきらめて養子縁組へと踏み出したとき、自律性がまったく失われてしまったことに彼らは大きなショックを受けたに違いない。エージェントがすべてを取り仕切り、医師や保険会社、生殖機能を改善する鍼灸治療師とは違って、エージェントは子どもを育てるのにふさわしい人間であることを彼らにまず証明させ、それからでないと赤ん坊を持つ手助けをしてくれない。自宅や預金口座、犯罪歴、そして頭蓋骨の中身まで明らかにして、エージェントの検分を受けなくてはならない。さらにオープン・アダプションでは生みの母親が最終的で最も重要な決断を下す。誰が赤ん坊を手に入れるかは、生みの母親が決めることなのだ。

一方繁殖力のあるカップルは完全に自律的だ。五芒星形も鶏の死骸も好きなだけあっていいし、自分たちに代わって決断を下すエージェントもいない。赤ん坊を生んだあとで親としてふさわしくないとわかることはあるが、繁殖力のあるストレートのカップルに子どもを持つなと最初から命令する人はいない。十二歳の子どもも子どもを産むし、精神障害者も子どもを産む。薬物中毒の人も、ひどく貧しい人も、アル中の人たちも子どもを産む。過去に子どもを取りあげられたことのある人ほどたくさん子どもを産んでいる。彼らは誰一人としてエージェントの家庭調査に合格しないだろう。養子をもらいたいと希望するカップルだけが、親としての適性を証明することを求められる。セミナーに出席していたカップルたちにとって、この不公平さは不妊治療で踏みにじられ、傷つけられた心にさらに屈辱を与えるものだった。

家庭調査は思っていたより面倒なものだった。エージェントのカウンセラーが自宅を一度訪問して終わりではなく、訪問は四回あった。二人が在宅しているときに一回、さらにそれぞれが一人だけのときに一回ずつ、追跡調査としてもう一度二人が在宅のときに。書き上げた養子縁組申請書を提出後、アンから電話がかかってきた。アンは僕たちの家庭調査を担当することになっていた。一回目の約束の日の前日、僕たちはアンをだまし、二人の関係を偽り、僕たちの暮らしぶりについての真実を隠そうと画策した。

部屋を掃除したのだ。

テリーはだらしないほうで、僕もそうだ。ゴミの中で暮らしているわけではなくて、冷蔵庫のなかで食べ物が腐っていたり、トイレの便座の周囲に黒いヌメヌメが広がっていたりもしない。でも僕たちはなんでも積み上げる。コートはハンガーにかけないし、読み終わった新聞を捨てない。寝室はタンス同然で、床の上には汚れた服と洗濯済みの服の山ができている。アパートの部屋の平らな面の大部分は小銭やレシートの束、メモ、洋服、本、空っぽのショッピングバッグで覆われていた。つまり僕たちの部屋はひどく散らかっていて、それが気に入っていた。落ち着くから。でもエージェントはそういうのは好まないかもしれないと心配になって、アンが来る前に少し片付けることにした。それが、たぶん心配からだろうけど、僕たちは、僕の母親と他には強迫神経症患者ぐらいしか掃除しそうにないものまできれいにしてしまった。窓ガラスを水洗いし、絨毯を巻き上げて敷物の下まで掃除機をかけた。鉢植えの植物の埃も払った。アンが入ってきたとき、リビングはまるでＩＫＥＡのショールームみたいだった。

アンは僕たちより年上の、五十歳くらいのにこやかな女性だった。品のいいアースカラーの洋服にどっしりした琥珀色のアクセサリーを合わせていた。表情には裏表のない率直さが現れていて、まだ腰も下ろさないうちに僕たちの趣味のよさを褒めたたえた。何というか、そう、あらゆるものについて。「まあ素敵。これはどこで?」と言うと、アンは僕がコーヒーテーブルの上に置いておいた大きな十字架を手に取った。でもアンは平気で嘘を突き通せるような種類の相手ではなく、僕たちはすぐに観念して真実を白状した。

「じつはほんとはこんなにきれい好きじゃないんです」と僕は言った。「いつもは散らかり放題で」

テリーが僕をにらみつけた。

「養子をもらったらもう少しきれいにしようとは思ってるんです。でもダンはだらしないし、僕も彼が散らかしたのを片付けて回るのは嫌で」とテリーは嘘をついた。テリーは少なくとも僕と同程度にはだらしがなく、もしも誰かが誰かの散らかした後を片づけているとしたら、僕がテリーが散らかしたものを片づけている。反論があるなら、テリーも本を書けばいい。

「いいえ、きれい好きでないとよい親になれないというわけじゃありませんから」とアンがさえぎった。「実際、逆のこともよくあります。さてと、お話を伺いましょう。あなたがた二人はどうして養子をもらおうと思ったのですか?」

「じつは、二人の気持ちが冷めてきたので」と僕は深刻な顔で言った。「赤ん坊がいればまた絆が深まると思ったんです。それに、僕らが人生でまだ成し遂げていないことを子どもが成し遂げてくれるかもしれないし、親のない子が可哀想という気持ちもあります」

アンはちょっと驚いた顔をし、それから声を上げて笑い出した。彼女もまた「こんな理由で養子をもらってはいけない――その10の理由」を読んでいた。テリーが謝ると、アンは構わないと言った。

「この質問をするとたいてい返ってくるのはとても悲しい話で、みんな涙ながらに語り始めます。この段階で養子をもらう決断についてユーモアを交えて語ることができるカップルはほとんどいません。だから今のはとてもいい気分転換になりました」

「でももう本題に入らなくてはね。あなたたちが養子をもらうことにした本当の理由は?」

僕たちはアンにレズビアンたちとのことや、隣人女性のこと、そしてそのあとオープン・アダプションにたどり着くまでの長い道のりについて話した。趣味が必要だからという理由さえも話した。アンの態度が率直だったから、僕たちもそうしたのだ。

でも結局、最後にはアンに一つ嘘をつくことになった。これぱかりはどうしようもなかった。エージェントの人間がうようよいる会議室ですでに言ってしまっていたから。セミナーで順番に自己紹介していったときに、僕はテリーとはつき合って三年になると言った。

一回目の家庭調査のときに、アンに何年つき合っているのかと聞かれたとき、僕はテリーの顔を見た。セミナーから帰るときにはつき合っている年数について嘘をつく必要はなかったと二人とも感じていたが、もう言ってしまったことだった。アンに嘘をつくのは気が引けたが、エージェントの所長にもつき合って三年になると言ってしまっていて、今さら話を変えるわけにはいかなかった。で、つき合って何年になるか?

「三年です」とテリーが答えた。「三年になります」

「どんなふうに出会ったの?」

テリーと僕は顔を見合わせ、そのまま長い間《ま》があいた。きっと二人とも赤面していたに違いない。どちらかが何か答えるより先に、アンがこう言った。「どうやら、素敵な話がありそうね」で、僕たちはすべてを話した。ゲイバー、ドラァグクイーン、「唇がきれいだね」、そしてトイレ。アンはその話を気に入ってくれた。

ラザフォード・Bの指

僕は検査台の上で丸くなっている。背後には一九世紀のアメリカ大統領の曾曾孫にあたる男がいてゴム手袋をはめるパチンという音がする。僕たちは養子縁組エージェントが要求する人間ドックの決定的局面を迎えようとしていた——最後の仕上げは指を根元まで肛門に挿入する検査だ。エージェントは子どもをもらった翌日に僕がころっと死ぬことはないという保証を欲しがっていて、どうやら僕の前立腺がその答えを握っているらしかった。

養子縁組を希望する人間は、手持ちの現金と、医療保険と煙探知機と保証人になってくれる友人や親戚、屋根付きの住居、そして何よりも申し込み書類一式に記入し、小切手を同封して送付する能力を持っていなくてはならない。そしてこの指の挿入は、僕たちが繁殖力はないけれど育ちのいい、立派なカップルまたはシングルであると証明するために必要とされる、もう一つの方法なのだ。

かくして僕は今ここにいる。お尻丸出しで待っている。すでに耳と目の検査は終わり、心臓の音を確かめ、病歴の聞き取りも行われた。あとは野となれ山となれ。片方だけゴム手袋をはめたドクター・フィンガーは、静かななだめるような口調で話し始めた。この潤滑剤は冷たく感じられるかもしれないし、ちょっと辛いかもしれませんが……ゆっくりやりますから。

それほど進歩的でない読者は、僕が喜んでいたと思うだろう――ゲイにとってお尻に何かを突っ込まれる機会は何であれ喜ばしいことであるはずだと。今となればアメリカの大統領の曾曾孫に指を突っ込まれたと自慢することもできる――だってそんなこと言えるやつが何人いる？――でも直腸診は僕が理想とする興奮体験ではない。ゲイだからといって、いつでもどんな状況でも肛門への挿入を喜ぶわけではない。僕個人は直腸診も肛門鏡も好きではない。ストレートの女性たちが子宮の内視鏡検査や吸引による中絶を好きじゃないのと同じことだ。

たしかに、ゲイの男性はストレートの男性ほど指を怖がらないとはいえる。僕たちは直腸診のせいでゲイになるんじゃないかと心配したりはしない。もともとゲイだから。

僕はまだ腰を丸めて横になっている、おケツ丸出しで。そして僕が今望んでいる唯一のことは――本当に、心から望んでいるのは――ドクター・フィンガーが僕を安心させようとするのを止めて、とっとと指の挿入を終わらせてくれることだ。さっさとパンツを引き上げたい。裸でいるのは好きじゃない、知らない人の前では――いやテリーの前でも嫌だ。こんなふうに自分の身体をさらすことにはちっとも性的興奮を感じない。

でもこうしていると甦ってくる記憶がある……

初めて肛門に指を入れられたときも、それはうっとりする経験なんてものではなかった。一九七九年の七月のある日、十四歳だった僕は突然の激しい腹痛に襲われた。一時間ほどすると出血も始まった。バケツ何杯分もの血がお尻から流れ出してみるみる便器から溢れ出しそうになり、僕は急いで水洗レバーを押した。僕はFBIを――母さんと父さんを――すぐに呼ぶべきだった。でもそうしなかった。出血や腹部の激痛がいつか……止むんじゃないかと期待して。

死ぬほど出血しながら便座に座り、僕は何がいけなかったのだろうと考えていた。そのとき、九年間受けてきたカトリック教育の効果が現れ始めた。これは僕がしてしまった何かの結果に違いない。肛門をファックされることを想像しただけでこんなふうになるものだろうか？　うっかり自分で傷つけてしまったのか？　それともこれは神様の天罰なのか？　神様は天の父で僕はその子どもで、それなのに僕は最近マスターベーションをしすぎた。これは天の父から僕への戒めに違いない。

でも、お尻ですることを――悪いことを、天の父を怒らせてしまいそうないろいろなことを――実際に考えていたとき、僕はいつも不安だった。自分が男性に惹かれることはわかっていたが、本当はそんなやり方は望んでいなかった。本当はお尻をファックされたくはなかった。それを、つまりお尻をファックされるところを妄想しながらマスターベーションするとき、僕はいつだって自分ではそれを止められなくてそうしていた。そんなとき、僕は何かに促されてそうしていた。自分の意思とは無関係に。真夜中の自慰的妄想に僕が進んで参加したことは一度だってない。それなのになぜ神様は僕を罰するんだ！　僕は被害者なのに！

いや、神様はすでに僕にすべてを理解させていたのかもしれない。どうも僕は自分の気持ちを欺くのが上手くないようだった。心の奥底のどこかではわかっていた――肛門性交に嫌悪感を感じる一方で肛門をファックされるところを妄想してマスターベーションしているのは、肛門をファックされることが、たとえ神の怒りを呼び覚ますものであろうとも、僕の必然的な欲望であるからだと。

自分がゲイだと初めて気づいたとき、どこかの男に自分のお尻のあそこを触られるかと思うと胸が悪くなった。僕は他の少年たちに惹かれていたが、自分の家族や友人たち、クラスメートたちが受け入れている社会の偏見を知らないわけではなかった――その偏見に僕もどっぷり浸っていた。偏見によると、少年たちに惹かれるということは、将来はゲイの男性と寝ることになることを意味していた。そしてゲイの男とは、ピーピーうるさい肛門性交好きの同性愛者の男のことだった。自分がこの先ゲイの男と寝る運命なら、その胸が悪くなるようなことのやり方を知っておく必要があると思った。肛門性交を好きになる必要はないが、そしてぜったいに好きにならない自信があったが、でも遅かれ早かれ寝ることになるそのゲイの男は僕にそうすることを期待するだろう。だから、肛門性交というものに自分を慣らすために、僕はそれを妄想しながらマスターベーションしていた。

そういうわけで、便器に座り、尻から血を流しながら、自分は今罰せられているのだと考えた。でも、いつか求められるはずのフェラチオを妄想しながら自慰したこともあったのに、神様はなぜ僕の苦しみを歯茎からの出血にしておいてくれなかったのだろう?

僕は神様と取り引きすることにした。もしかすると、母親の親友の息子が僕にキスするところを想像するのをやめると約束したら、神様は出血を止めてくれるかもしれない。だからそう約束した。地下室に隠してある雑誌『プレイガール』を捨てると誓ったら出血が止まるかもしれない。だからそう誓った。

今日からは、そしてこの先もずっと、女の子のことを、女の子のことだけ思い浮かべてマスターベーションします、アーメン。そう真剣に誓ったら神様は出血を止めてくれるかもしれない。僕は本気でそう誓った。

でも出血は止まらなかった。いよいよ気を失いそうになったとき、僕はＦＢＩに助けを求めた。

「母さん、ちょっと来て」

僕は下痢になったと母親に告げた。母は便器の中を一目見るなり悲鳴をあげた。「神様！」と。神様にはもうすでに僕からお願いしていたが、母はそれを知らなかった。母はもちろんそれが下痢なんかじゃなく、刻苦勉励の証たる「血便」でさえないことを知っていた。これは危険な状態だった。母がいつからこうなったのと尋ね、僕が三時間前だと答えると、母親は驚きのあまり口をあんぐりあけた。どうしてすぐに呼ばなかったの？　「わからない」と僕は小さな声で答えた。それが鼻血だったり、目から血が噴き出したのだったら、あるいはひどい日焼けやさかむけだったら、すぐに大声で母親を呼んだことだろう。でも「僕のお尻がどうなってるか見て！」と叫ぶのは「僕がお尻で何をするところを想像してたか当ててごらん！」と叫んでいるのも同じだと思えた。僕の頭のなかでは尻と僕の秘密はまっすぐつながっていた。

それからすぐに、僕たちは病院へと向かった。

思い出してほしい。これは一九七九年の出来事だ。当時僕の父親はアニタ・ブライアント（米国の歌手で、同性愛に批判的な活動をしていた）は正しいと考えていたし、母親はカトリックの平信徒として教会の雑用をしていた。だから「あなたの三番目の息子さんはファグです」という知らせをわが家のＦＢＩが喜んで受け入れるとは思えなかった。病院へ到着するまでの間、僕はずっと母親はどう思っているんだろうと考えていた。これまで僕のお尻のどんな場所にも近づいた男はいなかったし、自分の尻で「これだとどんな感じがするのかな」と試してみたこともなかった。両親が持っていた「セックスについて誰もが知りたい（でも聞けない）すべてのこと」と題する記事の同性愛についての記述がすべて正しければ（正しくなかった、まったく）、初めてつき合うことになるボーイフレンド（彼とはボーリング場のトイレで出会うことになる）は、僕が我慢してそうすることを期待するはずで、だから自分で指を入れてみようと思ったけれど、結局できなかった。

救急車のなかで母親は僕の横に座り、僕の手を握りながら微笑んでいた。その笑みは、僕が十三歳の誕生祝いに全国ツアーのミュージカル『コーラスライン』を見たがった事実と血まみれの尻が、彼女の頭の中で結びついた証拠ではないかと僕は恐れた。母親の目は節穴じゃない、彼女がいつも僕たちにそう言っていたように。

十四歳だったこの頃、僕はいつもびくびくしていた。退屈な日常が一気に崩れ去る恐怖をたびたび味わった。見破られることへの不安がこの頃の僕の人生を支配していた。そして血まみれの尻は、見破られることへの恐怖を感じた初めての瞬間ではない。それまでも僕は、下着の広告を眺めている現場や、ロッカールームで先輩男子の姿を見つめているところ、「ソリッド・ゴールド」（米国の音楽番組。ダンサーがときに下品なダンスをした）を見ているところを目撃されていた。そして尻から出血する数ヶ月前に参加したあるパーティでは、雑誌『プレイガール』を見つけた。そのパーティは、ある不良の女の子の家で彼女の両親が遠くに出かけた留守中に開かれた。その子は聖ジェローム・ティーンクラブの会員全員を、ビールを飲んだりネッキングしたりするために招待した。そして、吐き気がする味のビールをもう一本取りに行こうとしたときに、僕はそれを見つけた。『プレイガール』を。食堂の床の上で。もう少しでテーブルの下に潜り込んでしまいそうなのを。テーブルクロスの陰に隠れているのを。その瞬間、雑誌をつかんで走り去りたい衝動に駆られたが、僕がゲイとして思春期を過ごしたことによって身につけたものがあるとすれば、それは最初の衝動を圧し殺すことだ。中学一年の水泳の時間に最初に感じた衝動は「勃起しそう」だったが、そのとおりになったか？　まさか。

その雑誌は罠かもしれなかった。誰かがわざとそこに置いて、誰が手に取るか見張っている可能性がある。二、三人の恐ろしい仲間たちがキッチンから覗いているかもしれないし、ダイニングテーブルの下に隠れていて飛び出すチャンスをうかがっているかもしれない。もしもそうなったら、女の子たちは「ファゴット（同性愛者への卑称）！　ファゴット！」とはやし立てるだろうし、男子たちには袋だたきされ、僕は家に帰って銃で自分の頭を撃ち抜くことになるだろう。

僕は用心深く行動した。一時間かけて食堂を下見した。頭数を数え、パーティの参加者全員の所在を確認し、誰一人欠けている者はなく、テーブルの下に隠れている可能性のある者がいないことを確かめた。戸棚の中も覗いてみた。そしてこれは罠じゃない、とようやく納得した。これはチャンスだった。僕はそれまでの人生でやったことのない勇気ある行動に出た——雑誌の上にコートを落としたのだ。そしてその二時間後、僕はその英雄的行為をやり遂げた。コートを拾い上げ——一緒に雑誌も拾い——そのまま歩いて玄関から外に出た。つとめて冷静を装って。

おそらく僕は、発作でも起こしているように見えただろうけど。

その雑誌を不良の女の子の家から持ち出したことは、その後に待ち受けていた幾多の困難の始まりにすぎなかった。僕の家とその女の子の家は八ブロックほどしか離れておらず、歩いてすぐだった。でももしも途中で警官に呼び止められたら？　なにしろシャツの下に雑誌を隠してこそこそ通りを歩いていく姿はとても怪しげに見えたから。もしも警官に呼び止められたら、雑誌も見つかるだろう――そしてたぶんその警官は僕の父親の知り合いだ。僕は怯えながら逃げるように歩道を歩いた。ようやく家にたどりついた僕が最初にやるべきことは、隠し場所を見つけることだった。まあ、実際には、まずやらなければならなかったのはマスターベーションだったんだけど。見開きになったヌード写真に写っていたのはオイルを塗りたくったひどく毛深い男性で、汗まみれの睾丸とほんとに汚らしいあご髭の持ち主だった。まったく僕のタイプじゃなかったが、その男性は裸で、僕はこの雑誌が手に入るとは思いもしていなかった。それだけで十分興奮できた。

やるべきことが終わると僕は自分の寝室を見回し、この雑誌と僕の秘密をしまっておける安全な隠し場所を探した。すぐに親をよせつけない完璧な隠し場所が見つかった。僕はベッドのボックススプリングとマットレスの間に雑誌を押し込んだ。『プレイガール』を手に入れてからの最初の数週間、僕の頭の中はその隠し場所のことで一杯で、他には何も考えられなかった。誰かに見つかるんじゃないか？　万一家が火事になって、消防士が窓から僕のマットレスを放り出したらどうなる？　前に通りの向こうの家が火事になったときみたいに。そうしたら消防士たちは雑誌を見つけるだろう。あるいは、何らかの理由で両親がマットレスの下を覗いたら？　とうとう僕は他のどんなことにも集中できなくなった。ついには家を出られなくなった。誰かが僕の部屋に近づこうものなら、部屋に駆け込んでベッドに横になった。不安で頭がおかしくなりかけていた。

もちろん兄たちが自分の部屋にポルノ雑誌を隠していることは知っていた。兄たちもまたその雑誌のことはFBIには知られたくないと思っていることも。それらの雑誌のことで兄たちが軽度の不安を抱いていることはわかっていたが、彼らの苦しみは僕のとは比べものにならなかった。兄たちの雑誌を親が見つけたとしても、そこに満載されているのは女の子の裸にすぎない。ビリーとエディが隠している雑誌から、彼らが倒錯者だとばれる気遣いははなかった。兄たちは罰を与えられるかもしれないが見破られる心配はない。実際、ちょうどこの頃に母親がビリーの部屋で『プレイボーイ』を数冊見つけたことがあった。夕食のテーブルでビリーが母親からお説教されている横で、父親は「まあ、少なくとも女の子の写真じゃないか」と言った。

そのうち、自分の寝室に雑誌を置いておくことに耐えられなくなってきた。そこである日、家に誰もいない隙に、僕は寝室の隠し場所から雑誌を引き抜き、忍び足で廊下を進んで行き、雑誌を妹の部屋に隠した。雑誌が妹の部屋で見つかれば、ローラは厄介なことになるだろう――ちょっと厄介ではあるけれど――、ママとパパから倒錯者だと思われることはないはずだ。父親が、「まあ、女の子の写真じゃなかったんだし」と言う声が聞こえるようだった。ローラを厄介な目に遭わせる危険ぐらい僕は進んで侵すつもりだった。

ところが、ローラの部屋もよい隠し場所ではなかった。妹が自分の寝室で寝ていてなかなか取りに行けない。

どちらかの兄の部屋に隠すことも考えた。他のポルノ雑誌の中に潜り込ませるのだ。でも兄に見つかったら？　きっと僕のだと気づき、まっすぐＦＢＩのところへ持って行くだろう。で、結局地下室に決めた。最初は、地下室なら『プレイガール』を隠す場所ぐらいいくらでもあるだろうと思っていた。でもめぼしい場所のほとんどすべてに、誰かがときどき何かを探して引っ掻き回しそうな理由があった。母親はしょっちゅう地下室に降りていって「整理」をしていた。戸棚には父親が庭で使う道具が積み上げられていた。でも、僕しか知らない場所が一つあった。一時的な隠し場所にしかならないが、夏の間はしのげるはずだ。暖房炉——鋳鉄製の古びた巨大な化け物で横幅六十センチの鉄の扉がついている——はぞっとするような姿をしていたが、役に立ちそうだった。あと数ヶ月は暖房炉が引っ張り出されることはないから、それまでに新しい隠し場所を探せばいい。僕は暖房炉の扉を開け、身体をかがめて中を覗き込み、火のついていないバーナーの下の平らな金属面の上に雑誌を横たえた。

母親と僕が緊急治療室に到着すると、当直の看護師が叔母のペギーの親友であることがわかった。さらなるパニック。彼女はすぐに僕の母親の妹に電話するに違いなかった——「あなたの女々しい甥が病院に来てる——ほら、十三歳の誕生日祝いに『コーラスライン』が見たいっていったあの子よ。まるで誰かに何かを突っ込まれたみたいにお尻から血を流してたわ」と。

父親は緊急治療室には来ていなかった。仕事だったのかもしれないし、どこか遠くへ行っていたのかもしれない。あるいは息子なら他にもいるからと思ったのかも。よく覚えていないが、このあと起こったことを考えると、どこにいたにせよ、父親があの場にいなくてよかったと思う。看護師が必要書類を書き終えた——肛門からのおびただしい出血。チェック。自分でやったか。チェック。地獄行きか。チエック――とき、当直の研修医が室内に入ってきた。そして彼は美男だった。『ザ・ラブボート』（米国のテレビドラマ）のゲスト出演者みたいにセクシーで、淡い黄色味がかったブロンドの髪に濃い眉、そして食いしばるためにあるような顎をしていた。下にシャツを着ないで直接Vネックの手術着を羽織っていたから、前屈みになって僕のお腹を押しているときに、ずっと下の方まで見ることができた。研修医は僕の母親にいくつか質問し、母親はそれに答えた。これは心配ですね、と彼は言った。とても心配です。これは普通ではありません。急な差し込みは盲腸炎の可能性がありますが、これほどの出血は普通ではありません。まったく普通じゃない。盲腸が破裂してもこうはなりません。まったくもって普通ではありません。

僕は死んでしまいたかった。

死んでしまいたかった。ハンサムな研修医が「これは調べてみる必要がありますね……中を」と言う前に。母親はうなずき、医者は、『ザ・ラブボート』のゲスト並みにハンサムな医者は片方の手にゴム手袋をつけて僕のベッドの片側に近づいた。おそらく僕はすでに十五ガロンから十六ガロンの血液を失っていて、まだ腹痛もあった。次のお尻からの大出血がいつ来るのかわからなかったが、どうかそれが美男の研修医が僕のお尻に指を突っ込む前でありますようにと僕は祈った。彼が「中を調べる」前に死んでしまえますように。

大人になった僕が肛門をドクター・ラザフォードの指に突き回されるのを喜んだはずだと考える人たちは、僕が、十四歳の三塁手が、肛門童貞をラブボートの医者によって奪われる瞬間をワクワクしながら待っていたと思っているかもしれない。とんでもない。僕は出血多量で死ぬことだけを願っていた。

そうしたら家に帰れる。棺に入って。

でもそうはうまくいかなかった。ラブボートの医者は僕を転がして横にした。パニックに襲われた僕は頭がおかしくなった。自分でお尻に何か突っ込んで忘れてしまったんだろうか？　眠っている間にやっていて、そのままにしていたとしたら？　医者が僕の半ズボンとパンツを膝まで下ろし、尻は医者に、前の部分は母親に丸見えとなった。お腹にさらに激痛が走る。今や恐怖は極限。朦朧とする頭で、僕は自分の肛門に何かが入っていることを確信していた――椅子の足かレゴブロックか、№2の鉛筆か。そのとき医者が肛門に指を入れ、リンカン・ログ（丸木の組み立て玩具）を引っ張り出した。

僕の狼狽ぶりは表情にも表われていたに違いない――どうして隠せるだろう？　たいていの場合、僕は隠れホモとしてなんとかポーカーフェイスを取り繕うことができたが、ここは高校の体育館じゃなかった。これは特殊な状況だった。

母親はずっと手術室の隅の椅子に座っていて、低い位置だったので僕からはその姿が見えなかった。でも母親からはきっと僕が見えていたか、見えていなくても僕が辛い思いをしていることを感じ取ったのだと思う。なぜなら、彼女はあることを、よかれと思ってしたこととはいえ、金輪際許すことのできないことを、たとえ僕が十万年生きたとしても許せないことをしたからだ。母親は立ち上がり、ベッドのそばまで来て母親らしい心配そうな表情で僕の目をじっと見つめた……Vネックの手術着を着た美男の研修医がその指を僕の肛門に差し込んだ、まさにそのときに。

僕の尻には何も入っていなかったし、盲腸炎でもなかった。その代わり潰瘍が、無数の出血した潰瘍が大腸を覆っていた。僕は緊急手術に回され、切り刻まれ、そして生還した。なぜ僕の大腸に潰瘍ができたか、またなぜあんなふうに血が噴き出したかは誰にもわからなかった。そして優しくて礼儀正しく、大人しくてみんなから好かれている――こんなに落ち着いていて、こんなにお行儀のいい子どもが、なぜあのようなストレス性の潰瘍を患ってしまったのかも。そのとき僕は十四歳で、病院に到着した父親は、いったい何がそんなにストレスだったんだ？　と尋ねた。

ドクター・フィンガーはまだ話し続けている。もう説明はいいから早くやってくれと僕は思う。彼は優しくやるだろう。彼がついに僕の尻にその指を入れる日が来たら、僕も排便するときのようにその指を礼儀正しく押し返してやろうか？　さて、ではこれから始めますが……

まったく。初めて僕の尻をファックした男こそこれくらい思いやりがあってほしかった。

ドクター・フィンガーは親切な心遣いの数々を無駄遣いしていた。彼はおそらく、その職業人生において何百人もの――いや何千人もの！――男たちを陵辱してきたことだろう。でもその大半はおそらくストレートの、僕より年上の結婚している男性で、自分で噛み砕いて飲み込んだ物以外の何かが肛門に入っているのを経験したことのない男たちだ。彼らは出すタイプで、入れるタイプじゃない。一方僕はといえば、タイ・バーのホステスも赤面するだろう物を尻に入れたことがあるわけで。

僕はドクター・フィンガーの方を振り返って言った。「どうぞ、入れてください。大丈夫ですから」

こうして彼は指を入れた……肛門括約筋を抜けてさらにその奥へ……こっちへ行ったと思えばあっちへ行き……前立腺を調べ……そして指を引き抜いた！　全部で十秒もかからなかった。前立腺が正常よりやや大きめではありますが――日常の使用による消耗？――しかし健康な状態で心配はありません、と彼は言った。僕が洋服を着ている間に、ドクター・フィンガーは僕がエージェントから預かってきた書類にこう書き込んだ。「ダンの健康状態は良好で、立派な親となることができます」

それから、ついでに言っておくと、十四歳のあの夏、ストレスによる潰瘍の手術を終えて回復するまで入院していたときに、シカゴを突然の寒波が襲った。気温は十度まで下がり、暖房炉の出番となった。僕があの『プレイガール』を見ることは二度となかった。

スーザン・シナリオ

エージェントによると、まめに書類の記入を進めれば、セミナー受講から八週間で養父母候補者リストに載ることができるという話だった。でも僕たちはまめなほうじゃなかった。アンとの面談は約束どおり進めていたが、書類の束は僕の机の上に置かれたままで、新聞や雑誌に下に埋もれて行きつつあった。書類が僕の机の上にあったのは、テリーが書類を書くのは僕の仕事だと考えていたからだ。「だってきみはライターだろ」とテリーは言った。とうとう僕はテリーの経歴書まで書くはめになった。

セミナーから半年が過ぎようとする頃に、ようやく最後から二つめの書類を提出し、感謝祭のすぐ後に書類一式の包みを、またもや巨額の小切手とともに発送した。僕たちの経歴や財務状況、そして前立腺はすべてチェック済みで、アンとの二人一緒の面談も、一人ずつの面談もうまくいった。養子縁組のプロセスの第一段階である書類の記入がほぼ終わろうとしていた。そして第二段階である待機期間がいよいよ始まろうとしていた。

でも僕たちが養父母候補者リストに載る前にやるべきことが一つだけあった。いや、二つか。「親愛なる生みのご両親へ……」の手紙を書くことと、大きな額の小切手をもう一枚書くことだ。

さっきも言ったように、テリーは書類への記入を一切やろうとしなかった。とはいえテリーが一人で書かなければならないものや、二人で一緒に片付けなくてはならないものもあった。つまり、詳細な家族の病歴を書いたものが必要だったのと、どの程度の「特殊ニーズのリスク」を受け入れる準備があるかを尋ねる書類に記入しなくてはならなかった。その決断を僕一人で下すのは嫌だった。でも何ヶ月間も「早くこれを片付けないとね」と言い合うだけで、実際に腰を据えて取りかかろうとしていなかった。

それ以外の書類に関しては遅れた責任は僕にあった。たとえば隣人からの推薦状をもらうところで僕たちは大きくつまずいた。何とか免除してもらいたくて、僕らは都会の人間なもので、とエージェントに言ってみた。このエージェントが取り扱うことの多い郊外で暮らすカップルたちは、近所の住人と親しく言葉を交わす間柄なのかもしれないが、僕たちは違った（僕たちが引っ越してきた日にコップ一杯の精子を貸してくれないかと言ってきた隣人とは特に）。その中庭つきのアパートに暮らして二年ほど経っていたけれど、近所の人と知り合いになろうという努力はまったくしていなかった。だから推薦状を書いて欲しいなんて言えなかった。

事情を説明して頼み込むと、アンは都会の人に隣人からの推薦状を要求するのは公平とは言えないかもしれないわねと言ってくれた。そしてエージェントに問い合わせてくれたが僕たちに別の選択肢はなかった。隣人からの推薦状は法律で定められた必要書類だったから。この世には、隣人だけが知っているることがある。遠くの街で暮らす友人たちや親戚の誰かによる推薦状からエージェントや州が知りうるのは、友人や親戚があなたを好いているということだけだ。テリーと僕が夜中に銃をぶっ放したり、不正にクラックコカインを売っていたとしても、僕の母親がそれを知ることはないだろう。でも隣人ならわかる。僕は机の前に座り、隣人たちに宛てたお願いの文章を書いた。「あなたはただ、『ダンとテリーはコカインを売っていないし銃を発砲することもありません』と書いて、同封の宛名を記入済みの切手を貼った封筒に入れて投函して下さるだけでいいのです」と僕は書いた。「そうしていただければ一生ご恩は忘れません」

真夜中、僕は手紙と切手を貼った封筒を隣人たちの部屋のポストに押し込み、こそこそと自分の部屋に戻ってきた。隣人たちと話すことになるのは避けたかったし、わざわざ僕たちの推薦人になってやろうという人がいるとも思えなかった。テリーと僕は、必ずしもミスター好感度ナンバーワンどうしのカップルとは言えない。アパートの住人のなかにはちょっとしたバーベキュー・パーティを開いたり、思いつきで誰かをディナーに招いたりする人たちもいて、引っ越した当時は、いくつかの誘いをうまく断らなければならなかった。僕たちは学生寮風の暮らしを望んでおらず、そのうちにお誘いも来なくなった。そんな僕たちが今、人差し指に中指をクロスして（成功を祈るときのしぐさ）誰かが隣人らしいことをしてくれることを願っていた。そんなこと自分たちはしたこともなかったくせに。

結果、七人の隣人たちが手紙を投函してくれた。必要な数より六通も多かった。僕たちはエージェントの歴史始まって以来初の、問題の人物は不正にクラックコカインを売っていませんと明記された七通の推薦状をもらったカップルとなった。

僕たちが選んだエージェントに待機者リストはなかった。必要書類を作成し、家庭調査が終わり、「親愛なる生みのご両親へ……」の手紙ができたら即養父母候補者リストに載ることになる。養子縁組エージェントのなかには、候補者リストに入れるカップルの数を制限して、長く待っているカップルが優先的に選ばれるようにしているところもあった。でも僕たちのエージェントは生みの母親一人一人にとっての選択肢を「最大化する」ことに重点を置いていて、だから養父母候補者リストの人数を制限することはなかった。

克服すべき最後の難関は「親愛なる生みのご両親へ……」の手紙だった。五百ワードの文章と写真で自己紹介しなくてはならない。セミナーでも、ボブとケイト夫妻からも、必要書類のなかでもこの手紙が一番大変だと聞いていたが、いざ書き始めてみると本当にそのとおりだった。いったい何を言えばよいのだろう？　はっきり言われたわけではないが、生みの親への手紙がよく書けていればすぐに選ばれることになり、だめなら誰にも相手にされずに終わる、とはなんとなくわかっていた。

これは大きなプレッシャーだった。

手紙が書けたらエージェントの便箋に清書してコピーを五百部取り、ポートランドにあるエージェントの本部に送らなくてはならない。エージェントが生みの母親に養父母選びをさせるのは、妊娠六ヶ月を過ぎてからだった。このとき生みの母親はカウンセラーたちと面談し、あらゆる選択肢について話し合う。母親が子どもを手放したくないと思った場合にどんな救援策があるかも含めて。この最初のカウンセリングをすべて終えた時点で、生みの母親が予定通り養子縁組を行い養父母を選びたいと希望したとき、彼女用に「親愛なる生みのご両親へ……」の手紙を綴じた一冊のファイルが作られることになる。

僕はなかなか手紙を書き始められず、ボブに電話して助言を求めた。「じつはさ、みんな生みの親への手紙に神経を使いすぎるんだよ」とボブは言った。「ほとんどの生みの母親は、手紙のファイルをぱらぱらっと見るだけで、手紙なんか読みもせずに養父母を決めているという話だ。写真をたった一度見ただけで『この人たちだわ』って言うんだと。どうやら彼女たちの頭の中には、子どもの親になってほしい親の理想像があるみたいだな」

ボブの話を聞いても僕の気持ちは少しも楽にならなかった。ゲイの男二人の姿を理想の養父母として思い描いている生みの母親がいったい何人いるだろう？　僕とテリーの写真を見て「この人たちだわ」という人なんているだろうか？

セミナーでは「親愛なる生みのご両親へ……」の昔のファイルをもらっていて、いよいよこれから手紙を書こうという段になって、僕は机の上の書類の山の中からそれを発掘してぱらぱらとめくってみた。すると全員が白人で、中流階級に属し、そしてそう、ストレートそのものの人たちで、僕はまたあのロイドセンターのスケートリンクに逆戻りした気分になった。やっぱり時間の無駄だったのだ。家庭調査でアンと話しているときには、これはうまく行くんじゃないかという気がしていた。彼女はとっても陽気で前向きだったから。でも、「親愛なる生みのご両親へ……」のファイルの中の顔写真を五分眺めただけで、心に疑念がわいてきた。たぶん僕たちは中国に行くべきだったのだ。でなけりゃエージェントに支払ったお金を女友だちの誰かに渡して、血のつながった子どもを生んでもらうべきだったのかも。

この煩悶は文字通り時間の無駄だった。

写真を見ると疑いの気持ちで一杯になったが、手紙の内容を読んだときには絶望感で一杯になった。写真のカップルがみな似通っていたのと同じように、手紙の中身も驚くほど似ていた。夫は働いている。妻は仕事をしていない、または赤ん坊が来たら仕事はしない、と書かれていた。夫の趣味は下手な車いじりで妻は庭いじりに凝っている。郊外の広い家に住み、犬を飼っている。そしてほとんど全員がイエス・キリストの親しい友人であるらしかった。「わたしたちはどちらもクリスチャンです。そして熱心に教会活動をしています。信仰は他者への思いやりを育て、おかげで忍耐力がつき、思慮深くなったと感じています。子どもたちはキリスト教の価値観と信仰を大切にするクリスチャンの家庭で育つことになります」。ある手紙にはそう書かれていたが、それと同様の一節がほかのどの手紙にもあった。

だったらテリーと僕は何と言えばいいのだろう。「僕たちは二人とも皮肉屋で、ベッドルームでの活動に熱心に取り組んでいます。スティーブン・ソンドハイム（米国の作詞家・作曲家。ニューヨーク市出身のユダヤ系ドイツ人移民の子）は天才だと信じ、ビョークの次のCDを神と崇めていて、ときどき教会の前を素通りします」？　セミナーに話をしにきた生みの母親たちは、どちらも自分たちと同じようにイエス・キリストを信じているカップルを選んでいた。彼女たちの例から、そして目の前の手紙から考えるに、生みの母親たちは僕たちの写真をちらっと見るだけで、苦労して書いた手紙になど目もくれずに次のページをめくるだろう。だったらどうして書く必要がある？

確かに、借用してきた手紙のファイルには同性カップルの手紙もあった。その女性カップルは手紙でイエス・キリストについて騒ぎ立てたりしていなかったけれど選ばれた、とアンが言っていた。ファイルに載っていた別のストレートのカップルは逆に、宗教的なことをうるさいほど書いていて、その量たるや、他のどのキリスト教徒のカップルよりも多かったが、ただしそれはニューエイジ的な教団だった。「わたしたちは大地の女神との合一を信じ、誰もが神秘的な旅の途上にあると思っています」。このカップルさえも選ばれていた。

これはとてもよい徴候です、とアンは請け合った。「あなたたちもきっと選ばれます。でもそのためには生みの母親への手紙を書いてしまわなくてはね」と。

僕たちは、このエージェントがほかにもゲイのカップルへの養子の斡旋をしたことがあるのを知っていた。あるゲイのカップルが、提出書類をすべて書き終え、すべての小切手にサインして、養父母候補者リストに名前を連ね、生みの母親から選ばれた。僕たちは何ヶ月か前にこの二人のことをボブとケイトから聞いていた。ところが土壇場になって、つまり赤ん坊が産まれたあとで、その養子縁組は「途絶」してしまった。

そのカップルもアンの担当だったと聞いて、最終の家庭調査の面談では彼らのことが話題になった。アンは首をかしげて気づかわしげな表情を見せた。「あれは不幸なことでした」と彼女は言った。「生みの母親が心変わりしてしまい、彼らはまた候補者リストに逆戻りしたのですが、それも短い間でした」アンは細かい点までは覚えていなかった。「二人はその状況のすべてに腹を立てているように見え、あれは誰にとっても悲しい出来事でした」

養子縁組の話が途絶したこの二人の男性は偶然シアトルに住んでいて、テリーと僕が養子をもらうことを考えていると聞いて、その片方が仕事場に電話をかけてきた。ダグというその男性の目的は、僕たちが依頼しているエージェントについて警告することだった。養子縁組の話が流れたのは、実践的カトリック教徒である生みの母親の母親が、ゲイのカップルに赤ん坊を渡すことを思いとどまるよう娘を説得したからだった。生みの母親には決断をくつがえす権利があるが、出産後に生みの母親の心に迷いが生じた場合、エージェントのカウンセラーが相談にのり、子どもを養子として育ててもらうという元々の決断へと導くことになっている。エージェントは生みの母親が決心をひるがえす権利を尊重していて、養子縁組を希望するカップルにも生みの母親の権利は尊重せねばならないと重々説明している。けれども赤ん坊を産んだ直後は、生みの母親の多くが一時的に自分の決断を疑い、赤ん坊を育てるのは無理だと思った理由を忘れてしまう。そのときそばにいてそれを思い出させるのがエージェントの仕事だ。

ところがダグの話では、生みの母親の母親がイエス・キリストの名を口走りながら話に首を突っ込んできたとき、エージェントの人間は誰一人やってこなかった。

「生みの母親は自宅で出産し、病院でのお産じゃなかったから僕たちは街のホテルで待機していた。彼女は電話をかけてきて『あなたたちの息子は健康よ。とても可愛い』と言っていた。明日電話すると彼女は言い、そして……それっきりだ。エージェントから誰かに来てもらおうとしたが、誰も来なかった」

ダグとボーイフレンドは自宅をベビー用品だらけにし、子ども部屋をきれいに飾り付け、ベビーシャワーを計画するという間違いを犯してしまっていた。生みの母親から「彼らの」息子は健康で可愛いと連絡をもらうと、友人や家族に電話して僕らは父親になったよと告げた。赤ん坊を連れずに帰宅した彼らは、もう一度受話器を手に取り、知人のすべてに結局父親にはなれなかったと報告しなくてはならなかった。友人たちのなかにはすでにお祝いの品を送ってくれた人もいて、だから郵便物が届くのが呪わしくなった。それに毎日のように空っぽの子ども部屋の前を通らなくてはならなかった。「まるで僕たちには前から子どもがいて、その子が死んでしまったみたいだった。そのせいで二人の心はすれ違い始め、それを乗り越えられなかった」。養子縁組が途絶してから六ヶ月後、ダグとボーイフレンドは破局した。

これはすごく不吉な徴候だった。

よい徴候より不吉な徴候のほうが多いと思うと、「親愛なる生みのご両親へ……」の手紙が書けなくなった。パソコンの前に座って手紙を書くかわりに、僕はポルノサイトをあちこち覗いて回り始めた。AVS（年齢確証システム）のIDを取得するために電子マネーまで支払って、本当にヤバいサイトにも行けるようにした。AVSまで取得した僕をボーイフレンドは変態扱いしたけれど、イヤラしい画像で一杯の限られた人しか見られないサイトを見てみたいという誘惑には勝てなかった。でもすぐにわかったのは、年齢制限のあるサイトのほとんどに、年齢制限のないサイトですでに見たことのある写真が大量に掲載されているということで、だからあの電子マネーも変態と呼ばれるような真似をする必要もなかったというわけだ。

パソコンでポルノサイトを見ていないときは、よくテリーと二人ベッドのなかで赤ん坊の話をした。ある夜、テリーは僕のほうに寝返って悲しそうな目で僕を見つめた。「僕たちの赤ん坊に父さんの名をつけたいんだ」

僕もいくつか名前を考えていたけれど、そんなふうに言われて何が言えただろう？　僕は赤ん坊をモリスと名づけたいと思っていた。死んでしまった猫の名前だ。でもダリルというテリーの父親の名前は響きが美しく、男の子にも女の子にも使えそうだった。僕は戦うことなく身を引いた。テリーがファーストネームを取ったからミドルネームは僕が決めていい、とテリーが言った。そこでジュードかジュディスにすることにした。僕の母親の名前だ。ダリル・ジュードかダリル・ジュディス。

D・Jだ。

いい名前だ。

ラストネームはもっと難しい問題だった。僕のラストネームにするべきだろうか。小切手を支払っているのは僕だという理由で？　それともテリーのにするか？　D・J・ミラー＝サヴェージはどうだろう？　それともサヴェージ＝ミラー？　その決断は先延ばしにした。

もちろん、生みの両親への手紙を書かなければD・Jが家に来ることはなく、その作業はまったくはかどっていなかった。写真撮影のほうはちゃんと予約を取った。僕たちが選んだのは、二人が並んで座ってカメラのほうを見ている写真だった。「親愛なる生みのご両親へ……」の手紙ファイルで見たレズビアンカップルの写真と同じように、僕たちも互いの身体に触れていなかった。反対に、「親愛なる生みのご両親へ……」の手紙ファイルの中のストレートのカップルのほとんどは、互いにしなだれかかるようにしていたけれど。

必要書類をすべて提出し、写真も撮り、名前を決め、小切手も現金化された今、あとは手紙ができるのを待つばかりだった。つまり僕待ちだった。でも書けなかった。

「もしも今、ゲイに赤ん坊をあげてもいいと考えそうな女性がエージェントのオフィスに来てたらどうするんだよ？」とある夜ベッドの中でテリーが言った。「手紙を早く書かなかったせいで彼女はそれを読むことができず、そのせいで赤ん坊を手に入れられなかったら？　さっさと手紙を書けよ！」

僕はベッドから抜け出してパソコンの前に座り、書き終えるまでは席を立たないと決めた。

とても長い夜になった。

昔、書けなくて困っていたときに誰かにこう言われた。特定の誰かを具体的に思い描けばいい。その人に話しかけているつもりになって書けば言葉は出てくるものだ、と。だから今も行き詰まったら誰かを思い描くようにしていて……すると言葉は出てくる。

でも生みの母親は思い描くことができず、だから言葉も出てこなかった。僕はパソコンの前に座り、絶対に席を立たないしポルノサイトも見ない、手紙を書き上げるまでは、と決めた。手紙を受け取ることになる女の子を思い浮かべようとしたが無理だった。僕の心の目は、「親愛なる生みのご両親へ……」のファイルをめくり、僕とテリーの写真を見つけて「そうよ！　ファグよ！　赤ちゃんはこのファグたちにあげたい！」と叫ぶはずの女の子をどうしても思い描けなかった。

僕たちを選ぶ女性は、政治的には進歩的で、厳格なキリスト教徒ではなく、不本意な妊娠をしていなくてはならなかった。それらの特徴をすべて兼ね備えた女性なら思い描けた。妊娠してしまった、気のいい、進んでる女の子たちなら山ほど知っていた。問題は、政治的に進歩的で、厳格なキリスト教徒ではなく、不本意にも妊娠してしまった女の子を想像しようとすると、中絶専門クリニックで検診台のあぶみに足を入れている姿を思い浮かべずにはいられないことだった。中絶ではなく子どもを生かすことを選び、しかもファグに託すことを選ぶ生みの母親を想像することができずに、僕はまたポルノサイトを漁り始めた。

何も浮かんでこなかった。暇つぶしに絶対ダメなバージョンの「親愛なる生みのご両親へ……」の手紙を書いてみた。この手紙を「親愛なる生みのご両親へ……」の手紙ファイルに入れれば、テリーと僕が永遠に子どもを手に入れられなくなるのは間違いなかった。でももちろん、実際に手紙を読む生みの母親はごくわずかしかいないという話だし、いい加減に書いた手紙を提出したとしても問題ないんじゃないか?

親愛なる生みのご両親へ

僕たちはテリーとダンといいます。そう、二人とも男性であなたの赤ん坊を養子にしたいと思っています! もしもあなたが、僕たちが同性愛者であることを問題視しているなら、僕たちも、異性と出歩き、挙げ句に子どもができて、それなのに人のことをとやかく言う権利があると考えているティーンエイジャーを問題視している、ということをどうか知っておいてください。僕たちはつき合って三ヶ月になります。なるべく早く赤ん坊を養子にしたいと希望していますが、それはゲイの恋愛はたいてい六、七ヶ月ももたないからです。

僕たちは二人とも無神論者です。

ダンは働きすぎで性欲の乏しいセックス相談コラムニストです。現在赤ん坊を養子にもらう話を執筆中ですが、誓って言いますが高額な前払金のために養子をもらおうとしているのではありません。ダンは五十九歳で心臓に問題を抱え、一日にタバコを三箱吸っていて、これからも僕たち家族の唯一の養い手であり続けます。

テリーは十七歳で、あらゆる面でマーサ・スチュワート（カリスマ主婦からライフスタイル業界の大立者に成り上がった実業家）を見習いたいと考えています。感情表現が希薄なところや、受動的攻撃性も含めて。テリーは、赤ん坊を養子に迎えたあとは週に数時間書店で働くことにしていて、その書店は大量の同性愛ポルノを扱っています。

僕たちは狭いアパートで暮らしていて、ＩＫＥＡの二級品セールで買ってきた安定の悪いユニット式戸棚の上部は角の鋭った危険な装り物でいっぱいです。「ゆかいなブレイディ一家」に出てくるようないかした地下室と、気をつけないと赤ん坊の頭をぶっ飛ばしかねない強烈な音響システムを持っています。キッチンではテリーがせっせとパイやクッキーを焼き、ダンを太らせて他のゲイが手を出してくるのを阻止しようとしています。

家は大きな公園のそばにあって、そこはホモたちが匿名のアバンチュールを求めて足しげく通ってくる場所です。その公園で、僕たちの子どもは親に監視されることなく何時間も楽しく遊ぶことになります。友人の大半は音楽業界の人間で、ハードドラッグ（中毒性の高い薬物）を常用しています。彼らはみな赤ん坊の世話をするのをとても楽しみにしています！　ほとんどの友人はヘロインだけで危険な幻覚剤は使っていませんから、誰かがあなたの赤ちゃんを電子レンジに入れてしまう確率はかなり低いです。

ダンはとても忙しく、赤ん坊が『ニューヨークタイムズ』の朝刊をポストから取ってこられる年齢になるまで子どもと関わることはないでしょう。テリーがおもな養育者となりますが、赤ん坊を死なせないことがテリーの一番の目標です！　赤ん坊を死なせてしまうことは、公園で匿名のセックスを楽しんでいるあのゲイたちも含めてあらゆるゲイの男性に不利に働きますし、ダンの本の売れ行きにも響くからです。本のキャンペーン中であればなおさらです。

僕たちは親になることをとても楽しみにしています。おしめを替えるのはちょっと嫌だけど。家にしょっちゅう来てもらうのは大歓迎なので、なんならおしめを替えに来てくれても構いません。愛情一杯の家庭を築き、驚きと安定と敬意に満ちた雰囲気のなかで子どもを育み、成長させたいと願っていますが、そうはならないこともわかっています。

ダンとテリー

「親愛なる生みのご両親へ……」のダメなバージョンの手紙を書いているときに、ファグのカップルに赤ん坊を預けそうな女の子像が突然浮かんできた。

名前はスーザンで十六歳。両親は原理主義的キリスト教徒。スーザンは妊娠してしまうが、両親は中絶を許してくれない。子どもを生かす選択をすべきだと両親は言う。しかしスーザンは自分一人で子どもを育てられず、赤ん坊の父親と結婚する気はない。彼と寝ていたのは両親が彼を嫌っていたからで、彼女自身が彼に魅力を感じていたためではなかったから。両親に子どもを預けて育ててもらうという選択肢もなかった。両親は喜んでそうしたがったが、スーザンはその子に自分と同じような子ども時代を味わわせたくなかった。在宅教育、クリスチャンのサマーキャンプ、祈禱会、若者の修養会。だったら子どもを養子に出したほうがいい、とスーザンは決意した。世間で人気の嬰児殺しを選べない彼女に、他にどんな選択肢があるだろう？　両親は彼女の選択を祝福した。

そして何らかの奇跡によって、この政治的には革新で、望まない妊娠をした十六歳の女の子は僕たちのエージェントに連絡を取る。カウンセラーが彼女のために「親愛なる生みのご両親へ……」の手紙を集めたファイルを作成する。それをペラペラめくっていた彼女が僕たちの写真を見つける。その三ヶ月後、スーザンは赤ん坊を出産し、僕たちがその子を養子にもらう。「ママ、パパ、聞いて」と病院から帰ったスーザンは言う。「赤ちゃんはファグたちにあげたわ！　ママたちも喜んでくれるでしょ！　中絶させてくれなかったから、あなたたちの孫をファグのカップルにあげたの！」

スーザンの両親にとっては、赤ん坊をファグに渡すことは、よりによって唯一中絶よりも悪い選択だった。両親にしてみれば、スーザンが彼らの孫を狼に育てさせるのを見るほうがまだましだった。そして僕の空想的シナリオによると、キリスト教原理主義のスーザンの両親は興奮のあまり脳卒中を起こして死亡し、スーザンはテリーと小さなＤ・Ｊ、そして僕と一緒に暮らすことになる。

スーザン・シナリオと名づけた、僕たちにとって最善のこのシナリオは大満足の出来栄えだった。養父母候補者リストに載ってからは、どんな生みの親が選んでくれそうだと思うかと質問されるたびにこのスーザン・シナリオを披露した。誰かを困らせるためや、青年期の親への反発から僕たちに差し出された子どもは養子にもらわないほうがいいとわかっていたが、もしもそれが赤ん坊を手に入れる唯一の道であるなら――実際それが唯一の道であるようだった――喜んでそれを受け入れるつもりだった。僕たちはしょっちゅうスーザンの話をしていたが、それは繰り返していれば、空想のなかの生みの母親が、生きて呼吸している、妊娠してしまった、キリスト教原理主義の両親を持つ十六歳の少女となって姿を現し、あのエージェントのオフィスのソファに一人座って生みの親宛ての手紙ファイルをぱらぱら眺め、今にもページを繰って僕たちの写真を見つけそうに思えたからだ。

　この少女こそ僕が手紙を書くべき相手だった。僕は椅子に座ったまま声を上げて笑い、「赤ちゃんはファグにあげたわ」と何度も言った。ようやく生みの母親宛の本物の手紙の文章が脳たりんな僕の頭から溢れ出し、指を伝ってパソコンのスクリーン上に綴られた。できた手紙はあまりにも感傷的で、人に見せるのが恥ずかしくなるほどだ。僕が心の中で思い描いていたのは不良の女の子だったが、僕たちからの生みの両親宛ての手紙は、結局手紙ファイルのあらゆる手紙と同じように、当たり障りのない害のないものとなった。そこにイエス・キリストに関する言葉を一行つけ足し、フォトショップを使って僕たちの写真の一人を女性にすれば、他のカップルのものと見分けがつかなくなるだろう。

親愛なる生みのご両親へ

　僕たちはダンとテリーです。養子をもらうことをとても楽しみにしていて、あなた（がた）、つまり生みのお母さん（またはご両親）と、お互いを尊重しあう健全な関係を築きたいと考えています。僕たちはオープン・アダプションの考え方を気に入っていて、頻繁に連絡を取り合うことは大歓迎です。お子さんを養子として育ててもらうというのはとても難しい決断だったと思います。あなたがたが養子縁組を検討されていることに敬意を払いますし、もしも僕たちをお子さんの養父母候補と考えて下さるなら、これほど嬉しいことはありません。

ダンは三十七歳でライターをしています。テリーは二十七歳で書店で働いています。つき合い始めて間もなく、僕たちは家族をつくる可能性について話し合うようになりました。二人が出会う前に、ダンは何人かの女友達との間に子どもをもうけることを検討していましたが、それはしないと決めました。その方法によって子どもを持つ場合に許されるよりも、もっと積極的に子どもと関わりたいと考えたからです。その後テリーも子どもを持ちたいと考えていることがわかり、僕たちは別の選択肢を探すことにしました。やがてオープン・アダプションという方法を知り、これこそ僕たちが望む方法だと決めたのです。

僕たちは静かな通りに面した寝室が二つあるタウンハウスに住んでいます。近くには公園や学校、映画館、美術館、運動場もあります。住まいが都会にあるので、幸運なことに僕たちが育てる子どもは、多様で楽しい都会の環境で育つことになります。現在の家は気に入っていますが、もう少し大きな家を探し始めていて、できれば来年早々に引っ越したいと思っています。

僕たちは二人とも大家族出身です。親戚はみな僕たちが親になることを喜んでいます。ダンの母親は国内の遠方に住んでいますが定期的に僕たちに会いに来ますし、テリーの母親のほうはすぐ近くにいるので、しょっちゅう訪ねて来ています。ダンには三人の兄妹がおり、テリーには兄が一人いるので、お子さんはたくさんの叔父や叔母、従兄弟を持つことになります。他にも親しい友だちが大勢いて、僕たちの新たな役割を手助けしたいと考え、お子さんの人生にぜひ関わりたいと願っています。

二人とも大の読書好きで、学ぶ意欲を子どもにもぜひ分け与えたいと張り切っています。テリーはすでに子ども用の本を買い集めています。余暇はたいてい映画やコンサート、お芝居を観に行ったり、本を読んだりして過ごしています。あちこち旅行もしていて、子どもが旅行にでかけられる年齢になったらぜひ一緒に行きたいと思います。

ダンは仕事で忙しくしています。テリーがおもな養育者となり、家にいて赤ん坊の世話をすることになります。ダンも仕事が忙しいとはいえ、自分でスケジュール管理しているので、自宅で仕事をすることも可能です。子どもを育てることの大変さと、子育てがもたらしてくれる大きな喜びの両方をとても楽しみにしています。僕たちを選んでいただけると嬉しいです。

ダンとテリー

やれやれ。

ある友人が僕たちの写真をスキャンして取り込み、僕の文章をレイアウトして作った手紙を五百部作ってくれた。テリーがその手紙の山を働いている書店に持って行き、荷造りしてエージェントに送った。記念に一部コピーを取って置くのを忘れてしまった。エージェント宛にまた小切手を送ったが、今度のは養父母候補者リストへの掲載料で、それから一週間後に郵送で手紙が届いた。僕たちは正式に養父母候補者となった。

そして待つ身となった。

クリスマスの二日後のことだった。その日の午後、僕たちはシアトルのダウンタウンにあるベビーGAPの店内を見て回り、はるか彼方の搾取工場で低賃金で働く子どもたちの手によると思われる安くて可愛いベビー服に見とれていた。でも何も買わないようにしようと努力した。僕たちの場合は、平均的な待機期間だと教えられた九ヶ月以上待つことになるんだろうと考えながら。なかには二年も待ったカップルもいるという話だった。僕たちはきっと新記録を樹立するだろうね、と僕は予言した。テリーは僕より楽観的で、たぶん一年か、それより早いかだろうと考えていた。でもどちらにしても、ベビーGAPで買ったちっちゃなフランネルのシャツは、相当長い間何もくるまないことになりそうだった。

生みの母親に選ばれると、エージェントから電話がかかってくる。生みの母親が妊娠六ヶ月なら、僕たちは二度電話を受けることになる。最初のは「あなたたちは選ばれましたよ！」の電話で、二度目は生みの母親に陣痛が来たときだ。養父母にとっての最初の電話は、生みの両親にとっての「おめでとう。妊娠ですよ」と同じようなものだ。そして二番目の電話はいわば破水の連絡だ。連絡を受けた養父母は病院へ駆けつけることになる。

それとは逆に、何の前触れもなしに突然病院から電話が来て、すでに産まれた赤ん坊をもらうかどうかについて即断を迫られる場合もある。

「いつ選ばれることになるかはまったくわかりません。昼夜を問わず選ばれますし、それは今この瞬間かもしれないし、一年先かもしれません」とセミナーでルッが言っていた。「だから養父母候補者リストに載ったカップルは、電話が鳴るたびに飛び上がることになります」。つまり連絡を待つカップルはちょっと気が変になるから気をつけて、ということだった。

僕たちはそうならない、と心の中で思った。これまでも選ばれるとは思えなかったんだから、少なくとも一年が過ぎるまではそわそわすることもないだろう。スーザンのような女の子はそうそう現れないだろうし、候補者リストに載ったからといっておかしくなったりしないと確信していた。ところが、養父母候補者として正式に認められたという知らせが届いたその日から、二人ともすっかりおかしくなってしまった。電話が鳴るたびに心臓が止まりそうになった。

養子縁組候補者として連絡を待つカップルが正気を保つ手助けとして、エージェントはいくつかのサポートグループを運営していた。でも残念ながら僕たちは車を持っておらず、シアトルのサポートグループの会合はバスで行くには遠すぎる場所で開かれていた。まあ、たとえ会合がもっと近くであったとしても、あるいは僕たちが車を持っていたとしても、それほど頻繁には参加しなかっただろう。二人ともサポートグループに参加するようなタイプじゃない。それに、エージェントからもらった、候補者リストに載ったあと頭がおかしくならないためにやるべきことが書かれた冊子もなくしてしまっていた。だから本当に自力で何とかするしかなかった。

電話が鳴るたびに僕たちは顔を見合わせた。これがそうかも。スーザンが僕たちを選んだのかも。夜もあまり眠れず、そわそわして落ち着かなかった。ベッドの中で眠れないまま、ベビーベッドはどこに置くか、D・Jの部屋はどうするか、どこの学校に行かせるか、テリーの母親は今度のことを前より喜んでくれるだろうか？　といったことをよく話し合った。エージェントのアドバイスに従って、子ども部屋をつくったり、子ども用の家具を買ったり、おしめをを買いだめしたりということは始めていなかった。電話が来てからでもそんなことをする時間はたっぷりあるだろうから――クレジットカードの限度額一杯までお金を使うための時間は、たっぷり三ヶ月はあるはずだった。

木曜の夜に電話が鳴った。

それは「あの連絡」ではなかったけれど、セミナーで一緒だった、僕たちが最初に選ばれるだろうと予言したあのストレートのカップル、ジャックとキャロル夫妻のジャックからだった。一緒に夕食をどうかという誘いだった。彼らは郊外に住んでいたが、火曜日から一週間こちらに出てきて、候補者リストに載ったカップルのためのサポートグループの会合に参加する予定だと言う。よかったらきみたちも会合に参加して、それから一緒に夕飯はどう？　と彼は言った。「僕たちの生みの両親への手紙を見せるよ。きみたちのも見せてくれるなら」

ジャックからの電話を切ったあと、僕たちもサポートグループに参加することを考えたほうがいいかもね、と僕はテリーに言った。同じ体験をしている他のカップルたちと話してみることが何かの助けになるかもしれない、と。

「いや、そんなことしたら恐ろしいことになるよ」とテリーが答えた。「サポートグループに参加したカップルはみんな僕たちより先に選ばれるだろうからね。毎週のように新しいカップルがやってきては、グループを出ていくだろう。選ばれたという理由で。そして僕たちは永遠にそこにいることになる。待つのがもっと辛くなるよ」

テリーの言うことには一理あった。僕たちは嫌というほど長く、候補者リストに載り続けることになるだろうから。

gestation

妊娠中

選ばれた

キャロルとジャックからの電話で、養父母候補者のサポートグループの集まりに誘われてから二日後、僕たちは選ばれた。

待ち時間は予想していたほど長くなかっただけじゃなく、正直言うともう少し欲しいぐらいだった。僕たちはまだ何の計画も立てていなかったし、何の準備もしておらず、生活スタイルもまだ変えていなかった。「おめでとう、妊娠です」の電話をもらう前の晩、二人で飲みに出かけていた。出会ってから間もなく、テリーも僕もゲイバーにはほとんど行かなくなっていたが、おぼろげに見えてきたおしめや赤ん坊の世話に明け暮れる日々を思うと、きれいな男だらけの場所でもっと過ごしたい、まだできるうちにドッグレースの最後の一周を走っておきたいという気持ちが突然わいてきたのだ。

電話がかかってきたのは一月のある土曜の朝だった。僕はベッドのなかで『ニューヨークタイムズ』を読みながら二日酔いの治療薬が効いてくるのを待っていた。カナダではコデイン入りのアスピリンを処方箋なしで買うことができ、だから時どきバンクーバーまで行って買いだめしていた。電話が鳴ったとき、僕はそれを無視して留守番電話に切り替わるまで放っておいた。十分後にまた電話が鳴った。またもや無視した。コデインが効いてくる前にベッドから出るとろくなことがないのだ。するとまた電話が一回鳴ってから切れた。これは、さっさと電話を取れよ、このうすのろ！　という意味のテリーからの合図だったので、僕はベッドからはい出して電話の横で待機した。

時刻は朝の十時十五分頃で、テリーは仕事場にいた。僕より七歳年下のテリーは、いまだに、一晩中飲んでへべれけに酔っぱらっても朝になればベッドから飛び起きて仕事に行くことができた。一方僕がお酒を飲めるのは、翌日の予定がないときだけだ。僕の身体の四分の三はアイルランド人で、アルコールへの高い耐性に恵まれているはずだったが、めったに飲まないせいでその耐性も弱まっていた。一緒に飲みに行くといつも一番上の兄が言うように、僕は「酒が弱いやつ」だ。その表現は、兄の口の中でスプーン一杯の腐ったマヨネーズのような威力を放つ。僕はビールを一杯しか飲めず、兄は三杯飲めるというのは僕にとって情けない現実だ。この弱点のせいでこれまで僕がどれだけ苦労してきたか、兄にはわかるまい。

一方テリーは、僕よりずっと吸収性の高い物質でできている。その朝二日酔いで寝ていた僕が飲んだビールは三杯で、八杯飲んだテリーは職場にいてマドンナの新しいCDを聞いていた。

電話が鳴り、僕は受話器を取ってこう言った。「なんだよ、ハニー」。僕たち二人の間では、「ハニー」は「うざいやつだな、でも愛している。で、いったい何なんだよ？」という意味だ。他にも僕はテリーにこっそりいくつかのあだ名をつけていて、でももしもそのことをテリーにばらしたら彼は僕を殺すか、さもなければ彼がつけている僕のあだ名もばらすはずで、それはお互い願い下げだ。僕の声には、朝食代わりに飲んだコデインが昨夜の酒の悪影響を修復してくれる前にベッドから引きずり出されることへの不満がはっきり表れていた。もしこれが急ぎの用じゃなかったらカンカンに腹を立てているところだった。

「テリーはエージェントと電話中だよ」電話の主は僕のハニーではなく、デイヴだった。デイヴはテリーの同僚で僕の友人でもあり、そしてどんな男のハニーでもなかった。「きみたちは子どもを手に入れた！　テリーが電話を切ったらすぐ電話するって。どこにも行かずに待ってて」

それだけ言うとデイヴは電話を切った。

僕はそのまま電話の横で考えた。子どもを手に入れただって？　デイヴは、僕たちが選ばれたとも、生みの母親が見つかったとも言わなかった。子どもを手に入れた、と言った。

「嘘だろ」と僕は大きな声を上げた。「病院で産まれたパターンじゃないか」

つまり、子どもはすでに産まれているという意味だった。生みの母親が病院からエージェントに電話してきて、エージェントは大急ぎで「親愛なる生みのご両親へ……」の手紙のファイルを母親に送り、母親は僕たちを選んだ。僕たちは父親になるのだ。

僕たちは父親になるのだ、それも今日から、と僕は思った。今すぐ、エージェントによる調停もなく、父親になることを受け入れるための三ヶ月の猶予もなく、買い物する暇もないままに。電話の側に座ってテリーからの連絡を待ちながら、僕はこんなふうに二日酔いで赤ん坊のおしめを替えなければならない自分の姿を思い浮かべた。家にある赤ん坊用品といえばベビーGAPのフランネルのシャツ一枚きり。僕たちの家には、赤ん坊に着せるものより、僕が女装《ドラアグ》していたときのなごりの女性ものの下着のほうがたくさんあった。

僕は気を落ち着けてテリーからの電話を待とうと思った。お茶を飲み、コデインも飲んだ。シリアルも少し食べた。今にも脳卒中で倒れそうだった。テリーはいったいいつ電話してくるんだ？

二十分待って、テリーが勤める書店に電話をかけた。

「彼はまだエージェントと電話中だよ」とデイヴが答えるのを聞いて電話を切った。

そして待った。

僕たちの家にはベビーベッドもなく、まだおしめ一枚買っておらず、家にある唯一の瓶は、そのとき僕が持っていたほとんど空になりかけのコデインの瓶だけだった。あまりにも早すぎる。何の準備もできておらず、必要なものは何一つそろっていない。しかも僕は二日酔いだ。

それにあと少しで住む場所さえなくなるのだ。その週の初めに今住んでいる分譲アパートを売却したばかりだった。あと二ヶ月で出なければならず、家探しを始めたところだった。中庭つきのアパートを脱出して街中の一戸建てを買い、赤ん坊が来るまでに引っ越しを住ませてその家に慣れておくつもりだった。まだ時間はある、と僕たちは考え、その間に新しい住居を探して品行方正な暮らしを手に入れ、僕の昔の女装用の衣装も捨てるつもりだった。それが今、病院からの帰り道に必要なものをすべて揃えることが本当にできるんだろうか、セミナーではああ言っていたけど、と考え始めていた。

ついに電話が鳴った。僕の母親からだった。

「今ちょっと話せない。テリーから電話がかかってくるんだ――」

母親に話すのか？　まさか。先に話すと災厄を招きそうで嫌だったし、そもそも僕に何が話せただろう？　僕が知っているだけのことを――つまり「赤ん坊を手に入れた」とだけ母親に話せば、数えきれないほどの質問が返ってくることになる。僕はその答えを持っていなかった。

「――大事な話でね。もう切らなきゃ」

「赤ちゃんのこと？」と母親が尋ねた。

「いや、その――仕事の話」僕は嘘をついた。

「仕事って何？　誰の仕事？」と母親。

「うん、新しい仕事だよ、テリーのね。じゃ母さん、もう切るよ」

「テリーは本屋さんの仕事が嫌になったの？」

「母さん、もう切らなきゃ」

「わかったわ、でもあとで電話ちょうだい」

「あとでね」僕は嘘をついた。


電話が鳴った。

「名前はメリッサ」その声から、テリーも僕と同じくらい興奮しているのがわかった。「ポートランドに住んでいて、僕たちはできるだけ早く彼女に会いにいく必要がある」

「向こうは病院から電話をかけてきたのかい？　もう子どもは産まれてるの？」

「まだだよ」というテリーの答えに、僕はほっとすると同時にがっかりした。赤ん坊がすぐにも来ると思って慌てふためいていた三十分間のうちに、それもいいなと思い始めていたから。三ヶ月の準備期間を省略できるのはありがたいことかもしれない。

「今妊娠七ヶ月を少し過ぎたところで、子どもは男の子だって」とテリーが言った。

「じゃあダリル・ジュードだ」と僕。

テリーが電話で話していたのはローリーという女性で、メリッサのカウンセラーであり、僕たちがメリッサの子どもを養子にすると決めた場合、アンのあとを引き継ぐことになるエージェントのカウンセラーでもあった。テリーとローリーの電話が長かったのは、養子縁組業界で「問題点」と呼ばれているものがあったからだ。テリーは、紙とペンを持ってきて座ってメモをとって、と僕に指示した。

メリッサはホームレスだ、とテリーは言った。ローリーの説明によると「自主的なホームレス」だった。彼女はよくいるバッグ・レディ（ホームレスの女性。しばしば所持品をショッピング・バッグに入れて持ち運ぶ）ではなく、頭がおかしいわけでも、売春をやっているわけでも薬物中毒でもなかった。彼女は、マスコミが「ホームレス」と言ったときに自然と思い浮かぶ類いの人間ではなかった。厳密に言えばホームレスに違いなかったけれど。メリッサは生意気で機転のきく頭のいい少女だったが、彼女なりの何らかの理由で、他の生意気で機転のきく頭のいい子どもたちとストリートで暮らすことを選んだ。その気になれば仕事も住む場所も見つけられるのに、彼女はそれを望まなかった。

「彼女はガター・パンク（パンク・サブカルチャーの身体的特徴をしばしば示すホームレスまたは一時的にホームレスとして暮らす人）なんだよ」とテリーが言った。

でも問題は彼女がガター・パンクだということだけじゃなかった。

ローリーの話では、僕たちはメリッサが最初に選んだ養父母候補ではなかった。メリッサは、僕たちの前に二組のカップルを選んでいた。最初に選んだカップルは、メリッサが妊娠六ヶ月になる前に他の生みの母親にかっさらわれた。二番目に選んだカップルは、彼女が妊娠初期の四ヶ月半の間飲酒をしていたことを理由に断わりを入れてきた。メリッサは妊娠中に二度ＬＳＤをやっていた。マリファナも何度か吸っていた。妊娠に気づいてすぐにアルコールも薬も止めたものの、メリッサが二番目に選んだカップルはＦＡＳ（胎児期アルコール症候群）を発症するかもしれない赤ん坊を養子にするリスクを冒そうとは思わなかった。

　断られたと知ってメリッサはひどく慌てた、とローリーはテリーに言った。そしてローリーのところにカウンセリングを受けにやってきて、そのときにオフィスの隅っこに積み上げられたファイルの一番上にあった僕たちの家庭調査を見つけ、それで僕たちが三番目に選ばれたというわけだった。

「メリッサはローリーに言ったらしい。もしも僕たちの生みの両親宛ての手紙を先に読んでいたら、一番に僕たちを選んだって。でも彼女が探し始めたときには、僕たちはまだ候補者リストに載っていなかったんだ」とテリーが説明した。

　メリッサが妊娠七ヶ月なので、ローリーは僕たちがメリッサに会いにポートランドに来ることを強く希望していた。僕たちが彼女の子どもを希望しない場合にはメリッサは別のカップルを選ばなくてはならず、それも急がなくてはならなかったのだ。

　飲酒はたしかに問題だった。僕はＦＡＳに詳しいわけではなかったが、それがプラスの欄に入れられる問題でないことぐらいはわかった。でも、メリッサにノーと言ったあと他の生みの母親から二度と声がかからなかったらどうすればいい？　男色を好む人間に選ぶ権利はない……

　僕はコデインをさらに追加した。

問題はたんに飲酒のことだけでなくもっと複雑だった。メリッサにはその週の初め頃から陣痛が来ていた。メリッサは病院へ行き、もう少しで早産しそうになった。検査の結果はすべて赤ん坊が健康であることを示していた。超音波診断からは、赤ん坊が男の子で、脳にも四肢にも異常はないとわかった。一週間後に退院となったメリッサに、医師はベッドで安静にしているようにと言った。ところがメリッサには安静にするベッドはなく、そこでエージェントはメリッサを緊急一時宿泊施設に入れた。しかし緊急一時宿泊施設では動物を飼うことが禁止されていて、メリッサは飼っている犬や猫と離れるのを嫌がった。メリッサはアパートに住む必要があり、もしも僕たちがこの養子縁組の話を進める気なら、僕たちは「生みの母親に関わる応分の費用」として彼女のアパートの家賃を支払うことになる。

生みの母親がやはり子どもは手放さないと決めた場合、母親はこの費用を返すことになっている。このような場合に、生みの母親が子どもを手放すしかないとあきらめてしまう事態を防ぐために、また新生児の人身売買を禁止する法律に抵触しないように、エージェントはこの費用をできる限り低く抑えようとしている。生みの母親の気が変わって赤ん坊を自分の手元に置いておきたいと思った場合でも、気をもたせたあげくに断ったカップルに莫大なお金を返す心配などなしに、決断を下せるようにしておくべきだから。

ローリーはテリーに、メリッサに会ってみて養子縁組の話を進めることにした場合、アパートの家賃を僕たちに支払ってもらうことになると言った。また、メリッサは華美な部屋など望んでおらず、1Kのバスルームつきアパートで、ガター・パンクの友人たちがたむろするダウンタウンに近い場所ならいいという話だった。エージェントはすでにメリッサをオレゴン州の医療保障制度に加入させ、フードスタンプを受給させていた。またメリッサは、マタニティウエアを着るくらいなら死ぬとローリーに言ったということで、アパートの家賃以外に支払うべきものはなさそうだった。

僕たちが腹を決めるまではメリッサは路上生活をすることになるため、ローリーは僕たちができるだけ早くポートランドに来てメリッサに会うことを望んだ。ポートランドではまず最初にローリーに会い、ローリーがメリッサと僕たちの間に入って話し合いを進めてくれるとのことだった。ローリーはすでに一ヶ月間メリッサを担当していて彼女のことはよくわかっており、僕たちの家庭調査を読んでメリッサにぴったりだと思ったのだという。生みの母親と養子縁組を希望するカップルは、たいていの場合二、三回会ってからカップルのほうが話を進めるかどうかを決める。でも僕たちが会えるのは一度だけだった。メリッサは妊娠七ヶ月で路上生活をしていた。もしも僕たちに、彼女の赤ん坊を養子にして彼女のアパートの家賃を支払う気がないのなら、ローリーはそうしてくれる別のカップルを捜さねばならなかった。

翌日、レンタカーでポートランドへ向かった。

初めての「調停」、つまり僕たち二人の人生を永遠に変えてしまうかもしれない話し合いの場へと車を走らせながら、テリーと僕は何をしていたか？　胎児期アルコール症候群のことを調べてた？　スポック博士の育児書をぱらぱら読んでた？　将来のことを話し合ってた？　そんなわけない。音楽のことで喧嘩していた。たしかに僕たちは、養子にもらって自分たちの子どもとして育てるかもしれない赤ん坊を妊娠中の女性に会いに行く途中ではあったが、だからといってちゃんとした大人らしく振る舞わなければならないというわけじゃない。レンタカーに荷物を積み込むときに、テリーは自分のCDも十五枚ほどつかんで入れていたが、僕はそのどれ一つとして聞きたいとは思わなかった。まっぷたつに折るパキンという音以外は。そしてテリーは、今さら僕のを取りに帰れないほど遠くまで走ったところで自分のCDをプレイヤーに押し込み、自分のを持ってこないのが悪いんだと言った。

ポートランドに着く頃には、お互い口も聞かなくなっていた。

最初に車を停めたのはマロリー・ホテル。ポートランドでの僕たちのベースキャンプだ。荷物を降ろしてチェックインし、それからエージェントへ向かった。エージェントのオフィスにはこれまで行ったことがなく、セミナーや会合、面接などはみな別の場所で行われてきた。だからまるで校長室に呼び出されたような気分だった。でもそこにいるのはほんの数分で、ローリーに会って、彼女が電話でテリーに話したことをもう一度聞くだけだ。そのあとストリートキッズやガター・パンクのための福祉施設であるアウトサイド・インへと向かう。そこでメリッサに会うことになっていた。

エージェントに早く着きすぎたので、近くを見て歩くことにした。スターバックスを見つけてテリーはコーヒーを、僕は紅茶を買って、そのあと教会の慈善リサイクルショップで中古のキリスト教音楽のレコードをあれこれ調べながら半時間ほど過ごした。僕は昔、アニタ・ブライアントが歌う『虹の彼方に』のレコードを一度だけ聞いたことがあって、いつかそのアルバムを見つけたいと思っている。それは僕の人生の探究物だ。テリーも僕も中古品の店やガラクタショップが大好きで、そういう場所はとても落ち着く。でもその中古品店にはいつものような鎮静効果はなかった。少なくともその日に関してはあまりそわそわするので、また口をきき合うようになってしまったほどだ。

アニタ・ブライアントの『虹の彼方に』は結局見つからず、エージェントの本部に行く時間となった。エージェントの担当者とはそれまで電話で何度も話したことがあって、僕は頭の中で本部の詳細なイメージをつくり上げていた。味のある古い建物の中にある家庭的な雰囲気の小さなオフィス。羽目板張りの壁、床には古びた敷物が敷かれ、窓にはチェックのカーテンがかけられている。部屋の中は養子縁組を希望するカップルに選ばれるのを待つ子どもたちでいっぱいだ。

現実のエージェントは、茶色の化粧レンガ造りの薄気味悪い二階建てのオフィスビルの二階を一部間借りしてオフィスにしており、二階には他に旅行代理店が入っていた。ロビーにある唯一のエレベーターの向かい側の壁にかけられた巨大な油絵は、日暮れ時の漁村の風景を描いたもので、オレンジと茶色、そして濃い赤色の絵の具で三センチもの厚さに塗り固められていた。その絵は優に縦一メートル、横四メートルはあった。ほんとにぞっとするような絵で、もしも売りに出されているなら買い取ってしまいたいほどだった。ロビーにはクロム合金製の照明器具がぶら下がり、クロム製の尖った電球受けに取り付けられた二十ほどの透明な電球が、一個の巨大な中間球の光を受けて輝いていた。その建物は、ニクソン時代の郡裁判所と同程度の友好的雰囲気を醸し出していた。

僕たちは、エージェントの狭い待合室に置かれた二つのソファのうちの片方に腰を下ろした。待合室にはコーヒーテーブルが一つとおもちゃがいくつか置かれ、壁には笑顔の子どもたちが、子どもだけで、あるいは養父母と一緒にいるところが描かれていた。その絵はまるで「さあ、キッズビジネスをしましょう。わたしたちはたくさんの子どもたちを提供できます。たくさん、たくさんの子どもたちです」と言っているみたいだった。

ローリーが待合室に顔を出し、挨拶して僕たちを彼女のオフィスに招き入れた。このエージェントの誰もがそうであるように、彼女もあの職業的な、極端なまでの人当たりのよさを身につけていて、ゆったりとしたデニムのスカートに白のタートルネックというお母さんっぽい服装だった。デスクの上に飾られているのは彼女の子どもの写真で、小さな男の子の姿が写っており、僕は話をしながら、この子は血のつながった子どもなのだろうか、それとも養子なのだろうかと考えていたが、それを尋ねるのは礼儀正しいことではなさそうだった。僕たちはオフィスのソファに座り、彼女は自分のデスクの椅子に座っていた。ローリーは僕たちのほうに向かって共感能力者チックな顔をつくり——唇をすぼめ、眉を上げ、首をかしげた、積極的で明るい関心を持っていることを巧みに表す表情で——何か質問がありますか？　と言った。

質問はあった。

メリッサはどんな女性なのか？　どこの出身で赤ん坊の父親は誰なのか？　メリッサとの最初の面談に向けて気をつけるべきことは？　妊娠に気づくまでに飲んだお酒の量、そしてもう飲んでいないという彼女の話は本当なのか？

メリッサは可愛らしい若い女性です、ただしホームレスですが、とローリーは答えた。「シャワーしたりお風呂に入ったりしないのでちょっと臭います。薄汚れてはいますが、よく見ると若くてきれいな女の子です」。メリッサはポートランドから少し離れた小さな町の出身で、本気で子どもを誰かの養子にしたいと考えているとのことだった。メリッサの友人は、以前に赤ん坊を州当局に取りあげられていた。その子は孤児院に送られ、友人はおそらく親権を取りあげられるだろうと思われた。そうなったらその友人はもう自分の子どもに会えなくなり、それがメリッサがオープン・アダプションを選んだ理由の一つだった。メリッサは自分には子どもを育てられないとわかっていて、それでも子どもの人生に少しは関わっていたいと思ったのだ。

生みの父親は何も知らされていないとのことだった。父親もまたホームレスのストリート・パンクで、メリッサが妊娠したことも知らなかった。そして、メリッサはポートランドで暮らしていたから、これはオレゴン州の法律に基づく養子縁組ということになる。

「メリッサは、彼はたいてい夏になるとポートランドかシアトルに現れると言っていて」とローリー。

「つまり彼が現れるのは赤ん坊が生まれたずっとあとだということです」

飲酒については、メリッサがどれだけ飲んでいたかを知るよしはなかったし、彼女が本当にもう飲んでいないかどうかも確かめようがなかった。

「でも、メリッサはとても正直でまっすぐな女性に見えます」とローリーは言い、「わたしは彼女は本当のことを言っていると心から思っています。カウンセリングの約束もちゃんと守っていて信頼が置けます。もしも路上生活をしながらお酒を飲んでいるなら、そこまできちんとした態度はとれないんじゃないかと思います」

ローリーはまた、あなた方はメリッサが三番目に選んだカップルではあるけれど、もう少し早く候補者リストに載っていれば、メリッサは一番にあなた方を選んだに違いない、ともう一度繰り返して僕たちを励ました。

彼女はどんな理由で僕たちを選んだんですか？

「メリッサは、あなた方は本物の人間らしく見える、つまり彼女が知っている人たちと同じに見える、と言っていました」とローリーは説明した。「他のカップルはみんな、彼女には嘘っぽく見えたのです。彼女は心からあなた方の家庭調査を気に入っていて、あなた方に本当に会いたがっていました」

ローリーは、決断を下す際に僕たちが考えなくてはならない問題は二つあると考えていた。一つ目は飲酒とドラッグの問題。二つ目はメリッサのライフスタイルだ。メリッサは赤ん坊が生まれたらストリートに戻るつもりでいて、僕たちが子どもの生みの母親との関係を続けていく上で、そのことが特別な「問題」を生み出すと思われた。ローリーは、メリッサが、僕たちがセミナーで会った生みの母親たちとは違っていることをちょっと心配していて、だから僕たちにもそれなりの覚悟をしておいてほしいと思っていた。でもローリーには言わなかったが、僕たちにしてみればメリッサがあの生みの母親たちに似ていなければいないほどよかった。ローリーはずっとメリッサをホームレスと呼んでいたが、メリッサがどういう人間か僕たちはよく知っていた。彼女はガター・パンクで、パンクな格好をして、鼻が曲がりそうな臭いを放ちながら国内を旅して回り、ダウンタウンの路上で寝泊まりして商店主たちをカッカさせている少年たちの仲間だ。夏になるとシアトルはそんな少年少女でいっぱいになる。

けれどシアトルは、本物のホームレス以外の誰にとっても一年を通して路上生活するにはあまりにも寒く、あまりにも雨が多い。だから寒くなったとたんに、夏の間シアトルに来ていたガター・パンクたちは南を目指し、アリゾナや南カリフォルニア、メキシコへと向かう。冬のシアトルでも雨に濡れそぼった数人のガター・パンクを見かけることはあるが、たっぷり休養し日に焼けた彼らが、小銭をねだりに大挙して戻ってくるのは夏なのだ。テリーは、ブロードウェイの一角で働いていて、その辺りはシアトルでもおしゃれでイカれたショッピング街だ。僕の仕事場はブロードウェイの別の一角にある。五月から十月にかけては、テリーが勤める書店から僕の仕事場まで歩いていくには、ガター・パンクの群れをかき分けていかねばならない。ほとんどすべての街角に二、三人のガター・パンクが立ったり座ったりしていて、全員巨大なバックパックと寝袋を背負い、パンクな髪型をしている。みんなスウェットシャツにだぶだぶのアーミー・パンツ、ブーツ、それに白のTシャツといういでたちだ。草むらや路地、高架下で寝るせいで、ガター・パンクはみな申し合わせたように、薄汚れた緑がかったグレーの服を着ている。なかには犬と旅している者もいる。ガター・パンクの大部分はまったく害がないけれど、何らかの重大な精神障害を持っているやつや、大量のＬＳＤをやっているやつに遭遇してしまった場合は、その日一日が台無しになる。

車や家、仕事といったアメリカ的価値観の主流をなすものを否定しているガター・パンクたちは、人の衛生の主流をなす歯ブラシや石鹼、それにシャンプーも否定している。路上で寝泊まりし、小銭をねだって暮らしていると、ようやく手に入れたなけなしの金をヘアケア製品やデンタルフロスに注ぎ込む気にも、コインランドリーの洗濯機に二十五セント硬貨を投入する気にもならないものだ。結果、ガター・パンクが二人寄れば、猛烈な悪臭をあたりに漂わせることになる。

彼らは、通りがかりの人々に小銭をねだる。小銭が必要なのは食べ物やビール、ドラッグを買うためで、彼らは正直にそう言う。普通の浮浪者やのんだくれは、バスに乗るために一ドル必要でなどと嘘をつくけれど、ガター・パンクの文化は、ホールデン・コールフィールド（サリンジャーの『ライ麦畑でつかまえて』の主人公）並みに正直であることを礼讃している。ガター・パンクは、バスに乗りたいから四十セントだけもらえませんか、などというお涙頂戴の作り話をしたりしない。彼らの流儀ではこう言う——薬《ドープ》を買うのにあと一ドル要るんだけど、ハイになれるように手を貸してくれない？

それでも一日に六千回も七千回も小銭をせびられると、さすがにガター・パンクにもうんざりしてくる。寛容ぶっていた心も硬化する。なかには仕事場へと急ぐ僕たちをせせら笑うガター・パンクもいるが、僕たちのポケットの小銭を彼らのポケットに移し替えられるのも、僕たちの仕事や罪の意識や共感があってこそ、ということに、彼らは気づいていない。僕自身は、心のどこかでガター・パンクを羨ましく感じていて、彼らが創造した放浪生活は、ある意味ウッドストック（一九六九年の八月に米国で行われた大規模なロック音楽祭。六〇年代のロックシーンの頂点をなすイベントとされる）をぶらつくことと同じだと考えている。思うに、今十代か二十代初めの若者で、ガター・パンクの仲間との数年の家出生活を経験していない人たちは、六〇年代の若者でウッドストックに行かなかった人たち全員が今感じているのと同じことを感じることになるだろう。彼らは今まさに、自分たちの世代に限定的な文化的体験を経験しそこなっている。今から二十年後、僕たちはみなガター・パンク・ジェネレーションを扱った素晴らしい文学作品を読んでいることだろう。そのとき、昔ガター・パンクでなかった者たちは自分もそうだったと言うはずだ。昔ウッドストックに行かなかった者たちが今、自分も行ったと言い張っているように。

でも彼らが書くはずの小説を楽しみにしている一方で、シアトルに住み暮らしていると、ガター・パンクと彼らのお決まりの行動にたちまちげんなりさせられてしまう。特にテリーは頭にきている。テリーはしょっちゅうガター・パンクを店からつまみ出さなくてはならないから。彼らは店に入ってくると悪臭をまき散らした挙げ句、通りの先の古本屋で売るために本を万引きしていく。またこの間の夏の、ちょうど書類の記入に忙しくしていた頃には、テリーは明らかにラリっているガター・パンクともめて、もう少しで暴力沙汰になるところだった。その数日後に参加したパーティで、テリーは冗談でガター・パンクは全員ガス室送りにするべきだ、と言った。

反対する者は一人もいなかった。

僕たちは、メリッサがポートランドのガター・パンクでシアトルのガター・パンクではないと聞いてほっとした。もしも彼女が、余ってる小銭ない？とせがまれて僕がノーと答えた相手だったり、テリーが本屋から放り出したガター・パンクだったりしたらちょっと気まずい。もしくはガス室送りにしたいと思った相手だった場合も。

僕たちはローリーに案内されてダウンタウン・ポートランドを抜け、福祉センター（十代の若者のための、レクリエーションやカウンセリング、教育などを行う施設）に到着した。

自分たちが養子にもらうかもしれない赤ん坊を妊娠している女性に会うというのは、ゲイのカップルに限らず誰にとってもめったにあることじゃない。メリッサに会ったときにどんな態度を取るべきかまったくわからなかった。映画やテレビでそんなシーンを見たことはなかったし、ボブかケイトに、彼らの養子の生みの母親との対面がどんな風だったか聞いてみることも思いつかなかった。生みの母親との対面よりも、エイリアンとの対面のほうがまだ想像がつくくらいだった。

僕たちはどんなふうに振る舞うべきなのだろう？　彼女は子どもをよそへやることをどう感じている

のだろう？　それほど明るい気分じゃない可能性が高いと思われた。満面の笑みで入っていくわけにはいかない。でも嫌々ここへ来たように見えるのも本意じゃなかった。

セミナーでは、生みの母親たちや養子を育てているカップルの全員が、最初に出会ったときのことを話していた。そして全員が、すぐに仲良くなれた、あっという間に心が通じ合った、出会って十分で昔からの友人のようになっていた、と言った。

「メリッサと僕たちもきっとそんなふうになるよ」とテリーが言った。「だって、そうならないはずがある？」

アウトサイド・インは、ダウンタウン・ポートランドを突っ切る高速道路に面して建つ、三棟の古いツーバイフォー工法の建物だった。近くまで行くと、二人のガター・パンクが玄関先で犬と一緒に座っていた。二人は僕たちをなめ回すようにじろじろ見ていたが、どうやらこちらが誰だかわかった様子だった。僕たちは笑顔で会釈して彼らの脇を通り過ぎ、小銭をねだられなかったことを喜んだ。

玄関を入ると長い廊下があり、そこはたくさんのバックパックやロッカー、安全なセックスを訴えるポスター、そしてガター・パンクで埋め尽くされていた。廊下の片側には二階へと続く階段があり、反対側には開いたドアがあってその先に居間が広がっていた。黒ずんだ灰色と緑が入り交じった服を着た若者たちが長椅子に寝そべったり、数人で固まってうろついたり、インスタントのスープやラーメンを食べたりしていた。

ローリーの隣りには長い黒髪に黒い瞳の背の低い少女が立っていて、用心深そうな表情を浮かべていた。間違いなく妊娠していた。

　メリッサだ。

　メリッサは短く「どうも」とだけ言って視線をそらした。それからアウトサイド・インのスタッフの一人を呼んで上のカウンセリングルームをどれか借りていいかと尋ねた。

　僕もテリーもメリッサを見つめていた。目を離すことができなかった。メリッサは垢じみた白のTシャツと、膝下で切り落とした継ぎはぎだらけの作業ズボン姿で、ドックマーティンズの膝丈のブーツを履いていた。スイスアーミーナイフとスプーンやフォーク類、それにコップがベルトからぶら下がっていた。上に羽織った、膝まである大きめの黒のジップアップ式のスウェットシャツのせいで、実際の背丈より小さく見えた。

　きしむ階段を上り始めたちょうどそのとき、玄関ドアから入ってきた友人に向かってメリッサが微笑んだ。「歯に詰め物」。僕はちらりと覗いた彼女の歯を見逃さずに心の中でつぶやいた。メリッサの息子は歯医者通いをすることになりそうだ。

　出会ってから数分のうちに、僕は自分がこれ以上はないほど低俗なやり方でメリッサを値踏みしていることに気づいた。まるで、これから賭ける競走馬を吟味するような目でメリッサを見ずにはいられなかった。彼女は有効在庫品だろうか？　丈夫な歯をしているだろうか？　額の角度や目の形に近親交配の形跡はないだろうか？　優良な子孫を残せるだろうか？　遺伝子に問題はないか？　メリッサに決めた場合、一万五千ドルの掛金を無駄にすることはないだろうか？　それに生みの父親のことも考慮に入れる必要があった。生みの父親の容貌は？　でもどう考えても僕たちが彼に会うことはできなそうだった。僕たちが検討すべきはメリッサのことだけで、歯を除けば（実際には彼女の歯並びは僕と同程度に問題なかった）彼女は優良物件のようだった。

二階の短い廊下の先に、元は大きな部屋だったのを区分けして造られた小部屋があった。壁の幅木や細工を施した木造部分がなくなり、一面ただの壁となっていた。一つしかない窓には茶色のシーツが留めつけられている。メリッサは詰め物をした低い椅子に座り、テリーと僕はソファに、ローリーは一人掛けの椅子に腰を下ろした。誰も口をきかず、沈黙が果てしなく長く感じられた。

「さてと、メリッサ、彼らがダンとテリーよ」とローリーが紹介した。「そしてダンとテリー、彼女がメリッサ」

最初に何を話したかよく覚えていないが、出会って十分で旧知の友人のようにペチャクチャおしゃべりした、ということはなかった。メリッサは床をじっと見つめており、僕とテリーはローリーを見つめるばかりだった。ローリーが話のきっかけをつくるために質問しても、メリッサの答えは一言で終わってしまい、テリーと僕について何か聞きたいことは、と問いかけられても、メリッサは肩をすくめてありませんと言うだけだった。

これはうまくいきそうにないな、と僕は思い、メリッサは僕たちを一目見て、自分の子どもの養父母にしたい相手じゃないと判断したのかもと疑った。

ローリーに、あなたたちからメリッサに聞いておきたいことは、と尋ねられて、テリーは赤ん坊の父親のことを教えて欲しいと言った。

「みんな彼のことをバッカスと呼んでたけど」とメリッサが答えた。「でも本当の名前はケヴィン。彼とは一緒に旅をしていて、でそのときに赤ちゃんができた。たぶんね」。二人はもう何ヶ月も会っていないということだった。

「彼には赤ん坊の世話はできそうにないから、赤ん坊を連れて行きたいとか何とか言ってくる心配はしてない」とメリッサは言った。

メリッサはバッカスの家族のことも、病気の既往歴のこともよく知らなかった。なにしろつき合ったのはほんの一ヶ月だったから。

「そんな話した覚えもないし」と彼女は言った。「それにどっちにしろ、二人ともしょっちゅうハイになったり酔っぱらったりしてたから、そんな話を実際はしてたとしてもきっと覚えてないと思うけど。彼は普通の男の子だった。おかしなところはなかったと思う」

「ダンとテリーは、あなたの飲酒と薬の使用のことをちょっと気にしてるの」とローリーが言った。

「僕らは二人とも薬を使ったことがあるしお酒も飲むんだ」僕はメリッサをリラックスさせようと意気込みすぎて、自分の娘に話しかけるベビーブーマー世代の父親みたいになっていた。「お酒や薬がいけないと言ってるわけじゃない。でもちょっと心配なんだよ。赤ん坊のことやなんかがあるとね」

メリッサは、妊娠に気づく前のお酒と薬の量について説明した。週に四日か五日、一日ビール三、四本を飲んでいた、妊娠してから最初の四ヶ月半は、ということだった。

「たいていはビールだったけど、たまにスペース・バッグもやった」

三人全員がメリッサを見て尋ねた。「スペース・バッグ?」

メリッサは髪を耳の後ろにかけ、時代についていけていない僕たちにヒントを与えた。

「そのバッグはワインの箱に入っていて銀色で光沢があるから。まるでマイラー（米国デュポン社製の絶縁フィルム）か宇宙空間から届いた何かみたいに。そのバッグを箱から出してみんなで回すの。それがスペース・バッグ。でも気を失うまで飲んだりはしなかった。身体が温かくなってきて気持ちよくなってくるところで止めた」

メリッサはそれ以外にもＬＳＤを二回使い、マリファナも何度か吸っていた。妊娠に気づいたときに飲酒はやめ、マリファナのほうはたぶんそのあと一回吸った。メリッサはそこまで一気にしゃべったが、それをすべて話さなくてはならないことに動揺しているようだった。彼女の飲酒を理由に、僕たちの前に彼女と会ったカップルは、赤ん坊を引き取るのを見送っていたから。

「お酒をやめようと思ったのはどうして？」と僕は聞いてみた。

「ストリートで暮らす子のなかには、自分の犬にビールを飲ませて酔っぱらわせて喜んでる子もいるけど」とメリッサは言った。「わたしはやらない。犬にはよくないことだから。犬はお酒を飲んじゃいけない。それは赤ん坊も同じで、だから飲むのをやめた」

「大人にとってもお酒は必ずしもいいとは限らないけど」とローリーが口を挟んだ。

メリッサは意味がわからないという顔でローリーを見つめた。

「まあそうかも、でも大人は自分で選択できるから話が別だよね。犬が選択することはないし、赤ん坊だって選択できない」

メリッサは飲酒のこともバッカスのこともそれ以上話したがらなかった。ローリーは話をメリッサのついこの間までの病院での暮らしと、緊急一時宿泊所を出た理由に切り替えた。

「あれは、動物たちを連れて入ることを断られたからだけじゃない」とメリッサ。「あそこは不潔で虫だらけだし、頭のおかしいやつがたくさんいて危険だったから。あんなところにいるくらいなら、ストリートのほうがよっぽど安全」

ローリーは別の生みの母親とオフィスで会う約束をしていた。ローリーは立ち上がり、帰り際に「三人でどこかを散歩してくるか、何か食べに行けば?」と勧めた。「お互いのことをもう少しよく知り合うべきよ」

ローリーが出て行ったあと三人で通りに出たところで、テリーがメリッサに、お腹すいてない? と尋ねた。

「それほどでも」

何か食べたくない? とさらに聞くと

「べつにいい」との答え。

僕はすごく腹が減って何か食べたくてたまらないと言った。

「この辺でおすすめはある?」と僕。

メリッサは、頭がおかしいんじゃない? という目で僕を見ると「レストランでは食べないから」と答えた。

「じゃあさ」とテリーは見事に会話を立て直した。「もしもレストランで食べるとしたら、きみならどこで食べる?」

メリッサは、パウェルズの向かいにあるピザショップ、ロッコズを挙げた。パウェルズはポートランドにある私営の大型書店で、ポートランドの絶望的に陰鬱なゲイバーが立ち並ぶ通りの真ん中にあった。「わたしはお金持ってないから」ピザ店のカウンターまで来たときにメリッサが言った。それは小銭をねだるための言葉ではなく、その声に自分を哀れむような響きはまるでなかった。彼女は事実を言ったまでだ。「犬はお酒を飲んじゃいけない」と言ったときと同じように。僕たちが彼女と一緒に食事したいなら、僕たちが支払うしかない、という意味だ。

ピザを何切れか買って、スマートボールの機械の隣りの仕切り席に座り、ざわつく店内でエージェントやローリーについて話をした。

メリッサはローリーは好きじゃないと言った。ローリーは親切でいろいろあれだけど、あの人は真面目すぎる、というのがメリッサの意見だった。毎週のカウンセリング面談で、メリッサの気持ちや将来のことについてあれこれ質問するのがローリーの仕事だとわかっていても、好きにはなれなかった。「いつ行っても、何ていうか、質問ぜめなんだから」

僕たちのことで何か聞きたいことは、と尋ねてみると、メリッサは家庭調査を読んだから知りたいことは全部わかっていると答えた。

テリーが店内でかかっていた音楽について何か言い、それをきっかけにメリッサとテリーは好きなバンドの話を始めた。メリッサは音楽にはうるさいほうでたちまち二人でペチャクチャしゃべり始めた……昔からの友だちみたいに、とまではいかなかったけれど。音楽の話からシアトルの話になった。

メリッサは僕たちがどこに住んでいるかも知らなかったし、僕たちのラストネームも知らなかった。

養子縁組を希望するカップルがその話を進めると決めるまでは、エージェントはカップルの身元を特定できるどんな情報も生みの母親には明かさない。シアトルのバンドの話をしながら、テリーは僕のほうを見て、僕らがどこに住んでるかメリッサに言っていい？　と尋ねた。僕はもちろん、とうなずいた。

「僕たちはシアトルに住んでる」とテリーが言った。

「わたしも去年の夏はずっとシアトルにいた」とメリッサ。「バッカスと一緒だった。あそこで妊娠したんだ」

FAS

二時間後、僕たち三人はアウトサイド・インの前に戻ってきた。

初めて会うときよりも、さよならを言うときのほうがもっと心の準備ができていなかった。初めて会う場面についてはあらかじめ予測し、僕たちが何と言い、メリッサは何と答えるかを、そしてメリッサがどれぐらい臭うかを想像していた。でも別れの時は不意打ちのようにやってきた。メリッサは僕の顔をみて、それからテリーの顔を見た。彼女にじっと目を見つめられて、僕たちは動揺した。テリーと音楽の話で盛り上がったときを除いて、メリッサは僕たちのどちらとも目を合わせようとしなかった。ローリーと四人で会っているときはずっと床を見ていた。食事中はピザを見ていた。そのあと散歩しているときは地面を見ていた。三人で過ごす時間が一時間過ぎ二時間になる頃、メリッサはようやくうちとけ始めた。小さな町で育った子どもの頃の話をしてくれたが、それはあまり楽しそうなものではなかった。さらには、ストリートでの暮らしのどこが最悪だと思うかも教えてくれた。それはぜったいにステーキは食べられず、せいぜいハンバーガーどまりだということだった。でも、そんなにうちとけてきても、僕たちの目を見ようとはしなかったのだ。

ピザ店で、メリッサはもう一つの衝撃の事実を明かした。それは彼女のお腹にいる男の赤ん坊を妊娠したのが、僕たちが生活し、仕事をしている場所のごく近くだったという事実と同じくらい衝撃に満ちていた。早産しかけたときに彼女が一週間入院した病院というのは、彼女が赤ん坊を出産する予定の病院というのは、なんとOHSUだった。もしもメリッサのお腹の子を養子にもらえば、僕たちの息子はテリーが嫌っている街で生まれるだけでなく、テリーの父親が亡くなった病院で生まれることになる。

メリッサがOHSUと言うのを聞いた瞬間、僕はピザを咀嚼していた口を動かすのをやめてテリーの顔を見た。テリーもやっぱりピザを咀嚼していた口の動きを止めて、僕の顔を見た。僕が「きみはそれでいいの?」と言うように眉を上げて見せると、テリーは「それほどよくはないけど、もう何でもいいよ」と言わんばかりに首を振り、肩をすくめた。僕たちはピザの咀嚼を再開した。メリッサは、自分のピザの上からペパローニをすべて取り除いてしまうと、それを一つずつ食べていき、今度はチーズを取り除き始めた。ピザが生地とソースだけになると、それをきれいに平らげた。

「あそこは嫌い」とメリッサはOHSUのことを言った。「病室に犬を入れさせてくれないから。どうしてだめなのかわからない。わたしの犬は清潔なのに」

アウトサイド・インの前まで来ると、メリッサは突然何もしゃべらなくなった。テリーと僕が何か言うのを待っていたのであり、僕たちは彼女が何を聞きたがっているのか知っていた。その子を欲しいのか欲しくないのか、ということだ。

誰かが赤ん坊をあげると言ってきたとき、唯一の礼儀正しい返事は「ありがとう」と笑顔で言って赤ん坊をもらうことだろう。でも、たとえイエスと言いたいと思ったとしても、三人とも今日のところは何も言わないほうがいいというのがローリーの意見だった。ローリーはテリーと僕の心が完全に決まってからメリッサにイエスと言ってほしい、と考えていた。今イエスと言っておいて、あとから考え直して心変わりしたら、メリッサはひどく傷つくだろう。彼女をそんな辛い目に遭わせるくらいなら、二日間よく考えてから、迷いなくメリッサにイエスと言うほうがよほどいい、とローリーは助言した。

いずれにせよ、メリッサにきみの子どもをもらうよと言うことはできなかった。テリーがメリッサのことをどう思ったかわからなかったし、自分の気持ちさえよくわからなかったから。

「会えてよかったよ」とテリーが言った。

「近いうちに電話する」と僕。「たぶんローリーを通してになるかな」

「わかった」とメリッサは答えて肩をすくめた。そしてアウトサイド・インの玄関ポーチの手すりにつながれた犬のほうに視線を走らせた。メリッサは唇をかみ、ゆっくりとうなずくように首を動かした。それから僕たちに背を向けて玄関ポーチのほうに歩いていくと、犬の隣に腰を下ろした。彼女が車に向かう僕たちのほうを見ることはなかった。あのファグたちに会うことは二度とないだろう、と確信しているに違いなかった。

車でアウトサイド・インから数ブロック離れたところにあるホテルに戻ってきたところで、どう思う、とテリーに聞いてみた。

テリーは答えなかった。ハンドルを切って車をマロリー・ホテルの駐車場に入れ、空いている場所に停車してエンジンを切ってから、テリーは僕のほうに顔を向けた。真面目な顔つきで。またあの丘を上って父親が亡くなった場所に行かなくてはならないことが気がかりなのかもしれない、と僕は思った。「聞いてくれ」とテリーは言い、ものすごく真剣な表情で僕の肩に手を置いた。「メリッサと話してみて一つ確信したことがある。彼女の音楽の趣味は、僕のボーイフレンドのよりずっといい」

僕はテリーの肩をパンチし――弟のパンチだ、暴力的な配偶者のパンチじゃなく――拳をかまえた。「あの子はいい子だ。ガター・パンクによくいるように、ちょっと変わってるけど、いい子だよ。頭がおかしいとかいう感じもない。でもどう考えるべきかわからないんだ」とテリーは白状した。それから、さっきの僕のパンチよりもちょっと強めに（弟みたいに）叩き返すと、車から飛び降りた。

僕もどう考えればいいかわからなかった。彼女がガター・パンクであることは、郊外で暮らすカップルたちにとっては問題だろうけれど、僕たちにとっては何でもないことだった。ストリートキッズには慣れていて、怖がる気持ちはなかったから。でも飲酒は問題だった。メリッサから聞いた、彼女が妊娠初期の四ヶ月半の間に毎週飲んでいたビールの本数は、ローリーから聞いていたよりかなり多かった。ローリーは、週に三日か四日、一日に二、三本のビールを飲んでいたと言った。でもメリッサは、週に四日か五日、一日に四、五本飲んだと言った。薬の使用についてもどう考えるべきかわからなかったが、LSDやマリファナ中毒の赤ん坊が生まれたという話は聞いたことがなく、聞いたことがあるのはコカインやヘロイン中毒の赤ん坊だけで、二人とも薬についてはそれほど問題ないだろうと思っていた。でも確かめておく必要はあった。

飲酒については、どの程度の量なら問題視されるのだろう？　週に九本から十二本飲んだ場合と、週に二十本から二十五本飲んだ場合に重大な違いがあるんだろうか？　週に二十五本は多すぎるか？　なら九本では？　いや、一本でも問題なのか？　それに、ＦＡＳはとても悪いことだとは知っていたが、ＦＡＳが子どもにどんな問題を起こすかについてはぼんやりとしたイメージがあるだけだった。それは赤ん坊を一時的にぼんくらにするだけで、回復可能なのか？　それとも子どもは永遠にぼんくらのままなのか？　メリッサにイエスと返事した場合、僕たちはどんなリスクを負うことになるのだろう？

部屋に上がってくると、電話の留守電のランプが点滅していた。メッセージはローリーからで、水曜日までに結論を出せるかどうか知りたがっていた。その日は日曜日で、僕たちを急かすのは心苦しいが、メリッサに早く路上生活をやめさせる必要があるので、とローリーは言った。

その夜遅くまで起きていた僕たちは、まだ決められないということを決めた。メリッサに答えを伝える前に、ＦＡＳについてもう少し勉強する必要があった。ローリーからは、シアトル在住のあるＦＡＳの専門家の電話番号をテリーが聞いていたし、またメリッサの赤ん坊の超音波診断画像のコピーも以前にファックスで送られてきていて、ローリーによるとその画像は赤ん坊がすべて正常であることを示していた。超音波診断から判断して、ローリーは生まれてくる子のＦＡＳの（あるいはほかのどんな問題についても）危険性はとても低いと考えていた。

「と言っても、赤ん坊を養子にするのはあなた方でわたしではありませんから」とローリーはあの最初の電話のときにテリーに告げていた。「このお医者様たちに電話してみて下さい。彼らの意見を聞いて下さい」と。

二人ともしばらく黙り込んでいた。やがてテリーが口を開き、「もしもビールの問題がなかったとしたら、メリッサが妊娠初期にビールを飲んでなかったら、僕たちは彼女にイエスと返事する、そうだよね?」

「ああ、僕はそうする。でも、つい何ヶ月か前にストリートキッズは全員ガス室行きだって言ったのはきみだぜ。OHSUに行かなくちゃならないのも、きみにはきついんじゃない?」

「彼女がストリート・パンクだということはまったく問題ないよ。犬のことも、臭いも平気だ。それからOHSUも大したことじゃない。問題は飲酒のことだけだ」

夕食はマロリー・ホテルの食堂で食べた。有名なレストランではなかったけれど、野球帽は脱いでくれと言われた。夕食を食べ終えても決心がつかなかったので、車でロイドセンターまで出かけて映画を見た。ホテルへの帰り道、メリッサが案内してくれたピザ店の前を通りがかったので、車を停めてその辺りをぶらついた。大型書店パウェルズでFASについて書かれた本を何冊か見つけたが、新しい情報は載っておらず、そのまま本を書棚に戻した。

さらに通りをブラブラして、一軒のゲイバーに入った。PDXイーグルというその店で、僕たちはそれぞれコークを注文した。二十五セント硬貨に両替して何度かピンボールで遊んだ。イーグルはレザーバーで、店内は黒一色に塗られ、ダイヤモンド状に編まれた金網のフェンスが特徴的だった。天井から一本の釣り鎖が下がり、ソフトコアのSMビデオやハードコアのセックスビデオが、店内にぐるりと備えつけられたテレビに写し出されていた。年配の男のカップルが、六十代ぐらいに見える男二人がカウンターに座ってビールを飲みながらビデオを観ていた。僕はピンボールをしながら、はたして六十歳になった僕たちはレザーバーでポルノビデオを観ながらビールを飲み、バーテンダーと笑い合っているだろうか、と考えた。

　そうであってほしかった。


　月曜の午後にポートランドを発つ前に、ローリーが教えてくれたＦＡＳの専門家に電話をかけて、自宅に電話をくれるように留守電にメッセージを残した。そしてそのままボブとケイトの家に直行した。ボブとケイトは、養子縁組初心者である僕たちに、養子縁組の専門家として指南するのを楽しんでいて、ワインとピザで食事しながら僕たちはメリッサのことを話した。ルーシーとガスとイソベルは上の中二階にいてディズニーのビデオを観ていた。

「子どもがいなかったときは、テレビに子どものお守りをさせるような真似は絶対にしないと思っていたが」とボブが言った。「それがねえ、子どもを持ってみるとテレビについてまるで違う感情を持つようになるものなんだ。で、マクドナルドもしかりでさ」

　僕たちはボブとケイトに、メリッサの飲酒の件と、どこにいるかわからない生みの父親のこと、例のシアトルつながり、そしてメリッサのピザの食べ方が妙だったことを話した。

「とにかく早く決めてくれとせき立てられているんだ」と僕は言った。「メリッサは今路上暮らしをしていて、誰かが彼女の赤ん坊を養子にし、彼女のために家賃を支払うことを承諾するまでその暮らしを続けることになるから」

「で、もしも飲酒の件がなかったら」とテリーがつけ足した。「今すぐイエスと言いたいところなんだ。でも、ＦＡＳの赤ん坊が生まれてきてもいいと言えるかどうかわからない。それで悩んでるんだ」

「誰でも健康な赤ん坊を望むものだよ」とボブが答えた。「健康な赤ん坊を望むのは何も悪いことじゃない。だからそのことを気に病む必要はないんだ」

「妊娠しているのが自分たちなら、お酒を飲まないようにしてFASのリスクをなくすことができる、だろ?」と僕。「でも今の状況では、FASのリスクをなくすためにはメリッサを失格させるほかない。僕たちは彼女を却下した三番目のカップルになるわけだ」

「そして彼女は今もストリートにいて、僕たちが心を決めるのを待っている」とテリー。

「そんな風に考えてはだめ」とケイトが言った。「あなたたちは、自分たちにとって何がベストかを考えて決断すればいいのよ。嫌な言い方だと思うかもしれないけれど、今週、その生みの母親のことを可哀想に思ったからという理由だけで、一人の子どもを一生養子として育てることなんてできないんだから」

僕たちはメリッサの超音波診断画像を取り出して、二人に見せた。

「うちの子の生みの母親のなかにも、妊娠中にたくさんお酒を飲んでた女性がいて」とボブが明かした。「ずいぶん心配だったが彼女に決めて、そしてすべてうまくいった。時には一か八かやってみてあとは幸運を祈るしかないこともあるんだ。どんな子も——実の子であろうと養子であろうと——問題や危うさを抱えて僕たちのところにやってくるんだから」

「それは弁護士としての意見?」とテリーが質問した。

「僕はすべての顧客に幸運を祈るよう助言しているさ」と、ボブはワインのボトルをもう一本開けながら答えた。「そして僕らはもっとワインを飲むべきだ」

「ねえテリー、もしも今すぐ決断しなくちゃならないとしたら、あなたはどうする?」とケイトが尋ねた。テリーが僕の顔を見ると、ケイトはさらに言った。「だめ、ダンを見ては。わたしを見て。さあ、あなたはどうしたいの?」

ボブは不動産専門の弁護士で、ケイトは郡の検察官。その違いが対応にも現れていた。

「わからない——どの程度のリスクがあるかによるから」とテリー。ケイトはあきれたというように大きく目を見開いて、僕のほうに向き直った。

「ダン、あなたならどうする? 今すぐ決めろと言われたら」

「僕たちがこの先選ばれることはもうないかもしれないし、脳が半分しかない赤ん坊でも、まったくない赤ん坊よりはましかも」と僕。「だからたぶんイエスと言うべきなんだろうな」

テリーはテーブルに顔を伏せて、もうそのことは考えたくないと言った。ボブはテリーのワイングラスになみなみとワインをついだ。

「彼女のアパートの家賃を支払うと申し出ることはできる」と僕が言った。「赤ん坊を養子にするかどうかとは関係なしにね。そうすれば彼女は路上生活をやめることができるし、僕たちはノーと言えばメリッサを路上に見捨てることになると悩まずに済み、そしたらもう少し時間をかけて決断を下すことができる。それほど大金じゃないんだから」

「だめよ」とケイトがさえぎった。「まず第一に、あなたたちをそういう立場に追い込むエージェントのやり方はフェアじゃないし、第二に、その子は実際には滞在できる場所があったのに自分でそこを出てる、犬のことで——」

「それに猫もね」とテリーが口をはさんだ。「彼女は猫も飼ってる」

ケイトはボブの顔を覗き込み、やれやれというふうに両手を上げた。

「彼女が飼っている犬や猫と離れられないというなら」とケイトが言った。「生まれてきた子どもを見たとき、何が起こると思う？　FASのことはもう考えなくていい。犬の件を考えなさい！　赤ん坊を見てしまったら、彼女はきっとその子とも離れたくないと思うでしょう。今あなたたちは罪の意識に苛まれているけれど、病院で待ち受けているあなたたちの前で、彼女が赤ん坊は渡さないと決めたらどんな気分になるでしょうね？　今よりずっと嫌な気分になるはずよ。わたしはノーよ。メリッサとの話はやめにするわ」

今度はボブが両手を上げる番だった。

「それはきみが決めることじゃない——彼ら自身が決めるべきことだ！」

「彼らにどうしろとは言ってない」とケイト。「『わたしならノーと言う』と言っただけよ。彼らがそうしたいならイエスと言えばいい。でもわたしだったらノーと言うけど」


ボブとケイトは、自分たちが養子をもらう前にFASについて相談した医者の電話番号を教えてくれた。僕たちはボブとケイトの主治医に電話してメッセージを残し、その後この養子縁組の過程における最大の過ちを冒した。

インターネットを漁ってしまった。

FASの情報ならネットにあるはずだ、と考えた僕たちは検索エンジンに「Fetal Alcohol Syndrome

〈胎児性アルコール症候群〉」と打ち込んだ。たちまち千五百万個のサイトが現れた。

「胎児性アルコール症候群とは、妊娠中の母親が大量のアルコールを摂取したときに子宮の中の胎児に発症する、ある種の精神的、身体的障害のことです」あるサイトにはそう書かれていた。「FASを持って生まれた赤ん坊は重大なハンディキャップを背負うことになり、一生特別な介護を必要とする場合があります……妊娠した女性の血液中のアルコール成分は、胎盤を通過して胎児に届きます。アルコールは、脳やその他の器官の細胞が正常に発達するために必要なだけの酸素や栄養素を胎児が受け取ることを妨げ……」

別のサイトにはこんなことも。

「胎児がどのような種類の損傷を最も受けやすいかは、成長のどの段階でアルコールと出会うかによって異なります。妊娠期間中の安全なアルコール摂取量は現在のところ確定されておらず、この問題についての主要な権威者の全員が、女性は妊娠中は一滴もアルコールを飲むべきではないとしています」サイトのなかには、この問題の権威者の言葉として神の言葉を引用しているものもあった。旧約聖書のなかで誰かが妊娠すると、神の使いである天使が現れ「強い酒」を飲むなと諭したという。またあるサイトではすべてのページ上で次のような警告の言葉が点滅していた。「たった一杯のアルコールでも、生まれてくる赤ん坊の健康を危険にさらすことになります」

どのサイトにも恐ろしいことばかり書かれていた。大量の医学用語が使われているサイトが大半だったが、ニューエイジ的なたわごとで彩られたものもいくつかあった。「アルコールの影響を受けた子どもは喩えて言えば庭です。毎年蒔かねばならない種《たね》もあります。そう――ニンジンやハツカダイコンのように。鳥が種を持ち去ってしまったときには、すぐに植え直さなければなりません。しかし庭には球根も植わっていて、世話をしなくても毎年芽を出します。わたしたちはその年まだ芽を出していない球根があることばかりに気を取られすぎて、地面から顔を出そうとしてるクロッカスの芽を踏みつけてしまうことがあるのです。大切なのは、そこに庭が存在していることに感謝する心なのです」

あるFASのサイトは、なんとマーサ・スチュワート・ドリンキングの提供だった。

胎児性アルコール症候群に加えて、胎児へのアルコールの影響も心配しなくてはならなかった。FAE（胎児へのアルコールの影響）はFAS（胎児性アルコール症候群）より軽度ではあるものの、FAEの症状のリストはほどんど同一の内容のFASの症状のリストと同じくらい長く、同じくらい恐ろしいものだった。

僕たちは黙ってパソコンの前に座り、次から次へとページを閲覧して悪いニュースばかりを頭に詰め込んでいった。

FASとFAEの症状には脳障害や知的能力障害、とがった顎、低い鼻、問題行動、学習障害や記憶障害などがあった。FASやFAEの子どものIQは二十から百三十までで、しばしば多動や注意欠陥障害、耳の奇形、心臓の障害、骨格の発達障害等の特徴を持つ。妊娠前期、つまりメリッサがスペース・バッグを飲んでいた時期の飲酒は脳障害を引き起こす。妊娠後期の飲酒は、身体的な奇形につながる。どのサイトも、たとえ一杯でも妊娠中の飲酒にはリスクがあると述べていた。メリッサは妊娠初期の四ヶ月半の間、週に二十五本のビールを飲み続け、その時期のアルコールは脳に障害をもたらす。その時期にメリッサが飲んだ量は、全部で三百七十五本。一時間のネット検索の結果、僕たちはメリッサの赤ん坊は頭を持たずに生まれてくると確信した。

「ああ、もうたくさんだ」とテリーは言い、部屋を出て行った。

僕はパソコンをシャットダウンした。僕たちは服を脱いでベッドに潜り込んだ、というかベッドによじのぼった、正しくは。エージェントから電話が来る一週間前、しかももうすぐ引っ越さなければならないというときに僕たちは新しいベッドを買った。知り合いになった有名な家具デザイナーが僕たちのために原価でベッドを作ってくれ（彼はジェイ・レノ（アメリカのコメディアン、俳優、作家、プロデューサー。『ザ・トゥナイト・ショー』の司会もつとめた）の机やサンドラ・バーンハード（アメリカのコメディアン、女優、歌手、作家）のベッドも手がけたデザイナーで、テリーはどんな会話にもその話を盛込もうとした）、だからかれこれ二十年間、床の上に置いたマットレスで眠る生活を続けてきた僕は、突然床上百二十センチの高さで眠ることになった。それはかなりドギマギさせられる体験だった。実際、初めて二人でそのベッドで寝た夜は一睡もできなかった。ベッドから転げ落ちて死ぬのが怖すぎて。そして今、テリーと二人ベッドで横になりながら、僕はどんな子どもをもらったとしても、その子は嵐の夜に僕たちのベッドに這い上がることができるだろうか、と考えていた。

「おつむが足りない子は欲しくない」と僕は言った。「考えると怖くなる。血のつながった、生まれつきおつむの足りない子どもがいたら、可愛がって育てるだろう。でも足りない子をもらわないで済むなら、やっぱりそうしたい」

「でもノーと言ったとして」とテリー。「また選ばれることがあるかな？」

「中国で養子を探すっていう手もあるし、代理母にお金を払って生んでもらう方法もある」と僕。「ぜったい養子をもらわなければいけないわけじゃない。今の時点ではまだ二千ドルばかり払っただけだし」

「ってことは、ノーなんだね、やっぱり」と言うとテリーは電気を消した。

「僕が恐れているのはこういうことなんだ」と僕は暗がりのなかで言った。「断ったあともう一度誰かに選ばれたとして、でも次の女の子はずる賢くてお酒を飲んだかどうかについて嘘をついていて、結局その赤ん坊を養子にもらい、その赤ん坊がFASを持っていたということになる。もしFASでなかった場合でも、二歳になったその子を公園に連れて行ったときに、神様が「あそこにFASの赤ん坊である可能性を恐れてあのガター・パンクの少女の心を傷つけたファグのカップルがいる」と言うかもしれない。神様は僕たちの子どもをブランコから後ろ向きに転落させ、子どもは頭が割れてそのあと一生植物人間として生きることになるだろう。僕はそれが怖いんだ」

「まったく、カトリック教徒として育てられなくて本当によかったよ」とテリー。

長い沈黙のあと、僕は口を開いた。「結局メリッサには何と言おうか？　きみはそうしたいの？」

「ノーと言うんでしょう？　そしてまた候補者リストに戻る。きみはそうしたいんでしょ？」

「うん、たぶんそうだと思う。きみはどうしたいの？」

「どっちでも、きみがいいと思うほうで」――といいながらテリーは寝返りを打った――「僕も構わないよ」

二時間後、僕はまたパソコンの前にいた。

いつものことながらテリーはすぐに眠ってしまい、僕は眠れなかった。僕はベッドから出てパソコンを立ち上げ、さらにＦＡＳのサイトをまたあれこれ見て回り、自分の決断を揺るぎないものにする記述を見つけようとした。メリッサにノーと言うほうに賭けてみるなら、それが正しい決断だという確信が欲しかった。そう確信するためには、メリッサの赤ん坊は必ずＦＡＳを発症すると思える必要があった。

どのサイトもすでに見たものよりさらに悲観的な内容だった。ＦＡＳの子どもは何一つ学習できず、何一つ覚えられず、考えることもできない。しかも成長するにつれてその問題は改善されるどころかさらに悪化する。ＦＡＳの子どもはＦＡＳの大人となり、学ぶことも衝動を抑えることもできない彼らの特性は大人になった彼らの社会生活をさらに過酷なものにする。

朝の四時頃、僕は『ＦＡＳあるいはＦＡＥの子どもの性格特性と学習上の特徴』と題するサイトを開き、今夜のところはこれで終わりにしようと自分に言い聞かせた。このサイトだけ見たら、ベッドに戻って眠るかポルノサイトを見て回ろう、と。でもまずはＦＡＳの子どもの性格特性を読まなければ。ページの一番上には、断り書きとしてＦＡＳあるいはＦＡＥの子どもは以下の性格特性の一つしか持たない場合もあるし、すべてを持つ場合もあり、ＦＡＳあるいはＦＡＥの子どものなかには、ここに書かれていない症状を持つ場合もある、と書かれていた。

「幼稚園から小学校六年生までの子どもによくある特徴としては次のようなものがある――他人に影響されやすい、空想と現実の区別がつきにくい、かんしゃくを起こす、嘘をつく、盗む、反抗的態度、身体的、社会的、および学習面での発達の遅れ、物覚えが悪い、衝動的である、不適切な社会行動をする、継続的に何度も繰り返し教える必要がある」

僕はこの一節をもう一度読み返した。かんしゃく？　衝動的？　反抗的？　まるで五歳のときの僕だ。

五歳児なら、これらの性格特性の一つぐらいは持っているはずだ。あるいはそのすべてを。実際僕は、十二歳になるまで現実と空想の区別がつかずに苦労した。その夜初めて——いや、正確に言えばＦＡＳの子どもを庭に喩える長い文章をテリーに読んで聞かせたとき以来初めて——僕は声を上げて笑った。五歳のとき、僕は明らかにＦＡＳかＦＡＥの症状を発症していて、同じ幼稚園の子どもたちもみんなそうだったが、誰も気づいていなかった。

そのページをさらに下へスクロールしていくと「ＦＡＳの高校生に見られる性格特性」として次のことが列挙されていた。「順序立て行動することが苦手、嘘をつく、盗む、騙す、論理的に考えることが苦手、物忘れをする、自己中心的、重度の欲求不満、抑うつ、アルコール依存……」

抑うつ？　嘘をつく？　自己中心的？　間違いなく僕は高校生のときもＦＡＳの症状があり、それは僕の兄たちも妹もそうだったし、誰もがティーンエイジャーだった頃はそうだった。高校時代に抑うつ性や自己中心性、あるいはやる気のなさを示さなかった人がいるだろうか？

僕は、亡くなったポルノ俳優の墓地を集めたサイトを開き、晩年の偉大なるマット・ガンター（アメリカのポルノ俳優。ゲイのポルノファンに人気。一九六三―一九九七）の写真を次々と見ていった。マットの姿をじっくり鑑賞してＦＡＳのことは忘れようとしたが、不安はかき立てられる一方で、そのうち僕はいつの間にか自分の母親のことを考えていた。僕の母親は妊娠中にほとんどアルコールを飲んでいなかった。テリーの母親もそうだった。他の誰の母親もそうだった。僕は、ネットで見つけたＦＡＳやＦＡＥの症状のリストにあった症状を一つ残らずと言っていいほど示していたけれど、自分がＦＡＳでないことははっきりわかっていた。僕の兄妹も、ボーイフレンドもＦＡＳではなかったし、母親が妊娠中に飲酒したことがわかっている人も誰一人ＦＡ

Sではなかった。

僕はマット・ガンターに集中しようとしたが、考えは母親のことを離れてFASやFAEの症状を並べた馬鹿げたリストへととりとめもなく広がっていった。妊娠中の飲酒がこれほどまでに明確に危険視され、女性は生まれてくる赤ん坊の脳を台無しにしないようにお酒は一滴も飲むべきではないと言われ始めたのは、いったいいつからなのだろう？　どのFASサイトも、妊娠中の女性の膝にビールをこぼすことは、その女性のお腹を蹴ったり、階段の踊り場から突き落としたりする行為よりもずっと危険だと言わんばかり。あるサイトは、性交渉のある女性はアルコールはいっさい摂取すべきではないと勧めていた。妊娠に気づいていなかった場合、妊娠初期の数週間に飲んだあらゆる種類のアルコールによって赤ん坊に重篤な障害が出る可能性があるから、と。

もしそれが本当なら、どうして僕はFASを発症しなかったのだろう？　母方の祖母は正真正銘の哀れなアル中のアイルランドカトリックだった――母親は週に一度は彼女に頭を冷やさせなくてはならなかった――が、祖母の六人の子どもたちの一人として、つまり僕の母親も、叔父や叔母の誰一人として、FASやFAEを発症していない。一体どうしたわけだろう？

火曜の朝、ローリーが電話をかけてきた。たんに、僕たちの「決断」がどこまで進んでいるか聞くためだった。FASのことを知れば知るほどメリッサの飲酒のことが気になってくる、と僕たちは説明した。メリッサの話に矛盾がある点も気がかりだった。彼女はローリーには少ない数字――一週間にビール九本から十二本――を伝え、僕たちにはもっと多い数字――週に二十本から二十五本――を伝えた。

どちらの数字が本当なのか？　ちょうどその日は、メリッサが定例のカウンセリングにやってくることになっていた。そこで飲酒の件についてローリーが本当のところを聞き出し、その日のうちに電話で知らせてくれることになった。僕は、これからローリーやボブとケイトの夫妻から紹介してもらった医師たちに相談してみなくてはならないが、ＦＡＳについてのウェブサイトを見てからあまり前向きに考えられなくなっている、と告げた。

その後、電話でメッセージを残しておいた医師の一人から電話がかかってきた。僕たちがメリッサの超音波診断画像のコピーを持っていると言うと、医師は画像を自分宛てにファックスで送るよう指示した。二十分後、彼女から電話がかかってきた。テリーは仕事に出かけてしまっていたので、医師の話をメモしておくことにした。

「お話にあったアルコール摂取量と、あなたが説明されたアルコール摂取の習慣、そして超音波診断画像から判断して、この胎児がＦＡＳに罹患している可能性は非常に低いと考えます。頭囲も推定される体重も――つまり超音波診断画像からわかるすべてが胎児の正常な発達を示しています」

でもウェブサイトに書かれていたことは？　たった一杯のお酒でも生まれてくる子どもに害を与えるというあの警告は？　ＦＡＥは？

ＦＡＳの第一線の研究者であるその医師はため息をつき、そのあとずいぶん長い間黙り込んでいた。それから、インターネットが僕たちに与えた傷をゆっくりと癒していってくれた。

「ＦＡＥなどというものが存在するとは、わたしは考えていません」と彼女は言った。「新生児の千人に十五人は学習障害を持って生まれてきます。もしも子どもが障害を持っていて、妊娠中にお酒を飲んだ覚えがあれば、それがたとえわずかであったとしても、飲酒のせいにしたくなるものです。でも正直なところ、必ずしもいつも障害の原因が特定できるわけではないのです」

医師にわからないことは他にもある、と彼女は続けた。理由はわからないが、第一子は妊娠中の母親の飲酒量にかかわらず、ほとんどまったくFASを発症しない。二十一歳以下の女性が出産した子どもについても同じことが言える。

また、メリッサが言っていたアルコールの飲み方――何時間もかけて何本かのビールをゆっくり飲む――もよい徴候を示すものだった。「暴飲する女性、つまり短時間に五本以上飲んで意識を失ってしまうような飲み方をする女性のほうが、FASの子どもを出産する可能性が高くなります。でもこの超音波診断画像を見る限り、また彼女の年齢やこれが第一子であること、また飲酒をやめると決めてからは飲んでいないことを考えると、この赤ん坊がFASを発症する可能性はきわめて低いと言えます。ではこの子は絶対に学習障害を持っていないと言えるのでしょうか？　もしくは他の何らかの問題も持っていないと？　そうではありません。あらゆる問題を持っている可能性はあります。ただ、この超音波診断画像からは、今現在疑われる問題点は見当たりません。それでも現実に何か問題があった場合、それはおそらく飲酒とは無関係です。いつでも何らかのリスクはあるものです。わかっていただけますか？　わたしにも保証はできません。でも医師としてこれだけは言えます。飲酒を理由にこの養子縁組を断るべきではない、ということです」

僕は唖然とした。

「じゃあ、ウェブサイトに恐ろしいことばかり書いてあるのはなぜなんですか？」

「ＦＡＳに関するウェブサイト上の情報の多くは、妊娠中の女性を脅かしてアルコールを摂取させないことを目的としていて、ＦＡＳに関して人々が知っていることや知らないことについての正しい知識を伝えるためのものではないのです。こうしたウェブサイトの作成者は、公衆衛生的な使命感を持つ人たちで、彼らに医学的使命感はありません。だから少し割り引いて読む必要があるのです」

電話を切ってすぐにローリーが電話をかけ直してきた。メリッサもそこにいるということだった。僕はメリッサに、飲酒について何もかも詳しく教えてほしいと頼んだ。すべてを知る必要があるんだと。メリッサは、誰かがビールを買ってきたときに飲み、自分でお金を払って飲んだことはないと言った。週に五日以上飲んでいたこともあるし、それほど飲まなかった週もあるということだった。飲んでも酔っぱらったことはほとんどなく、意識を失ったこともないし、吐いたこともない。また妊娠一ヶ月目か二ヶ月目の二週間はまったく飲まなかったとも言った。そのときはちょうど移動中で列車に乗っていてビールを飲む機会はなかったから。これが彼女が覚えていることのすべてだった。

僕はメリッサとローリーに礼を言い、テリーが今夜十時に仕事を終えて帰ってくるから、それからじっくり話し合って結論を出すと伝えた。

「明日の朝に電話します」と僕は言った。

それから数時間後、ボブとケイトに紹介された医師から電話があった。彼の手元にはテリーがファックスで送っておいた超音波診断の結果が届いており、僕がメリッサの飲酒について説明するのを聞いてからこう言った。

「ＦＡＳのリスクは非常に小さいと言えるでしょう。しかし、その母親と父親についてあなたがたが知っているすべてのことから考えて、この赤ん坊については、ＦＡＳよりもむしろうつ病や精神障害の素因のほうを心配すべきでしょう。路上生活者の大部分は精神的問題を抱えていて、統合失調症を発症している者も大勢おり、そして多くの精神障害に遺伝的素質との関連が認められています。あなたがたが心配すべきなのはそちらのほうです」

ボブとケイトの主治医にわざわざガター・パンクの文化を一から説明する気はなかったので、考えてみますとだけ言って電話を切った。

その十分後、また電話が鳴った。僕の母親からだった。

「どこに行ってたの？　百万回も電話したわ」

この段階で、いったい何が言える？

「ポートランドに行ってたんだ。養子縁組エージェントに用事があって」

「選ばれたの？」母親はすでにオープン・アダプション特有の言い回しを使いこなしていた。

「いやまだ。もう一度行って面接を受けなきゃならない。今は養父母候補カップルの一組だ」

電話の向こうに長い沈黙が続いた。

「二週間前に養父母候補になったと言ってたじゃない。一度候補を外れて、また候補に逆戻りしたの？」

今、母親に何と言えばいいのだろう？　本当のことを言ってもいいが、母親に話せば地球上のすべての人に知れ渡ることになり、まだそうする心の準備ができていなかった。郵送でお祝いの品が届くのは勘弁してほしかったし、何であれ、不幸を呼び込むような真似はしたくなかった。

「サインが抜けてるところがあったんだよ」と僕は嘘をついた。「それでわざわざサインしに行ってきたわけ。これで僕たちは養父母候補だ、正式にね」

　ふたたび長い沈黙。

「ねえ母さん、選ばれたらすぐに電話するから。一番に報告する。ぜったいだって」


　ここ数日のアルコールが原因の頭痛のことを考えれば、ビールはテリーと僕が一番目の前に置かれたくないものだったはずだった。でもホーマー・シンプソン（アメリカのテレビアニメ、『ザ・シンプソンズ』のパパ）もかつて言っていたように、ビールは人生のあらゆる問題の原因であると同時に解決策でもある。僕が書店まで歩いていくとテリーはちょうど正面入り口の戸締まりをしているところだった。二人で歩いてカフェ・セッティエムへ行ったが、そこは僕がボーイとして働いた最後の店であり、「プラネット・ハリウッド」（ハリウッド映画をテーマとしたレストラン）や「ウォルフギャング・パック」（アカデミー賞公式シェフ、ウォルフギャング・パックがプロデュースするレストラン）に急速に浸食されるシアトルにおいて、数少ない魂のこもったレストランの一つだった。

　シアトル一のウェイトレスであるステファニーがテーブルの上にシメイビールの大瓶とグラスを二個置いた。テリーはカバンの中からメリッサの超音波診断画像と、自分の書店で見つけてきたＦＡＳに関するいくつかの情報を引っ張り出した。僕は、ＦＡＳの専門家たちと電話で話した内容をメモしたものカバンから取り出し、テリーに渡した。

　僕たちは読んだ。

そして飲んだ。

でも二人とも何も言わなかった。

ステファニーはテーブルの上のボトルが空になっているのを見て、もう一本置いていった。僕たちは読み終わった。テリーが二つのグラスにビールをもう一杯ずつついでいるとき、僕が沈黙を破って話し始めた。

「朗報は、メリッサの赤ん坊がＦＡＳを発症するだろうと考える専門家が一人もいないということだ。そして悪いニュースは」と言いながら、僕はウェブサイトで見つけたＦＡＳまたはＦＡＥの性格特性のリストを高く掲げた。「きみも僕もＦＡＳだということだ」

テリーはリストを声に出して読み上げ、笑い声をあげた。「かんしゃく、衝動的、不適切な社会的行動。知らなかったけど、どうやら僕は子どもの頃ＦＡＳだったらしい」

「そのリストが正しければ、きみはいまだにＦＡＳだ」

テリーは自分のビールグラスに指先を入れると、僕に向かって液体を弾きとばした。

僕が目に入ったビールをまだ拭っていたそのときに、僕たちがすでにある結論に達していたことは間違いなかった。僕の気持ちはＦＡＳの専門医たちと話したあとにはほとんど決まっていたし、テリーはきっと、僕のメモを読んでいる最中に心を決めたに違いなかった。前夜のインターネットが引き起こした憂鬱はすっかり消え去り、僕たちは互いに相手が先に言いだすのを待っていた。そして二人とも笑顔にならないように気をつけていた。まるで、僕たちが下そうとしている決断があまりに重要すぎて、それを決めるときには真面目な顔をしている必要があるとでもいうように。

「この話をボスにもしてみたんだけど」とテリーが言った。テリーのボスのバーバラはレズビアンだったが、誰であれ、子どもが欲しいという人の気が知れないと言っていた。「バーバラの母親は大人になってからずっと一晩に三杯のマティーニを欠かさず、妊娠中もずっとそうだったけれど、頭のない子は一人も生まれなかったって」

沈黙。

「きみが考える最悪のシナリオは？」とテリーが尋ねた。

「赤ん坊がＦＡＳだった」

もし僕たちがイエスと言って、生まれてきた赤ん坊がＦＡＳだった場合、養父母候補者のほうも最後の最後に決断をくつがえすことはできるんだよ、と僕は指摘した。養子縁組を途絶させることができるのは、生みの母親だけではない。メリッサにイエスと言って、赤ん坊にＦＡＳやその他の問題があった場合、僕たちは病院に行ってからでも手を引くことができ、その場合はエージェントがメリッサの赤ん坊のために別のカップルを見つけてくることになる。

「ね、僕たちにはその権利があるんだ。もし赤ん坊が問題を持って生まれてきたら、べつに引き取らなくてもいいんだ」

テリーは自分のビールグラスを見つめた。

「でも僕たちにはできない。きみもわかってるはずだ。病院まで行って、『わあ、悪いけど、あごのとんがった子はいらないんだ』なんて言えないよ」

「仮定の話をしてみただけだよ」

「絶対できないよ、きみみたいなミスター罪悪感にはね。土壇場になって約束を取り消すなんて。それに僕だって一度その子を見てしまったら、どんな問題があってもその場から立ち去るなんて無理だ。だから僕たちには、そもそもそんな仮説は成り立たない。きみはあまりにもカトリック的だし、僕はあまりにも感傷的だから」

テリーは正しかった。もしも僕たちがメリッサにイエスと言えば、それはイエスでしかなかった。イエスと言うことは僕たちも妊娠したということであり、どんな問題があったとしてもその子を愛していくということだ。僕たちは健康な赤ん坊を望んでいて、二人が今決めなくてはならないのは、メリッサがその健康な子どもを宿している確率が高いと思うかどうかということだった。

「彼女が健康な子どもを産むと思うなら、今すぐイエスと言うべきだ」とテリー。「もしもそうでないと思うなら、ノーと言うべきだ。で……きみはどう思う？」

「たとえその赤ん坊がこの世で一番健康な新生児だったとしても、ブランコや大腸菌入りハンバーガーや自動車事故の心配はまだまだある」

僕たちは長い間黙りこくってビールをすすっていた。それから顔を見合わせた。

「イエスと答えたとして、でもケイトの言ったとおり、赤ん坊を見たメリッサが考えを変えたらどうする？」とテリーが言った。「犬や猫とも離れて暮らせない子だよ」

「彼女が考えを変えたら、養子縁組候補者リストに戻るまでさ。その間僕たちは調子に乗りすぎないようにする。家の中をベビー用品で一杯にしたり、ベビーシャワーを計画するようなまねは慎むんだ」

「で、きみはどうしたいの？」とテリーが尋ねた。

「いや、きみからどうぞ」

「もしもきみがイエスというつもりなら」とテリーが言った。「だったら僕もイエスだ。でももしもきみが……」

「きみがイエスなら僕もイエスと言うつもりだった」と僕。

「だったらイエスだね?」

「うん」

「決まりだ」

僕たち二人は大きなため息をつき、ビールをすすった。僕はテリーのほうに腕を伸ばして鳥肌がたっているのを見せた。テリーは僕のメモ帳を手に取って公衆電話のほうへ向かった。もう真夜中近い時間で、テリーがエージェントに電話すると録音ではない二十四時間の留守番電話応答サービスを行っている誰かにつながった。テリーはローリーへのメッセージとして、僕たちはこの養子縁組の話を進めたいと考えており、ローリーからメリッサにイエスと伝えてほしいと告げた。それから仕切り席に戻ってきて僕の隣りに座った。

そのとき、カフェのオーナーで僕の以前の上司でもあるカートがご機嫌うかがいにやってきた。

「何かあったのかい?」と彼は尋ねた。

僕たちはカートを見上げ、それからどちらともなくこう言った。

「妊娠したんだ」

メリッサと親しくなる

エージェントは、赤ん坊が生まれてくる前に、生みの母親と養父母ができるだけ頻繁に会っておくことを勧めている。メリッサが僕たちを選び、僕たちがそれを承諾したのは彼女が妊娠七ヶ月のときで、だからできるだけ早く、できるだけたくさん会う機会を無理してつくらなくてはならなかった。エージェントのカウンセラーと一緒に会う必要はなかった。エージェントが演出するのは出会いの場面だけだ。女性たちが子どもを育てることをあきらめる理由の第一位は貧しさで、生みの母親は養父母に比べてお金を持っておらず、養父母のほうが生みの母親のもとへ通うことになっていた。だからそのあとの数週間、テリーと僕はシアトルとポートランドを結ぶ退屈で単調な高速道路の景色を何度も見ることになり、マロリー・ホテルの常連客となった。

テリーが留守番応答サービスにローリー宛のメッセージを残し、はい、メリッサの酒浸りの赤ん坊を養子にすることに決めました、と伝えてから数日後に、僕たちはふたたびポートランドに行ってメリッサと三人だけで会った。今回はローリーがいないから助け舟はなかった。マロリー・ホテルに荷物を置いてから、車で九ブロック先のアウトサイド・インまで行った。セミナーでもアンとの家庭調査の面談のときも、カウンセラーたちはみな、オープン・アダプションでは養父母と生みの母親の心の絆が強ければ強いほど、その縁組みに関わるすべての人にとって、とりわけ子どもたちにとってよい結果になると力説していた。「生みの母親を血のつながった親戚だと思いましょう」とセミナーでルースが言っていた。「あなたがたは養子にもらった子どもを介して互いに関わりを持つようになるのです。彼女は永遠にあなたの子どもの生みの母親であり続ける。あなたがたが永遠に子どもの両親であり続けるようにね。子どもは親を選べません。そして養父母であるあなたがたも生みの母親を選ぶことはできません。それでもあなたがたは子どもの実の母親との関係を何よりも大切にし、敬意と信頼と愛情に基づく関係にするべきなのです」

メリッサと親しくなるのは簡単ではなさそうだったが、彼女は永遠に僕たち家族の一員となるわけだから、努力しようと思った。初めて出会ったあの日、メリッサは僕たちをほとんど見ようとしなかった。敵意を持っているわけではなくただ無愛想なだけで、彼女が抱く早熟な厭世観に青年期特有の不器用さが加わってそうなっていた。テリーと音楽の話になったときだけ、でなければ、僕が路上生活の知恵について敬意を込めて質問したときだけ、彼女は心を開いて話をした。小銭ねだりの方法や、警官に捕まらない方法の話になると、とてもおしゃべりになった。でも彼女のほうから僕たちに質問することはなかった。

一方僕たちのほうは彼女について知りたいことがまだまだあり、そして参考にすべき彼女の家庭調査票もなかった。僕の関心は、二人がゲイであることが、僕たちを選んだ彼女の選択に何か関わりがあるとすれば、どう関わっているのかということだった。なぜ彼女は二人のファグに自分の息子を育ててもらおうと思ったのだろう？　初めて彼女に会ったときから、この質問をしてみたかったのだが、なんだかこう……ちょっと自己中心的な質問に思えたのだ。「ああ、きみの話はもうそれで十分だよ、メリッサ。今度は僕とテリーがどれほどゲイかって話をしよう、ゲイ、ゲイ、ゲイ」。アウトサイド・インでローリーと四人でいたときも、そのあとロッコズでメリッサとピザを食べていたときも僕は言い出せずにいた。「きみはホームレスで妊娠中なんだね、メリッサ。すごく興味深いよ。でも僕たちが同性愛者である（男どうしでペニスをなめ合ってる）ことについて、きみはどう思ってるのかな？」なんて。

でもこれは重要な問題であり、この特殊な養子縁組においてはほとんど決定的な問題であるように思えた。僕たちはファグで、これまでこのエージェントを介して養子縁組を成し遂げたファグのカップルは他にはおらず、そもそもゲイのカップルが子どもを育てることはそんなによくあることじゃない。ゲイの男たちが子どもを養子にすることについては異論も多く、場所によっては不法とされているところもある。だからなぜメリッサが僕たちを選んだかは重要なことに思え、赤ん坊が生まれてくる前に三人でよく話し合っておくべきだと思ったのだ。メリッサはそのことをちゃんと考えたんだろうか？

ポートランドへと向かう車の中で、僕はテリーに、メリッサにその辺のことをすべて聞いてみるつもりだと言った。

「彼女は僕たちがゲイであることを気にしてるようには見えなかった」テリーはカーステレオの音量を下げるために身体を前に屈めながら言った。「彼女が問題にしてないなら、どうして僕たちが問題にしなくちゃいけないんだ？　たいしたことじゃないよ」

テリーが言うのももっともだった。でも車がワシントン州の州都オリンピアを通り過ぎようとするとき、僕たちがゲイであるという事実についてメリッサが何も考えなかったとは思えないと僕は話を蒸し返した。

「だけどもしも彼女が何とも思ってなかったとしたら、わざわざ質問なんかして問題をつくり出すようなものじゃないか」とテリー。

「もしもそのことが問題になるなら、遅かれ早かれそうなるだろう」と僕。「だったら赤ん坊が生まれる前に片づけてしまったほうがいいんじゃないかな？　あとから大問題になってこの話が吹き飛んでしまうよりはさ。それに、オレゴン州の小さな町出身の二十歳の女の子が同性愛についてどう考えているのか、少しは気にならない？」

「彼女は僕たちに赤ん坊をくれると言ってる。それこそ彼女が僕たちを気に入ってる証拠だ。ねえダン、彼女は本当に僕たちのことが好きなんだよ。もう放っておこう。問題だと思うならメリッサは僕たちを選ばなかったはずだ。彼女は僕たちの写真を見て、家庭調査票を読み、そして僕たちに会った。彼女は僕たちがゲイだとわかってる。それでいいじゃない」

二度目の対面には、最初のときのような気まずさはなかった。メリッサの犬だけがアウトサイド・インの玄関ポーチにつながれていて、本人は中にいて彼女が僕たちと出かけている間、猫を見ててもらうように誰かに頼んでいるところだった。今回は彼女のお腹は目立って大きくなっていて、僕たちが玄関へと続く階段を上っていくと、こちらの姿をじろじろ眺めてから、こんちはと言った。その顔に笑みはなかったが、動揺しているふうでもない。事務的な感じだった。メリッサにも十二時半がやってきて（閉ざされた心が開いていくさまを歌うMama's & Papa'sの曲の題名）、彼女はその日の午後の予定をすべて空けていた。

僕たちが来たのはお互いをもっとよく知り合うためだったけれど――それが子どものために一番いいことだから――メリッサは自分のことを誰かによく知ってもらいたがっている人間には見えなかった。いやもしかすると彼女は、人に自分のことを知ってもらう方法を知らないだけだったのかもしれない。前の週にピザを食べながら話したときに、ローリーとの面談に行くと個人的な質問にたくさん答えさせられるから嫌だと言っていた。メリッサとは質問をしないやり方で親しくなるのがよさそうだった。

その初回の訪問時にあと二つ彼女についてわかったことがあった。メリッサは初対面の僕たちにガミー・ベア（ウォルト・ディズニー・ピクチャーズのテレビアニメのクマを型どったグミキャンディー）が好きだと言い、ステーキを長いこと食べていないと言っていた。だからメリッサが車に乗り込むと、テリーはガミー・ベアの袋を差し出した。これは、前に会ったときに彼女の話をちゃんと聞いていたこと、そして僕たちは彼女と、なんというか、仲良しになりたいと思っていることを示すための行いだった。メリッサは袋を見て、それからテリーの顔を見た。

「ガミー・ベアだよ」とテリーが説明した。「好きだって言ってたから」

「べつに持ってきてくれなくてよかったのに」

彼女は反感を持っているわけじゃなかった。ただ事実を言ったまでのことだ。僕たちが彼女のためにガミー・ベアを買ってくる必要はない。たしかにそうだ。メリッサと親しくなるのは予想以上に難しそうだった。

テリーの運転で車が通りを走り出したとき、僕はメリッサにお腹がすいていないか聞き――空いていないという答えだったので――じゃああとでステーキでも食べに行くのはどう、と尋ねた。少なくとも今回は、どこのステーキが食べたいかという質問はやめにして、どこかでステーキを食べたくない？という聞き方をした。

「べつにいい」

この場合、彼女の「べつにいい」をどう受け止めるべきかわからなかった。メリッサは遠慮してそう言っているのだろうか？　僕がもしも誰かに、自分には手の届かない昼食をごちそうしてやると言われたら、相手が金を出すという話にあまりがっついているように見られたくはないと思うだろう。もっと強く勧めるべきだろうか？　それともただステーキの気分じゃないだけなのか？　ステーキを無理強いするつもりはなかったけれど、でも僕たちはお昼を食べながら話をする計画を立てていて、彼女はステーキが恋しかったと言っていた――ガミー・ベアが好きだと言っていたのと同じように。気づけば、僕たちの二度目の会合は最悪のブラインドデートみたいになっていた。

車を停めてダウンタウンを散歩した。メリッサはあちこちにあるガター・パンクのお気に入りの場所を教えてくれた。薬はどこで買えるか、建築現場の渡り板のうち、どこなら安全に寝泊まりできるか、どんな商売をしている店ならトイレを使わせてくれるか、といった話をし、小銭をねだるときのコツも教えてくれた。まるで小銭ねだりが自分の本職のような口ぶりだった。友だちと二人で街角に立つか座るかして、通りかかる人全員に「小銭ない？」と声をかける。けっして一人ではやらないこと。二、三人でいると、仕事しろ、とか風呂入れとなじられにくいから。

「それに誰かと一緒にいるほうが、向こうもわたしたちを怖がらないみたいだし」とメリッサは言った。

「でも、一緒にいるのは、そう、あと二人まででそれ以上はだめ。多すぎるとギャングだと思われるから」

三十歳以上の人や身なりのいい人には、食べ物を買うお金が必要だと言うこと。三十歳以下だったり、進んでる感じの人にはビールかマリファナを買うお金がないと言うのがいい。ダメ、と断られても腹は立たない、とメリッサは言った。イライラするのは聞こえないふりをしてそのまま行っちゃう人。「そのときは『ちょっと、わたしここにいるんだけど』って言う。そんなやつは一ブロックぐらい後をつけて行っちゃう」

僕はテリーの顔を見た。シアトルでは、僕はいつもブロードウェイで小銭をねだるガター・パンクの目をわざわざ覗き込んで「今日はダメ」と断っていた。でもテリーはいつも聞こえないふりをして、彼らの前をさっさと通り過ぎていた。通りをぶらつきながら小銭ねだりの話をしている今こそ、彼女が僕たちのことを覚えているか聞いてみる絶好のチャンスだと思えた。僕たちがシアトルに住んでいることは彼女も知っていたから、僕は彼女に、テリーと僕がほとんど毎日ブロードウェイを通っていたことを話した。メリッサは僕たちを見て……それから……笑顔になった。

「うそでしょ?」とメリッサは言って声を上げて笑った。「去年の夏はずっとブロードウェイで小銭ねだりをやってた。あなたたちにもきっと声をかけてるはず、たぶん何百回も」

去年の夏、僕はいったい何度妊娠する前のメリッサの目を覗き込み、「ごめん、今日はダメ」と言ったのだろう?　彼女が妊娠したのはシアトルで、ということは、今僕たちが養子にしようとしている赤ん坊をすでにお腹に宿していたメリッサが、僕かテリー、または僕たち二人に小銭をねだっていた可能性もある。僕はメリッサを見て、まだお腹が大きくなっていない彼女がブロードウェイで僕に小銭をねだる姿を想像してみようとした。でも無理だった。その目を覗き込んでいたのに、僕はガター・パンクのことをテリーと同じくらいちゃんと見ていなかったのだ。

骨董品店の前を通り過ぎようとしたとき、ショーウィンドーにローマ教皇ピウス十二世の大きなテラコッタ製の胸像が飾られているのが見えた。メリッサの前で必要もないものに大金を使う無神経さに気づいたときには、僕たちはすでに店内に入って胸像の値段を調べていた。胸像はいい感じだったけれど千ドルの値打ちはなかった。僕たちは店の中をうろうろし、その後ろを店員がついて回っていた。と、テリーがパーキングメーターにお金を追加するためにあわてて店を出て行き、店には僕とメリッサと店員が残された。バカ高いガラクタに囲まれたその場所こそゲイ問題を持ち出すのにぴったりな気がした僕は、僕たちがゲイだということが気にならなかった？　とメリッサに尋ねた。そのとき自分がどんな答えを予想していたか、あるいはどんな答えを聞きたいと思っていたかさえわからないが、息子がゲイの父親二人に育てられることによって何が起こりうるかという想像は、彼女の心にもよぎったはずだ。なのになぜゲイの男を選んだのか？

「さあ。ゲイのことはべつに考えなかった。ただ、二人は他の人たちとは違ってたから」

キャロルとジャックの言ったとおりだった。ストレートの白人でキリスト教徒のカップルばかりのなかで、テリーと僕は目立っていたわけだ。

「こんな古びたガラクタにどうしてみんな大金を払うんだろう？」とメリッサが誰に言うともなく言っ

た。

そのときテリーが戻ってきて、僕はメリッサに別の角度からゲイ問題について質問してみた。

「これは前に僕たちが考えたことだけどね。ゲイの父親に育てられたこの子は、ストレートの両親に育てられた子どもとは違う経験をすることになると思うんだ。家族で出かけられない場所もあるだろうし、時には父親がゲイだってことで嫌な目に遭うこともあるだろう。それは心配じゃないの？」

「心配じゃない」とメリッサは答えた。「ほんとにそんなこと考えなかった」

テリーはあきれたというように口をあんぐり開けて僕を見つめた。それから「黙ってろ」と口の動きで伝えて首を横に振った。

「僕たちを選んだのは、赤ん坊にとってその生涯で唯一のママでいたいと思ったから？」

「違う」

「他の子たちにいじめられるんじゃないかと心配じゃない？」

「誰だって何かでいじめられることはあるから」

メリッサが店の入口のほうへ歩いていくと店員がそのあとに続き、僕とテリーはローマ教皇と一緒に取り残された。

「黙っててくれないかな」とテリーがいらだちも顕わに言った。「子どもがいじめられると思うかなんて彼女に聞くなよ！　気は確かなの？　彼女の気が変わればいいと思ってるんじゃないよね？　いい加減にしろ！」

そのとき、メリッサが店員を睨みつけ、店員もメリッサを疑いの目でじろじろ見ているのに気づいて、僕たちは騒ぎになる前に大急ぎで店の入口のほうへと向かった。通りに出ると少し寒くなって雨が降り出していた。これ以上ブラブラするのもなんだからどこかで何か食べない、と僕が提案した。

「ステーキはどう？」とテリーがメリッサに尋ねた。

「べつにいい」とメリッサは肩をすくめた。

「いや、僕はよくないよ。ステーキが食べたい」と僕。

ちょうど骨董品店と同じブロックにステーキハウスがあったので、テリーはメリッサに、きみがよければ僕たちはあのステーキハウスで食事したいんだけどそれでいいかな？　食べないなら食べないでいいけど、店に入れば休憩できるよ、と言った。

「べつにいいけど」


僕たちはステーキハウスに入った——真っ白なテーブルクロス、黒みがかった羽目板、化粧の濃いウェイトレス——そして窓際の席を頼んだ。ウェイトレスは、まるでおしっこを飲めと言われたみたいな顔で僕たちを見返した。僕たちのことをどう考えるべきかわからなかったのだ。テリーと僕は都会的なファグまたは真面目な男子学生の二人連れに見え（ジーンズにTシャツ、野球帽というでたちの）、メリッサはガター・パンクそのものだったから（不潔な衣服、汚れた顔、臭う身体）。

午後三時頃で店内にはほとんど誰もいなかった。僕はもう一度席を頼み、ウェイトレスから目をそらさないようにして、母親がよくやる目つきをできるだけうまく真似しようとした。顔では笑いながら、「僕を不当に扱うなよ」という無言の圧力を身体中から発散するのだ。それを見たウェイトレスは、僕たちを奥のテーブルに押し込んだり、もうキッチンが終了したと告げたりしたら醜悪な場面が展開されることになると悟った。

こうして僕たちは窓際の仕切り席に案内され、席につくとウェイトレスは僕に向かってうなずいた。ウェイトレスは僕とテリーに向き合う形でメリッサの後ろに立っていて、今度は彼女のほうがじっと見つめた目をそらさないでいる番だった。僕の目つきは「僕たちを不当に扱ったら許さない」だったが、彼女の目は「いい席に案内してあげたでしょ。ウェイトレスは喜んで給仕するし料理はすぐに運ばれるようにしてあげる」と言っていた。こっちはちゃんとやるべきことをやってあげるんだから、長々と窓際の席に居座るのはやめてよね、と。僕はうなずいた。一種の取り引きだ。僕たちはお互いにやるべきことを理解していた。

メニューを見てメリッサは目を丸くした。ステーキはどれも二十ドル以上して――それもかなり超えていて――二十五セント硬貨を一枚ずつもらって暮らしている人間にとってはとてつもなく高価なものだった。メリッサは、昼食にそんな大金を支払うなんてばかみたいと言った。角を曲がったところのスーパーマーケットに行けば一枚五、六ドルで買えるのに。レストランで一枚二十ドルも出して食べるなんてありえない、と。でもまだアパートも見つかってないんだろう、と僕は言った。スーパーマーケットでステーキ肉を買ったとしても、調理する場所もないしナイフやフォークもないじゃない。道ばたに座って生肉を手づかみで食べるのは嫌だから、そのぶん昼食には余計にお金がかかるんだ。

そこへあのウェイトレスがやって来た。明らかに警戒している様子で、ご注文はお決まりですかと尋ねた。僕はコーラを頼み、テリーはビールを頼んだ。メリッサは何も頼まなかった。ウェイトレスは飲み物を取りに行くために姿を消した。

「高すぎる」ウェイトレスが飲み物を取りに行ってからメリッサが言った。「あなたたちのお金を無駄に使わせたくない」

テリーは僕の顔を見て眉を上げ、メリッサのほうへ一瞬頭を傾けた。僕の番ってことだ。

「養子をもらえるぐらいなんだから、僕たちにはきみにステーキを御馳走するぐらいの余裕もあるのさ。なんでも好きなものを注文して、構わないから」

メリッサはテリーが書店員だと知っていた。だから僕にどんな仕事をしているのかと聞いた。物書きだと答えたけれど、僕は彼女が知っているような物書きではなかった。

「アン・ライスやスティーブン・キングのような作家には見えないけど。だったらそんなに儲かってないはず」

「たくさんの新聞に同時配信されるコラムを書いてるんだ」と僕は説明した。「一週間に一つコラムを書くだけで二十社からお金をもらえる。アン・ライスではないけど、きみにステーキをおごれるくらいのお金は持ってる」

メリッサはもう一度メニューに目をやったものの、まだ納得できない様子だった。

「僕は平気でダンのお金を使ってるけどね」とテリーが言った。「僕はステーキを頼む。きみが自分のを頼まないなら、僕がきみのために頼むよ。きみが食べなければ持って帰って夕飯にするから」

ウェイトレスが飲み物を持って戻ってきた。さっさと注文して、食べて、ステーキハウスから出ていってもらいたがっていた。僕はそれほどのステーキ好きではないが自分がやるべきことをやった――自分のためにメニューの中で一番高価なステーキを注文した、二十九ドルのクソ高いやつを。テリーも同じステーキを頼んだ。メリッサは呆然として僕たちを見ていたが、やがてメニューに目を落とし、ゆっくりとうなずいた。それから、招待者たちが注文したステーキより少しだけ安いステーキを自分のために頼んだ。それはまさに「ミス・マナーズ」（ジュディス・マーティンが執筆する新聞のエチケットコラム）ならこういう状況の彼女に勧めただろう振る舞いだった。

「焼き加減はいかがいたしましょうか？」とウェイトレスがメリッサに尋ねた。

「超・超・ウェルダンにして下さい」というメリッサの答えはウェイトレスをがっかりさせた。ステーキを焼く時間が長ければ長いほど、僕たちは長く窓際の席に居座ることになる。ウェイトレスがテーブルを離れ、ほとんど小走りでキッチンにオーダーを伝えにいってしまうと、メリッサは店内を見回した。メリッサをこんなところへ、つまりたぶん彼女が落ち着かない気分を味わうだろうレストランへ連れてくることは無礼なことだったのかもしれない。でもテリーや僕にとっても、ステーキとマティーニを楽しむような店はそれほど居心地がいいわけじゃなかった。ガター・パンクを連れずに洒落た店に出かけても、僕たちはたいていあまり人の通らない悪い席に案内されることになる。それは僕がだらしない格好をしているせいであり、テリーの気合いの入った七〇年代の男娼風のファッションのせいでもあった。

「見て」とメリッサが言って、二つほど先の席のありえないほど痩せた二人の女性を指差した。二人はステーキハウスでサラダをつつき合っていた。「あの二人に釣り銭をねだったことがある。あの人たち、わたしの目の前を歩いて行ったんだ」

メリッサのステーキが焼却されるのを待つ間、時間がずいぶんあったので、テリーはメリッサに家族のことを聞いてみた。すると何かのスイッチが入ったみたいにメリッサは俄然しゃべり始めた。メリッサの両親は一エイカーほどの土地と家屋を持っていて、そこでヤギや鶏を飼っていた。年の近い妹が一人と小さな弟がいて、弟のほうは自分一人で育てたも「同然」だった。母親はちっとも母親らしくなくて、とメリッサは言った。家の掃除や料理、子育てといった責任の多くをメリッサに押しつけた。十八歳のある夜、帰宅したメリッサはつまらないことで母親と大げんかをした。母親に出て行けと言われ、メリッサは荷物をまとめて弟に別れを告げ、家を出た。

「もう二年ほど前のことだけど」

そのつまらないことが原因の喧嘩以来、メリッサは兄妹にも母親にも会っていなかった。メリッサは車を持っていたけれど、動かなかったので家に置いてくるしかなかった。家族があの車を売ってしまったのじゃないかと心配だ、でも一番心配なのは幼い弟のことだ、とメリッサは言った。

「実際、わたしがあの子の母親のようなものだったから。今あの子に母親はいない。本当に。わたしのときみたいに、母が弟にもひどいことをしなければいいんだけど」

帰ろうと思えば家に帰って弟の様子を見てくることもできるけれど、もうあの母親と関わりたくないんだ、とメリッサは言った。

「もしも母親がわたしのことを心配しているならここへ探しにくるはず。あの人たちはわたしがダウンタウンにいるって知ってるんだから。ポートランドは狭い町だから、探そうと思えば探し出せるはず」

実際メリッサは、父親には一年に一度は会っていた。父親はフォーク音楽好きでポートランドの地元の放送局でラジオ番組の司会を担当し、フォーク音楽フェスティバルに参加するためにオレゴン州やワシントン州中を旅して回っていた。メリッサは毎年夏になるとシアトルにやって来て、シアトルセンターで開催されるフォークライフ・フェスティバルで父親と会っていた。

「父親は、フォークミュージック界で名の知れた人なら全員知ってる。フォークライフ・フェスティバルに行けば父親に会えるんだ」

父親についてのメリッサの話しぶりからは、彼女が父親を尊敬していることが明らかに伝わってきた。母親に関する話からは、彼女が母親を嫌っていることがはっきりわかった。メリッサが僕たちを彼女の赤ん坊の両親に選んだのは、たぶん僕たちが両方男だったからで、そこが気に入ったのだろう。僕たちがゲイであることは彼女にはどうでもいいことで、ただ無意識のうちに、子どもには自分のこれまでの人生を台無しにしていたもの、つまり母親と関わらせたくない、と考えたのだろう。

料理が運ばれてくると、メリッサはまずポテトを食べて、それからニンジンを食べ、最後にステーキを食べた。メリッサは食べるのがとても遅かった。テリーと僕は、メリッサがニンジンを片付けた時点ですでにステーキを食べ終えていた。

僕たちはもう四時間も一緒に過ごしていたが、赤ん坊のことはほとんど話していなかった。メリッサと最初に会った日に、ローリーがその場の緊張をほぐそうと赤ん坊の名前の話題を持ち出したときには、メリッサは肩をすくめて、養子にしたあと僕たちが子どもの名前を変えるのは構わないと言っていた。ステーキを食べながら、メリッサはさらに家族の話をした。家族と疎遠になっている人の多くがそうであるように、メリッサもまた、自分がどれほどひどい扱いを受けていたかについて不満をぶちまけるとき以外は、自分の家族に誇りを持っているような口ぶりだった。お腹の中にいる男の子は、メリッサの次の代で初めて生まれた子どもで、それに親戚に男の子は少ないのだと言った。そして赤ん坊の姓には自分の姓であるピアースを使いたい、たとえその名を使えるのが、養子縁組が最終的に決まるまでだったとしても、と言った。

クローズド・アダプションでは、生みの母親が生まれた子どもの名前をつけ、彼女が選んだ名前がその子の出生証明書の原本に記載される。養子縁組が成立すると新しい出生証明書が発行され、原本のほうは封印される。養父母は子どもに新しい名前をつけ、新しい出生証明書の父母の欄には養父母の名前が記載される。多くの州では、養子となった子どもが二十一歳を過ぎると出生証明書の原本のコピーを入手できるようになり、生物学上の両親の名前だけでなく自分の「本当の」姓名も知ることができる。大人になった養子の多くが、その時点で名前を自分の元々の名前、つまり養父母が彼らから「奪い取った」名前に戻している。

一方オープン・アダプションの場合は、多くの生みの母親と養父母が一つの名前で合意していて、その名が出生証明書に記載される。

「名前のほうはどうするつもり?」とテリーがメリッサに尋ねた。

「わからない、たぶん父親の名前をつけると思う」

「バッカス?」と僕は問いかけた。

「まさか、バッカスじゃないよ」とメリッサが目を丸くして言った。「それは本当の名前じゃないから。

彼はケヴィンっていうの。子どもに『バッカス』なんて名はつけない」

僕たちは、できれば子どもに二つの名前がある状態は避けたいと思っていたが、僕たちもまた、ファーストネームもミドルネームも決めてしまっていた。テリーはメリッサに、養子にする赤ん坊には自分の父親の名をもらってダリルと名づけたい、父親はメリッサの赤ん坊が生まれる予定の病院で亡くなったんだ、と言った。

「この子を養子にしたら、あなたたちが名前を変えればいいよ。ローリーがそれはよくあることで全然かまわないと言ってたし、わたしもべつにいいから」

テリーが僕のほうを見た。

「子どもが二つの名前を持つことになるのはちょっとどうかと思うんだ」と僕が言った。「きみがつけた名前と僕たちがつけた名前の二つがあるというのはね。この子が大きくなったときに、母親がつけてくれた名前を『取りあげた』といって僕たちを恨むようになってほしくないんだ」

「子どもって、ティーンエイジャーになると両親にむかっ腹を立てる理由をなんとか見つけ出そうとするものだろ」とテリーは、「つまらないこと」で母親といさかいになったせいで路上生活をしている少女に向かって言った。「名前の件は、彼にとって明らかに腹を立てる理由になると思うんだ。『父さんたちは僕の名前を奪った！　あんたたちにそんな権利はない！』って。僕たちがファーストネームをつけて、きみがミドルネームをつけるっていうのもありだと思うんだけど？」

メリッサは返事をしなかった。動揺している風ではなかった。ただステーキ肉を咀嚼しながらそのことについてじっと考えているようだった。

「ダンも彼の母親の名を赤ん坊につけたいような気持ちがあるんだ」とテリーが続けた。「僕の父の名をとってダリル、ダンの母親からジュードという名をもらって、D・Jなんてどうかと思ってるんだけど」

メリッサはステーキの皿を押しやってため息をついた。

「彼の名前はわたしがつけたい。あなたたちはあとで名前を変えればいい。それはべつにいい。でもこの子にはわたしが名前をつけて、うちの家族の姓を名乗らせたい。これはわたしにとってとても重要なことなんだ。彼を養子にしたあとは、何とでも好きなようにしてくれていいから」

養父母候補者たち

ジャックから電話で養父母候補のサポートグループの集会に来ないかと誘われたとき、僕たちは養父母候補者だった。その九日後、四週間で四回も借りることになったレンタカーで集会に向かっていた僕たちはすでに選ばれ、自分たちが二人ともＦＡＳだったことを発見し、僕たちを選んでくれた生みの母親と二回会い、イエスと返事をし、子どもは男の子だと知っていて名前を決めていた。あのロイドセンターのセミナーで、キャロルとジャック夫妻は、僕たちが最初に選ばれるカップルとなるだろうと予言した。そして今夜、僕たちは彼らが正しかったことを告げにいくところだった。

僕たちは集会に二十分遅れてしまい、ロビーから遠く離れたところにある会議室の空いている折り畳み椅子にそっと腰をおろしたときには、グループの自己紹介は終わっていた。席についている人々のなかには、不安そうにこちらを見る人もいた。僕たちはその場にふさわしくない人間に見えていた。男二人のカップルだというだけではなく今日の二人は特別薄汚い格好をしていたから。僕はその一週間髭をそっておらず、テリーの肩まである髪はファッショナブルにテカテカに固められ、しかもセンターパートの線が歪んでいた。どう見ても、僕たちは通りを隔てた向かいのボーリング場からやってきた二人組の凶悪犯で、このサポートグループ集会を襲撃して不妊に悩む人たちを慰み者にしようとしているようだった。

キャロルとジャックが僕たちに会釈すると、この部屋の誰かが僕たちと知り合いであることを知った残りの五組のカップルは安堵した。人々はサポートグループ集会でのお決まりの形、つまりボクシングのリング状に並べられた椅子に座っていた。キャロルとジャックのほかには、五月のセミナーに参加していたカップルはいなかった。僕たちと同じくらいの年に見えるカップルが一組、どちらかといえば僕の母親や義父の年齢に近いカップルも一組いた。それ以外は全員三十代後半から四十代の初めだった。赤ん坊を連れたカップルもいて、彼らは自分たちの体験談を披露するために来ていた。

一週間前までは、赤ん坊を連れたこのカップルもこのサポートグループのメンバーだった。あとでキャロルとジャックから聞いたところによると、サポートグループの会合はいつも最近養子をもらったカップルの体験談から始まるとのことだった。この親になりたてのカップルの訪問には、待機中のカップルの士気を高める効果があった。そして士気を高めるのは必要なことだった――サポートグループに参加しているカップルのなかにはすでに一年かそれ以上待ち続けている人たちもいた。サポートグループのかつての仲間が赤ん坊を連れている姿を見ることによって、自分たちもいつかは赤ん坊を手にすることができる、ここで待ち続けていれば、という希望をふたたび燃え立たせることができるのだ。

その夜の赤ん坊はまだ生後一週間で、頭には産毛のような黒い毛が生えていた。赤ん坊はヒスパニック系で、養母は白人、養父は黒人だった。僕たちが部屋に到着したのは、ちょうど二人が話しているときだった。以前に別の生みの母親との養子縁組の話を進めていたが、赤ん坊が生まれる前にその話は「途絶した」とのことだった。

「その最初の生みの母親はまさに理想の生みの母親でした」と女性のほうが、マザーズバッグからミルク入りの哺乳瓶を引っぱり出しながら言った。「彼女は十七歳で、スタンフォード大学への入学が決まっていて、妊娠中は薬ともアルコールとも無縁で暮らし、赤ん坊の養子縁組を希望したのは大学に通いたいという理由からでした。でも土壇場になって彼女とそのボーイフレンドは結婚して自分たちで子どもを育てる決心をしたんです」

「途絶は大きな痛手でした」と養父のほうが打ち明けた。「二人ともひどく落ち込みました」

こうして二人は候補者リストに逆戻りし、その数ヶ月後にふたたび選ばれた。今度の生みの母親は理想の母親ではなかった。いくつかの問題があった。妊娠中に何度か薬を使用しておりアルコールも飲んでいた。

「ノーと返事しようかとも考えました。FASが怖かったから――」と養母。「でも賭けてみたんです」と養父。「結果は完璧でした」

「完璧に健康でした」と養母がつけたした。「問題は一つもありませんでした。今この子を見ていると、すべてはなるべくしてこうなったのだと、この子はわたしたちの養子になる運命だったのだと思えます」

話し終わると、新米のパパとママは帰るために立ち上がった。エージェントのカウンセラーでこの会を取り仕切っているマリリンが二人に来てくれた礼を述べ、彼らがバッグとブランケットと赤ん坊をかき集めて部屋を出て行く姿を、そこにいたカップル全員が目で追った。明らかに部屋中に羨望の気持ちが満ち溢れていた。候補者のサポートグループの集会に連れてこられた新生児は、麻薬中毒更生会に持ち込まれたヘロインの大袋に似ている。カップルがヘロインの袋を部屋から運び出すところを全員がじっと見つめていて、その顔の多くに、彼らが手にしているものを自分も手に入れたいという、絶望的ともいえる心の底からの願いに平手打ちを喰らわされ、それに必死で耐えようとする表情が浮かんでいた。そこにいる全員がヘロインを手にしたカップルになりたいと望んでいて、でもなかには、自分たちはもうどのようなヘロインも手に入れられないのではないかと、望みを失いかけている人たちもいた。

キャロルとジャックは、まだ候補者リストにも載っていない頃から養父母候補者サポートグループの会合に熱心に通っていた。ビジネスウーマンと工業エンジニアという肩書きを持つキャロルとジャックは、自分たちを職業的成功に導いたやる気と決意を養子縁組にも注ぎ込んでいた。彼らがサポートグループの会合に来ていたのは、予習の重要性を信じていたからだ。

でもテリーと僕は予習を重視していなかった。たとえ重視していたとしても、サポートグループの会合はひと月に一度開かれるだけで、候補者リストに載っていた期間があまりに短かった僕たちにとっては、一回会合に参加するのも難しいほどだった。だからその夜僕たちが会合に出席した唯一の理由はキャロルとジャックに会って、直接選ばれた報告をすることだった。

自慢してやろうというつもりなどなかった。もちろん僕は彼らより先に選ばれたことに罪の意識を感じていた。本当は彼らのほうが先に選ばれるべきだった。彼らは僕たちよりずっと前から家族をつくる努力をしてきて、僕たちよりずっと多くの辛い目に遭ってきたのだから。二人の不妊の歴史は長く痛ましいものだった。血のつながった子どもを持つための長年の努力――セックス、不妊治療薬、手術、体外受精――を経て、キャロルとジャックは養子縁組について研究し始めた。クローズド・アダプション、オープン・アダプション、海外での養子縁組、州の仲介による養子縁組について調べた結果、最終的にオープン・アダプションを選んだ。これが何かの競技なら、キャロルとジャックこそ勝利に値する人たちだろう。彼らは「おめでとう、妊娠です」の電話を受けるにふさわしい努力を積み重ねてきた。僕たちはそれをしていない。運がよかっただけだ。

赤ん坊が出て行ってしまうと、マリリンは少し間を置いて部屋に充満していた息苦しい空気を刷新してから、今月の講演者を紹介した。痩せぎすのその弁護士は養子縁組の締結に特に詳しかった。彼がその場にやってきたのはワシントン州の養子縁組についての法律に関する質問に答えるためだった。

ポートランドで最初に参加したセミナーでは、みんなとても大人しかった。でもこの夜は違った。集まったカップルはすでにお互い顔見知りで、たくさんの質問を弁護士に浴びせかけた。これはシアトルのサポートグループの会合だったので、集まったカップルは全員ワシントン州での養子縁組を考えていた。オレゴン州ではなく。そのため、誰もが生みの父親の権利に――そしてその権利をどのように失効させるかに――最も関心があるようだった。痩せぎすの弁護士は辛辣なユーモアのセンスの持ち主で、この笑えない事柄を説明するときもなんとかみんなを笑わせようとした。でもそこに集まっていたカップルは全員、三歳児がその子にとっての唯一の母親の腕から引きはがされて泣き叫ぶ姿を、テレビのスポットニュースで見たことがあった。

オレゴン州では、突然どこからか現れた生みの父親が、赤ん坊は自分のものだと主張することはもちろんできなかった。生みの母親の妊娠中に精神的、金銭的支援を行っていなかった父親は、父親としての権利を認められないことになっていた。けれどワシントン州では、赤ん坊の母親が自分で生みの父親を探し出せない場合は、養父母が生みの父親を捜し出すための誠実な努力をしなくてはならない。

「父親の名前がわかる場合は、電話帳か州政府の自動車局でその男の居場所を探します。名前がわからない場合は、その生みの父親が暮らしていそうな都市の新聞に尋ね人の広告を出します。多くの場合、生みの父親に関する情報は皆無です。それでもわたしたちは努力して、この行方不明の生みの父親を捜し出しています。みなさん、努力はほどほどにしておきたいという誘惑に駆られるかもしれませんが」という弁護士の言葉に何人かがクスクス笑った。「あとで生みの父親が出てくる可能性が少しでもあると思うなら、あらゆる手を尽くして探し出そうとするべきです。子どもを自分のものにしたがる生みの父親の子どもを養子にするべきではないし、生みの父親が誰でどこにいるかについて嘘をついていることが疑われる生みの母親の子どもも養子にすべきではありません。養子縁組が成立してから三、四年して生みの父親がひょっこり現れ、あなたが誠意を持って彼を捜す努力をしなかったこと、あるいは生みの母親が父親に妊娠を告げていなかったことを彼が証明できれば、生みの父親は訴訟を起こして子どもの養育権を勝ち取ることができるからです」

もう誰も笑わなかった。

「しかしまあ、これは稀なケースです。たいていの生みの父親は、僕たちを追い払うのに必要とあらば何にでも喜んでサインします。女性を妊娠させて姿をくらますような男は、普通は父親になることに興味を感じないものです。生みの父親が非常に若かったり、すでに結婚していたりする場合もよくあります。一方養子縁組に反対する生みの父親の多くは、自分で育てようと考えます。そのケースではしばしば父方の祖父母が育てることになります。父親にはその権利がありますから。しかし養子縁組を承認しない生みの父親のなかには養育権を求めない者も多いのです。彼らはただ自分が妊娠させた女に嫌がらせをしたいだけです。裁判沙汰にして彼らの父親としての権利を失効させることはできますが、何年もかかりますし必ず成功するとも限りません」

若いカップルが、生みの母親がオレゴン州で子どもを出産すれば生みの父親に口出しされずに済みますか？　と質問した。

「いいえ、それはだめです。陣痛が始まってから生みの母親をよその州へ移せばそれで済むというわけではありません。養子縁組は生みの母親が居住する州の法律に従って行われることになっています。家庭裁判所は不正を嫌って、生みの母親と養父母となる家庭について、たとえば、自動車局などとは異なる居住基準を設けています」

「もしも生みの父親の問題があった場合、どうするのが一番いいのでしょう？」と僕の母親と同じ年頃のカップルが尋ねた。

「一番いいのは、オレゴン州で暮らしている生みの母親に選ばれることですよ」と弁護士が答えた。

そのときマリリンが口をはさみ、うちのエージェントで扱っている養子縁組の四十パーセントは、生みの母親がワシントン州に住んでいる案件だと指摘した。

「生みの母親がオープン・アダプションを選択するのは、子どもと連絡を取り続けられるからこそです」とマリリンは説明した。「ですから、彼女たちは自分と同じ州に住んでいる養父母を選ぶ傾向にあります。つまりみなさんは全員ワシントン州で暮らす生みの母親に選ばれる可能性が高いということで、だから生みの父親がどこにいるかわからない赤ん坊を養子にすることが何を意味するのかをよく考えておくべきなのです」

テリーが肘で僕をつつき、「メリッサが妊娠したのはワシントン州だ」と小声でささやいた。

僕は挙手して質問した。

「生みの母親はオレゴン州に住んでいて、でも妊娠したときには数ヶ月間ワシントン州に滞在していた場合はどうなりますか?」。キャロルとジャックが僕のほうを見た。「その場合、生みの父親についてどう考えるべきですか? その場合、どちらの州の法律に従って養子縁組をすることになりますか?」

「もしもその母親がただの旅行でワシントンにいたのなら——ワシントン州での滞在が永久的なものであることを示す何かを、たとえば選挙人名簿に登録するとか家を買う、といったことをしていなければ、その養子縁組にはオレゴン州の法律が適用されることになります」

ふう。

会合のあと、僕たちはキャロルとジャックに案内されて数ブロック先の大通りに面したショッピングセンターにある中華料理店に行った。

料理が来る前に、キャロルがバッグから生みの母親宛の手紙を取り出してテリーに渡した。僕たちは生みの母親への手紙のコピーをとっておくのを忘れたので、ダメな例のほうを持ってきて打ち明け話を披露することにしていた。僕たちは食べ、お互いの家庭調査や（彼らの家庭調査の担当もアンだった）、経歴審査、書類への記入、健康診断がどんなふうだったかについて情報交換し合った。キャロルとジャックも僕たち同様、生みの母親への手紙には苦労したとのことで、二人が養父母候補者リストに載ったのも僕たちと同じ頃だった。お互いのこれまでを話し終えたときには、みんな少し息が切れてしまったほどだった。

「で、あなたたちは今電話が鳴るたびに飛び上がっているわけね？」とキャロルが言った。

一瞬の間《ま》。

「うん、飛び上がってた」僕が答えた。「リストに載ったときには」。目を上げるとキャロルとジャックが僕を見つめていた。

「選ばれたんだな、そうだろ？」とジャックが言った。

テリーと僕は笑顔になり、ゆっくりとうなずいた。

ジャックは、あらゆる優秀なエンジニアがそうであるように、自分の予測が正しかったことを身震いするほど喜んでいた。

「ほらね！　言っただろう！　きみたちは最初に選ばれると言ったじゃないか！」。ジャックはテーブルを手の平でバンバン叩いた。

「サポートグループの会合で、あなたたちがあの弁護士に質問したときにそうかもと思ったのよ」とキャロル。「『生みの母親はオレゴン州に住んでいて、でも妊娠したのはワシントン州だったらどうなりますか？』って。もしもの話にしてはちょっと具体的すぎるもの。あのとき思った。ぜったいそうよ、彼らは選ばれたんだわ！　ってね」

　僕たちは二人に詳しいいきさつを説明した。メリッサがオフィスの山積みの書類の一番上にあった僕たちの家庭調査票を見つけたこと、初めて会ったときのこと、FASの心配、メリッサとのシアトルつながり、二度目に会ったときのこと、名前の問題、そして、行方のわからない生みの父親バッカス。

「先に選ばれて申しわけない気分なんだ」と僕は言った。「きみたちのほうが先に選ばれるべきなんだ、本当に。長いこと努力してきたんだから」

「これはそういうものじゃないの」とキャロルが肩をすくめた。「選ばれるときはわたしたちも選ばれるでしょう。でも今大切なのはあなたたちが選ばれたっていうことで、それはとっても素晴らしいことだわ」

「で、赤ん坊がやってきたらどうするんだい？」とジャックが質問した。「どっちが家にいることになるの？」

　もしも赤ん坊がくることになったら、そのときはテリーが書店での仕事を週二回に減らし、僕は家で執筆する時間を増やす予定だ、と僕たちは説明した。つまりテリーが家で子どもを世話するママになるわけだ。

「そっちはどうするの？」と今度は僕が尋ねた。

　ジャックは仕事でこれまでに世界中を回ってきたから、子どもを手に入れられたら自分が家で子どもを世話するママになりたいと思っている、と言った。キャロルは会社で非常に多くの仕事を任されていて、昇進の可能性も見えている。だから彼女のほうが一家の稼ぎ手であるパパになることにしていた。

ジャックのほうは、どこかの生みの母親との話がまとまるかもしれないという希望的観測に従って、一年間は海外で暮らすことになる仕事を断ったばかりだった。しばらくはコンサルタント業を行うことになるが、もしも一年待っても選ばれなかったときは、自分たちは子どもを持つ運命ではなかったのだと考えよう、とジャックとキャロルは決めていた。

「もしもオープン・アダプションでよい結果が出なければ、もう終わりにする」とジャックが言った。「僕たちは長いこと努力してきて、これが最後の賭けだ。もしもこれで選ばれなければ、僕たちは子どもを持つ運命じゃなかったんだと考えることにするよ」

「きみたちも選ばれるよ」とテリーが言った。「僕たちが選ばれたんだから、きっときみたちも」

「どうかしらね、でも選ばれなくても死ぬわけじゃないから」とキャロルが言った。

キャロルとジャックは待つのは一年間と決めていた。今夜の会合に来ていた年配のカップルは、もう二年近く候補者リストに載っているんだ、とジャックが教えてくれた。

「あの二人は毎月会合に出席していて」とジャックが言った。「自分たちよりずっと後にリストに載ったカップルたちが選ばれては赤ん坊を手にして出て行くのを見ている。そのせいで二人ともちょっと参ってるんだよ。毎回会合の始めに、自分たちには手の届かない赤ん坊を連れた誰かがやってくるんだものね。そんなことがしばらく続けば辛くもなってくるさ」

二年間。あの年配のカップルは、何十人もの生みの母親たちが彼らの手紙を読み、写真を見てから別のページをめくったことを知っていた。「親愛なる生みのご両親へ……」の手紙は養子縁組を希望するカップルが自分の力でなんとかできる唯一の事柄であるため、エージェントは気が済むまで手紙を書き直し、写真を撮り直すことを許していた。だから候補者リストに長く載っていればいるほど、手紙や写真を下手にいじくり回すことになる。

「たぶんあのカップルはもう三、四回は手紙を書き直しているはずだ」とジャック。「でも今のところ、何の効果もない。僕たちは同じ真似はしないつもりだ」

なんてことだ、と僕はジャックの話を聞きながら思った。今夜の会合に出席していたあのホモのカップルがリストに載ってから二週間で選ばれたと、あのストレートのカップルが聞いたら一体何と言うだろう？

「ねえ」と僕は言った。「僕はきみたちより先に選ばれたことを申しわけなく思っているぐらいなんだ。彼らにはもうかける言葉もないよ」

「赤ん坊を養子にもらったら、もう二度とあの会合には行かないことにしよう。絶対に」とテリーが言った。「あの人たち頭が爆発しちゃうよ」

最悪のシナリオ

メリッサと初めて会ってから二週間後、僕たちは三回目の「生みの母親をよく知るための訪問」でふたたびポートランドに来ていた。今回はOHSUでのメリッサの出生前検診に付き添うことになっていた。僕たちは、子どもの名前を決めてからずっと、メリッサの赤ん坊のことをD・Jと呼んでいたが、前回メリッサと会ってからそう呼ぶのをやめた。生まれたらメリッサが別の名前をつけると知っていながらその子をD・Jと呼ぶのは、何だか失礼な気がした。メリッサは、僕たちが養子にするまでは赤ん坊は僕たちのものではなく、だから名前をつけることはできないこと、そして名前のことで合意を図るために話し合いをするのさえ不本意だということをはっきりさせた。メリッサは赤ん坊には自分が最初に名前をつけることを望んだ。どんな名前にするかも教えてくれず、ただバッカスではないと言っただけだ。僕たちはメリッサの権利を尊重したいと思い、権利にはメリッサが考え直して赤ん坊を自分で育てると言い出す権利も含まれており、だからその赤ん坊をD・Jと呼ぶのはなんだかフライングなんじゃないかと思えた。赤ん坊が僕たちのものになるまでは、彼はD・Jじゃなかった。彼は……ただの子ども《ザ・キッド》だった。

僕はまた、あるパーティで不興を買ってから、何人かの左寄りの友人たちの前でも「D・J」を使うのをやめていた。そのときビールを飲んでいた僕は、メリッサの子宮に浮かぶ細胞組織の塊のことを、ひとつながりの発言のなかで二度「ダリル」と呼び、三度「赤ん坊」と呼んで、友人たちから冷たい視線を浴びせられた。友人は、出産するまではメリッサの子宮の中にいるのは赤ん坊ではなく胎児にすぎないと指摘した。

「きみが中絶救助隊（人工妊娠中絶に反対するプロライフ団体）の熱狂的支持者でない限り、胎児に名前をつけるのはおかしい」とその友人は言った。「まだ生まれていない胎児のことを〝ダリル〟とか〝赤ん坊〟とか呼ぶことは、胎児を人間化することだ」

これはもちろん、自分の生殖器官を自分で管理する女性の権利を由々しき危険にさらす行為だ、と友人は責めた。僕の不注意な言葉選びのおかげで、女性たちと妊娠中絶サービスの担い手たちが何人も間違いなく命を落とすことになるだろう、と。

僕は以前にもこの友人と言い争いになったことがあった。妊娠後期の人工妊娠中絶に関する話をしていたときで、それについては僕の考えに矛盾があることを自分でも認めざるをえないのだが。僕をランドール・テリー（米国の妊娠中絶反対運動活動家）と呼ぶなら呼んでくれ。でも、妊娠七ヶ月を過ぎるまで中絶を決断できずにいたなら、赤ん坊を生んじゃったほうがいいんじゃないかと僕には思えるのだ（もちろん、その母親――おっと、失礼。その女性の健康が危険にさらされていない場合に限って）。僕がそう言ったのは、妊娠後期の妊娠中絶についての話が出たときで、その時期の妊娠中絶のほとんどは現に母親の命を救うために行われている。友人はきみは女性じゃないだろう、と言い、それは言われなくてもわかっていることだったけど、女性ではなく、けっしてこの問題の決断を迫られない立場にあるきみにこの問題について意見を述べる権利はないと諭された。きみだって女性じゃないのにきみはやめないいんだね――そう、その友人もまた男だった――中絶に関して強い主張をするのを、と僕も言い返した。人工妊娠中絶の権利や言葉の選び方のことで僕たちが言い争っていたとき、キッチンにいた七、八人の本物の女性たちは、できるだけ僕たちと関わらないようにしていた。その光景は中絶についての議論をかなりぴたりと要約していた――妊娠中絶を自らする必要は絶対にない、あるいは誰かを妊娠中絶を必要とする状況にする心配がまったくない二人の男が意味論的議論を戦わせ、それを耳にした人は全員部屋の外へ避難してしまった。

ともかく、三度目にポートランドに向かったときには、僕たちは自分たちに割り当てられたその胎児をどのような名でも呼ばなくなっていた。また今回の滞在は午後だけの予定だったが、テリーにとっては泊ったほうが楽だった。運転はすべてテリーがしなくてはならず、七時間の往復旅行はなかなかきつい。また七時間ずっとビョークとファットボーイ・スリムを（その頃のテリーが運転中に好んで聞いていた「アーティスト」はその二人だけだった）聞かされっぱなしは僕も辛かった。つまり日帰りはどちらにとっても厳しいものだった。ただ、宿泊すること自体は問題なかったものの、レンタカーやホテルの宿泊にかかる費用の大きさが気になり始めていた。

マロリー・ホテルは僕たちの第二の家となり、どうやら向こうも僕たちのことを覚えてくれたようだった。繰り返し宿泊するたびに、より高い階にある前よりいい部屋に案内されるようになっていた。でもこの先六週間、毎週のように百ドルものお金をホテルの宿泊費に投じる余裕はない。エージェントも、養子縁組が最終局面を迎えようという段階になって、僕たちの預金口座からかつてない高額の金をむしり取ろうとしていて、それに加えてメリッサのアパートの家賃として月に四百ドルの支払いも始まったばかりだった。

メリッサを受け入れてくれるアパートが見つかるまでにも時間がかかった——探したのは僕たちじゃなかったが。エージェントは生みの母親たちにできる限り自立するよう勧めていて、だから自分が住む場所を見つけるのは路上生活者で妊娠中のメリッサの役割だった。僕たちからエージェント宛に小切手を送ってあり、部屋を見つけた時点でメリッサの手元にはすでにお金があるようになっていたし、ローリーは多くの家主にエージェントが責任を持ってアパートを適切な状態に保つと約束していたが、それでもメリッサは五、六人のアパートの管理人から断られていた。どう考えても、メリッサはどんな家主にとっても理想の賃借人ではなかった。薄汚れた、仕事もない、大きなお腹をしたホームレスの二十一歳のストリート・パンクを気に入る家主などほとんどいなかった。それにもちろん、動物たちの問題もあった。

ローリーがメリッサがアパートを見つけたと電話で言ってきたとき、テリーはその部屋をメリッサのガター・パンク仲間の無料宿泊所にはしないという何らかの確約が欲しいと言った。「僕たちはメリッサが身体を休められるように家賃を支払うわけで、彼女の仲間が泊ったり薬をやったりする場所にするつもりはないから」とテリーはローリーに念を押した。

するとローリーは、僕たちに丁寧にこう説明した。家賃を支払うのはあなた方ですが、そこはメリッサの部屋であって自分たちの部屋ではないという事実に、あなた方は敬意を払うべきです。彼女のアパートに誰が来て、彼らがいつまで滞在し、そこで何をするかを決めるのはメリッサなのです、と。「気持ちはよくわかります。アパートをついつい管理したくなるのは」とローリー。「でも、彼女のアパートへの人の出入りを管理するには、メリッサを管理するしかありません。それは不可能だし、メリッサにとっても、あなた方にとっても、また三人の関係にとっても健康的なことではないでしょう。あなた方は黙ってメリッサに自分の居場所を好きなように使わせるしかないのです」

僕たちは黙っていることにした。

メリッサが見つけた部屋は、結局のところ考えられる限りで最高のアパートだった。それは高速道路を隔ててアウトサイド・インの向かい側に建つアトリエだった。管理人のメアリーはメリッサに部屋を貸すことに不安を感じていたが、ローリーの説得によって考えを大転換した。メアリーは家具をあちこちからかき集め、鍋やフライパンをメリッサに貸してくれ、テレビまで手に入れてきてくれた。

このポートランド行きの直前にかかってきた電話で、僕たちは危うく不幸を呼び込みそうになった。テリーがエージェントからの電話を受けたのが職場だったので、彼の職場の同僚は全員僕たちが生みの母親から選ばれたことを知っていた。僕たちの友人の多くはテリーの同僚と顔見知りなので、そのうち友人たちにも何が起きているか知れわたり、やがてほとんど知らない間柄の人たちまでが街角で僕たちを呼び止めて、おめでとうと言ってくれるようになった。でも家族はまだ何一つ知らず、僕たちも話す心の準備がまだできていなかった。赤ん坊はたったの五週間で生まれるというのに、僕たちはまだメリッサに会ったばかりで、だから何事に関しても確信を持てずにいた。僕たちは、舞い上がりすぎてメリッサのお腹の子に災いを呼び込むのを恐れていた。それに万一この話が流れた場合、別のゲイのカップルがそうだったように、みんなに説明して回るはめになるのが嫌だった。そうなったら、ひっそりと養子縁組候補者リストに戻りたかった。

テリーの同僚のトレーシーが、ポートランドへ発つ前日に自宅にいた僕に電話をかけてきた。書店でテリーに内緒でベビーシャワーを計画しているから僕に手伝ってほしいという話だった。

「ベビーシャワーはしてくれなくていいから！」と僕は受話器をどなりつけんばかりに言った。

「わかった……」トレーシーは少し気を悪くしたようだった。

僕はトレーシーに、あまりことを大きくすると赤ん坊に関して験《げん》が悪い気がして怖いんだと説明した。メリッサのお腹の胎児はまだ僕たちのものではなく、だから不運を呼び込むようなどんな過ちも犯したくない、と僕は言った。メリッサとの初めての出会い以来、Babies are born dead＝ＢＢＤ（赤ん坊は死産ということもある）とBirth mother change their minds＝ＢＣＭ（生みの母親の気が変わることもある）が、僕たちの日々のマントラとなっていた。マントラとしてはちょっと長ったらしかったので、省略して「ＢＢＤ」または「ＢＣＭ」と唱えることにした。どちらかがちょっと調子に乗りすぎていると感じたとき、たとえばこれから楽しくなるぞ、という話で盛り上がりすぎたときや、ベビーＧＡＰに長居しすぎたときに——二人で顔を見合わせ「ＢＢＤ」とか「ＢＣＭ」とか言い合う。トレーシーは赤ちゃんの話に悪運がついたりしたら大変、とわかってくれて、じゃあ赤ちゃんが来てからベビーシャワーを開くわ、と言った。

毎日赤ん坊の死を想像していると言うと嫌な感じだが、脅迫的なほどに最悪のシナリオを考えようとするのが、僕のいつものストレス対処法だ。飛行機でどこかに行くときには、飛行機事故による自分の無惨な死と、僕が遺言を書いていなかったことを知って唖然とするテリーの顔を思い浮かべる。今これを書いている時点で、これまでに乗ったどの飛行機も墜落していないのは、間違いなく低賃金で酷使されてきた僕の人騒がせな想像力のおかげだ。自分の乗せた飛行機が爆発炎上して地面に突っ込むところをありありと思い描かずに飛行機に乗り込んだときこそ、その飛行機が墜落するときだと僕は信じている。

想像するのは墜落だけじゃない。大破する車や列車の脱線事故、強盗、地震、ゲイ・バッシング、ウエイターが僕の皿をなめているところ、それにマスターベーション中に母親が部屋に入ってくるところも想像している。最悪の結果を想像することが、それが現実にならないための僕の保険なのだ。そして、一度考えられる最悪の結末を思い浮かべてしまえば、たいていそのことは忘れて、くつろぎ、空の旅／ドライブ／ストレートの男性／食事／マスターベーションのいずれなりと楽しむことができる。そしてこの方法は効果がある。なにしろ、これまで乗った飛行機が墜ちたことはないし、自動車事故に遭ったこともない、そしてマスターベーション中に母親が部屋に入ってきたこともない（僕が知る限りでは。そしてもしもそれが思い違いだったとしても、母さん、僕には教えなくていい、い、い、い、い、い、い）。だから自分には予期しえないだろう結末を見たり聞いたりすると、僕は激しく動揺する。たとえば、映画『タイタニック』には船が沈みかけて人々が海に飛び込む場面がある。と、突然船がまっぷたつに折れ、水面で浮き沈みしている何百人もの人たちの頭の上に落ちてきてその人たちを殺してしまう。タイタニック号は、誰でも知っているようにlargest moving thing ever built by the hand of man ＝ＬＭＴＥＢＢＴＨＯＭ（人の手で作られた動く物体の中で最大のもの）だ。もしも僕が、このＬＭＴＥＢＢＴＨＯＭの処女航海に乗船していたとしたら、やはり最悪のシナリオを想像したことだろう。たとえばＬＭＴＥＢＢＴＨＯＭが沈没して溺れ死ぬことを。あるいは船が火事になって焼け死ぬ、さもなければＬＭＴＥＢＢＴＨＯＭで出された食事が傷んでいて、食中毒で死ぬことを。でもいくら考えてもＬＭＴＥＢＢＴＨＯＭが空高く持ち上がり、自分の頭に降ってくるところまでは想像できない。僕は映画館を出るしかなかった。

この病的なアイルランド的迷信行為は、間違いなく母親から受け継いだもので、この先自分がどうなっていくかも僕は知っている。いつの日か、僕は母親そっくりになって、子どもたちが自分の目の届かないところにいるときはいつも心配し、帰ると言っていた時刻より五分帰宅が遅れると子どもは死んだと思い込むようになる。母は、自分が心配しないで済むように必ずどこにいるか知らせておいてと言っていたけど、どっちみち母親は心配する。子どもの頃なら僕たちが家にいるときだけ、大人になってからは僕たちと電話で話しているときだけ、母は子どもたちについての最悪のシナリオを想像するのをやめる。自動車事故や木からの転落、列車との接触事故なんかを。だが、考えてみてほしい。母は自分の子どもたちに悲劇が降りかかるところを想像して恐怖に怯える暮らしをずっと続けてきて、今までのところ僕たち兄弟は何の悲劇にも遭っていない。偶然？　僕はそうは思わない。母親のこのやり方が機能しているのは明らかだ。

だから、これからメリッサと三回目に会うためにポートランドに出かけるところで、どこからどう見ても、何度目かにはポートランドから赤ん坊を連れて帰ることになると思われるにもかかわらず、僕たちはメリッサや彼女の胎児のことで有頂天にならないようにしていた。そんなことをしたら「途絶を経験する」ことになりかねない。僕たちは誰に対しても、途絶が最もありうる結末であるかのように振舞った。だからベビーシャワーも贈り物も断り、家族や友人にも報告しなかった。そして買い物もしなかった。もしも僕たちの家がおしめやおしゃぶり、赤ちゃん用のウェットティッシュで溢れかえっていて、養子縁組の話が流れてしまったら、そんな光景のすべてが自分たちを苦しめることになるだろう。だからメリッサのことは一切家族には話さなかった。

それにセミナーで聞いた話も忘れていなかった。最初の数週間に必要なものは、すべて病院からの帰り道に調達できる。お祝いのパーティや贈り物、そして赤ちゃん用品を買いまくる時間は、子どもが自分たちのものになってからいくらでもあるだろう。二人きりのときは僕たちはワクワクしていた。でも周囲にはそれを見せないようにしていた。署名され、胎児が譲り渡されることが決定し、梱包されてわが家に届くまでは、不運を呼び込むまねはしないと決めていた。

テリーにとって、OHSUを訪ねるのは四年前に父親が亡くなって以来初めてのことで、心の傷を思い出させることになりそうだった。だから僕はテリーの好きなようにさせてやろうと考えた。と言っても宿泊する余裕はなかったから、車の中ではテリーの好きなどんな曲でも聴かせてやることにした。つまり、彼が選んだCDを、僕が我慢できるぎりぎりまで聴いていいことにした。

十五分が限度だったけど。

ポートランドへの往復の車中での僕たちの会話はお決まりのもので、いつもの言い争いの焼き直しと、お互いへの皮肉の応酬が続いた。一度会話を録音して、車に乗るたびにそれを再生したほうがよかったかもしれない。同じ議論を繰り返す手間が省ける。僕はテリーがかける音楽に文句を言い、テリーは僕が文句ばかり言うと文句を言った。僕は、音楽をかけるのをやめてくれれば文句もやめると反撃した。テリーは運転免許を持ってないくせにと言い返し、文句があるなら歩いてポートランドへ帰るんだね、と言った。僕のクレジットカードがなければ、二人ともポートランドまで歩くことになるんだぜ、とこちらも負けていなかった。その後、ちょうど中間地点まで来た頃に、つまりワシントン州のチェハリスを出たあたりでテリーが音楽を消し、その後は黙りこくってドライブを続けることになった。

僕は車の中で、これまで僕たちがメリッサと過ごした時間のことを考えていた。過去二回の訪問でいろいろ話をしたけれど、僕もテリーも、父親になることをとても楽しみにしているとか、彼女に選んでもらってすごく嬉しいといったことを一言も彼女に伝えていなかった。人前では子どものことで調子に乗りすぎないように心がけているうちに、メリッサと三人でいるときも喜びを抑えてしまうというミスを犯してしまった。僕たちを選んでくれたことへのお礼さえまだ伝えていなかった。メリッサの飲酒のことは不安だったが、僕らは未来の生みの母親のことが好きだったし、三つの奇妙な偶然の一致——シアトルで妊娠したこと、メリッサがブロードウェイで僕たちに小銭をねだったかもしれないこと、赤ん坊がOHSUで生まれること——が、僕たち三人の結びつきをあらかじめ定められていたことのように感じさせた。

けれどメリッサには、感傷的な言葉がけや、過度な感情表現を寄せつけないところがあった。僕たちは何も伝えていないだけでなく、メリッサとハグしたこともなければ、声を上げて笑いあったこともなく、泣いたことなど一切なかったが、それらは全部、養父母候補者と生みの母親が出産前の顔合わせで一緒にすると聞かされていたことばかりだった。僕たちは、メリッサと握手したことさえなかった。

今回の訪問にはあるソーシャルワーカーが同席するとわかっていた。ローリーではなく、メリッサが病院で世話になっているソーシャルワーカーだ。以前に会ったとき、メリッサはローリーとの面談は嫌だ、どう思うかばかり聞かれるから、と言っていた。でも今日は病院のソーシャルワーカーもいてくれることだし、メリッサに僕たちがどう感じているかを伝えようと決めていた。

僕たちは彼女のアパートではなくアウトサイド・インの前でメリッサを拾うことになっていた——彼女の考えだ。車を止めるとメリッサが車に近づいてきて、ちょっと待っててと言い残して建物の中へ入っていった。二十一歳を超える人間は、ローリーと三人でメリッサに会った最初の訪問のような公的な用件があるときを除いて、アウトサイド・インに入ってはいけないことになっている。今回のメリッサとの約束は社交的なものなので、僕たちは他の大人たちに混じって外で待たねばならなかった。舗道で立って待っていると、ホームレスの少年たちが三人建物から出てきて玄関ポーチで立ち止まった。そして僕たちをじろじろ眺めた。

僕たちはまともなカップルみたいににっこりしてうなずいた。二人は建物の中に入っていったが、髪をピンクに染めて鼻ピアスをした大柄な少女が、タバコに火をつけてからもっとよく見ようと近づいてきた。

「あんたたちだよね?」と言ったが、それは質問ではなく判定だった。テリーが、「そう、僕たちがその二人だよ」と認めた。

「メリッサはあんたたちを気に入ってる。あの子はすごくクールだから、わたしはすっごく好きだよ。とてもいいと思うよ、その、あんたたち三人でやろうとしていることがさ。ほんと、突き抜けてる」

僕たちはストリート・パンクに認められたいと思っていたわけではなかったが、ポートランドで暮らすホームレスの若者が、ゲイによる養子縁組を認めていると知らされるのは気分がいいものだった。でも、ピンクの髪に鼻ピアスをした少女が気に入ったのは、テリーと僕が親になることではなく、ホームレスの女の子の赤ん坊をゲイのカップルが養子にするその過激さだった。彼女もメリッサも社会の外《アウトサイダー》で暮らす者で――文字通り――ゲイもまたのけ者《アウトサイダー》だった。もしもメリッサが自分の子どもを誰かにやるつもりなら、その相手はやっぱり社会ののけ者であるべきで、それが唯一正しい方法だ、と鼻ピアスの少女は言ったのだ。それが「突き抜けてる」のだと。

メリッサがアウトサイド・インから出てきて玄関ポーチに犬をつなぎ、まっすぐこちらに歩いてきた。メリッサがピンクの髪の少女のほうを見ることはなく、少女は僕たちに背を向けて建物に入っていった。

僕たちとメリッサは挨拶を交わした。

「きみの友だちが賛成だって」と僕は言った。「突き抜けてるんだってさ」

メリッサは肩をすくめた。「あの子は友だちじゃないよ」

メリッサとソーシャルワーカーの約束の時間まで一時間ほどあったので、テリーがメリッサに何か食べたくない？　と尋ねた。

メリッサは目をそらして肩をすくめ、「べつにいい」と答えた。

しかしこの頃には僕も、メリッサ語では「べつにいい」はイエスを意味し、「さあ」はノーを意味することに気づき始めていた。そこで僕は、何か食べに行こうと強く言った。十分後、僕たちはハンバーガーを食べさせるマリーの店のテーブルについていた。店内にはアンティークやガラクタがたくさん飾られていて、昔はもっと今風の店（でもっと清潔）だったに違いなかった。メリッサは一週間見ないうちにまたお腹が大きくなり、仕切り席に体を押し込むのが大変そうだった。料理を待つ間、テリーがメリッサに最近どう？　と尋ねた。

メリッサは、三ヶ月前に警官に入るなと注意された公園にまた入っているところを見つかって捕まったと話した。その警官には、そこで寝ているところを何度か見とがめられていて、今度ここにいるのを見つけたら、寝ていようが起きていようが逮捕する。そうしたらお前は一晩刑務所で過ごすことになり罰金も払わされるぞ、と警告されていたのだという。

「そう言えばわたしたちがビビると思ってるんだ」とメリッサは言った。「『きみは一晩牢屋で過ごすことになる』だって。ベッドで眠れて、食べさせてもらって、朝になったら出て行ける。雨に打たれて眠るよりずっとましなのに」

メリッサの気がかりは二百ドルの罰金のほうで、九十日以内に支払わなければならなかった。

「裁判所には、わたしには払えません、わたしがお金を持っていると思いますか、って言った。だから、公園で寝てるんだから。でもちっともわかってくれなかった」

もしもメリッサが九十日以内に罰金を支払わなければ、逮捕状が出されることになる。なんらかの理由でどこかで警官に呼び止められるようなことがあれば——ガター・パンクはすぐに警官に呼び止められる――メリッサは数ヶ月間刑務所で暮らさなくてはならない。「問題は、そうなったら誰が動物たちの面倒を見てくれるかで」

「でも一番の問題はそれじゃない」とメリッサは言った。「問題は、そうなったら誰が動物たちの面倒を見てくれるかで」

僕は、自分たちがメリッサの犬や猫の名前も知らないことに気づいた。

メリッサからペットの名前を聞いたことがあるかどうかさえわからなかった。犬は二回見たことがあったが、そのときもメリッサは犬の名前を教えてくれなかったし、猫のほうは見たこともなかった。いつもアウトサイド・インの中にいたからだ。メリッサは路上生活をしている身で動物たちの世話をちゃんとしていることに誇りを持っていた。僕たちと会うために、あるいは医者に行くためにほんの一、二時間でも動物たちと離れなくてはならないことを嫌がった。でも、動物たちについて話すときのメリッサの口ぶりからは、彼女が動物との毎日を楽しんでいるとは思えなかった。動物たちはむしろ重荷のようだった。どこかへ行かなくてはならないときに、信頼して預けられる人を探すのに苦労したし、動物を連れて旅するのも大変なことだったから。

「動物を二匹も連れたヒッチハイカーを拾ってくれる人なんていない」とメリッサは説明した。「だから車での移動は無理」。そこでメリッサは車ではなく列車を選び、貨物操車場に停車中の有蓋貨車に飛び乗って、それが自分の行きたい方角へ向かう貨車であることを祈るのだという。列車に飛び乗る話を聞いた僕は、動物を二匹も連れてどうやって飛び乗れたのかと尋ねた。

「猫はリュックに入るし」と言いながら、メリッサはこんなバカは見たことがない、という目で僕を見た。「犬は抱きかかえる必要もない。だって犬は自分で飛び上がれるから。どっちにしろ、列車に乗るほうは簡単なんだ」とメリッサ。「難しいのは降りるときだね」

そう言うと、メリッサは目の上の傷跡を指差した。去年の夏の終わりに別のストリートキッズと列車の飛び乗りをやったことがあり、知らなかったけれどそのときはもう妊娠していた。列車は二人が目指していたモンタナのある町を通りすぎ、そのままスピードを上げ始めた。

「その町を過ぎたらすぐに、そう、長さ十キロはあるトンネルがあるの。トンネルの中は排気ガスでいっぱいだから窒息しかねない」。二人は列車のスピードが緩むのをギリギリまで待った。でもそうはならなかった。ついに列車の先頭がトンネルの中に入った。

「もう降りるしかなくなって、飛び降りた」

「犬や猫も一緒に？」とテリー。

「もちろん」

メリッサは地面に激しく体を打ちつけ、岩で頭を強打して、額が切れて傷口がぱっくり開いた。

「すごく深い傷だった」とメリッサは言った。「でも、動物たちに怪我がなくてよかったと思った」。友だちもやっぱり怪我をしていて、二人ともたぶん医者に診てもらったほうがよさそうだった。「でもお金なんてなかったし、動物を預かってくれる人もいなかったから」

「で、罰金は払うつもりなの？」とテリーが口を挟んで、話をメリッサの警官とのいざこざのことに戻そうとした。

「まさか。どうせ九十日後にはもうお腹も大きくなくて、ポートランドにもいないはずだから。シアトルに行って、それからニューヨークへ向かうつもり。警官もそこまで追いかけては来ないだろうし」

メリッサの罰金を肩代わりしようかと思ったが、二つの理由でやめておくことにした。第一に、生みの母親にかかる費用はエージェントが管理していて——つまり僕たちはメリッサが住む家の経費としてエージェント当てに小切手を書き、エージェントが大家当てに小切手を書く——生みの母親と養子をもらうカップルの間でお金のやり取りが行われないようにしていた。第二に、メリッサをこの窮状から救い出せば、よくない前例をつくることになる可能性があった。僕たちには、メリッサが望めばステーキを食べさせてやれるくらいの余裕はあるものの、ガター・パンクのライフスタイルが彼女を巻き込むはずのすべての窮地から救い出せるだけの力はないだろうと思われた。

そこで、罰金を肩代わりしようと申し出る代わりに、僕は自分の逮捕歴を披露した。一九九〇年代の初めに行われたアクトアップ（一九八〇年代に、ＡＩＤＳ危機終結に向けて直接行動をとるために米国で結成された団体）のデモに参加していた僕は、別々のデモで三度手錠をかけられてしょっぴかれたことがあり、そのうちの一回は首都ワシントンのロタンダ（米国議会議事堂のドームの下にある円形の大広間）でのデモだった。二百名の同志とともに逮捕され、食べ物も水も与えられず、トイレさえない部屋に十時間拘束され、二週間後に裁判所に出廷するよう命じられた。でもその二日後には僕は自宅に帰っていて、ワシントンに戻る気など一切なかった。米国議会の議員にでも選出されない限り。

メリッサは、調書を取られ、留置所に拘留されていたという僕の話をじっと聞いていた。うなずきながら話を聞くその姿を見て、二人の間に絆が芽生え始めたのを感じた。テリーは音楽が好きでメリッサも同じだった。で、僕には逮捕歴があった。メリッサも僕も法律の網をかい潜ろうとする逃亡者だった。ついに共有できるものが見つかった。

メリッサを後部座席に乗せてテリーが運転するレンタカーは、ＯＨＳＵへと続く曲がりくねった坂道を登っていった。丘の上に病院を建てようだなんて、いったい誰が考えたのだろう？　これでは救急車もなかなか病院にたどり着けず、救える命も救えないじゃないか？　車は本道を逸れて脇道に入り、僕がいつも駆け込むことにならないように祈っている救命救急室の前を通りすぎた。ＯＨＳＵは一九二〇年代と五〇年代、そして七〇年代に建てられた病棟の寄せ集めで、それらがおよそ五千坪の敷地のあちこちに建っていた。病院の敷地というよりも、大学のキャンパスのような感じだ。

駐車スペースを見つけて車を止め、出生前検診のクリニックにたどり着いたときには、メリッサの予約時間を過ぎていた。メリッサは順番待ちのリストに名前を書き、三人――ファグが二人とガター・パンクが一人――は、メリッサが呼ばれるのを待つ間、『育児』という雑誌を読んでいた。診察は最初に内診があったので、僕たちは入れなかった。看護師に名前を呼ばれてメリッサが廊下の向こうに消えると、待合室は僕とテリーだけになった。

「大丈夫？」と僕は尋ねた。

「平気だよ」とテリーは肩をすくめた。「ここに来たら動揺するかと思ってたけど、そんなことなかった。なんでもない」

僕は、テリーが父親のことで取り乱す姿を見たことがあった。テリーの家族は感謝祭の前日に、父親の癌は全身に広がっていて二個目の肝臓が移植されることはないと知らされた。その五週間後に父親は亡くなり、それはクリスマスの翌々日のことだった。その二年後、僕たちは二人で住んでいた家に居て、友人の家で開かれる感謝祭のパーティに行く準備をしていた。そのとき、テリーが寝室に入ってきて、父親を思い出しちゃうよと言ったのだ。僕は目も上げなかった。

「ふーん」と聞き流し、「そこにある靴を片方取ってよ」と続けた。

なぜ今父親の話を持ち出すのかわからなかった。パーティに遅れそうだっていうのに。父親が祝日の前後に亡くなったとは聞いていたけれど、その日付まではテリーは言わなかったし、あるいは言っていたのに僕が気にかけなかったんだろう。そんなことより夕食の約束に遅れそうなんだ、と僕は思った。なんだって今、父親の話なんか持ち出すんだよ？　と。そのとき、テリーがベッドに腰掛けてすすり泣き始めた。僕は靴を落とし、テリーの肩を抱いて、この世で最悪のボーイフレンドだったと詫びた。感謝祭がテリーにどんな作用をなしうるかを目の当たりにした経験から、ＯＨＳＵの再訪はテリーを苦しめることになるだろうと予想していた。ところがテリーは平気そうだった。看護師からメリッサの検診は二十分ほどかかりそうだと聞いた僕は、カフェテリアで何か飲もうとテリーに提案した。僕たちは天井のない渡り廊下を通って別の棟に移動し、エレベーターでカフェテリアのある階まで降りていった。僕は紅茶を、テリーはコーヒーを選び、支払いを済ませて食堂の椅子に腰掛けた。

そのとき、それが来た。

テリーの父親が亡くなった病室があったのはここではなく別の建物だった。でもそのカフェテリアは母親から息子たちに悪いニュースが伝えられた場所で、彼らが食べる気になれない料理をじっと見つめて座っていた場所だったのだ。テリーは取り乱したりしなかった。とっととそこから出て行きたい気持ちに駆られただけだ。僕たちは飲み物を手にして席を立ち、急いでエレベーターのほうに向かった。

「とにかく嫌な気分なんだよ、またここに来てるなんて」とテリーは言った。「まったく、ポートランドは最悪だ」

　出生前検診のクリニックに戻ると、メリッサが僕たちを探していた。検診結果は順調だった。病院のソーシャルワーカーに会いたいなら、とメリッサは怒ったように目を大きく見開いて言った。わたしと一緒にカウンセリングルームに行って、待ってもらわないと、と。

　カウンセリングルームは狭く、窓がなくて風通しが悪かったが、三人とも黙ったままソーシャルワーカーが現れるのを待った。シャワーも洗濯室も使えるようになったにもかかわらず、メリッサはまだホームレスのような臭いを漂わせていた。おそらく、初めて会ったとき以来メリッサはシャワーを浴びていないか、洋服を洗濯していなかった。路上にいるときやレストランでは気にならなかった。でも狭い部屋や車の中だと、メリッサが石鹼で身体を洗っていないことがはっきりわかった。ぞっとするほど臭うわけではなかった――悪臭を放つわけではなかった――がかなり強い臭いで、閉じられた空間ではあまり心地よいものではなかった。検診を担当した医師はどう思っただろう、と思いやられた。

　ドアが開いて、ローリーをちょっと地味にした感じの女性がクリップボードを手にして入ってきた。ナンシーというその女性は明るく元気で、テリーと僕に会えて嬉しいと言い、甲高い声でメリッサにこんにちはと声をかけると、メリッサは少し笑ってみせた。ローリーは僕たちに出産の流れを説明した。陣痛が始まったらメリッサは何をする必要があるか、お産は何階で行われ、産後メリッサは何日間病院にいられるかということを。ナンシーは、ゲイのカップルが彼女の赤ん坊を養子にすることになっているとメリッサのカルテに書いておいていいかと尋ねた。

「そうしておけば、混乱や誤解を防げますから。いいですか？」

「いいです」

カルテに書き込みをするナンシーに、メリッサは薬のことも書いておいて欲しいと頼んだ。陣痛が来たら、薬を使ってほしい、それも大量に、とメリッサは言った。今回のお産で痛い思いをすることをメリッサは望んでおらず、できるだけ早く、できるだけ頻繁に薬を使って欲しいと考えていた。ナンシーが、陣痛が始まったあと、薬を投与していい時期は限られているのだと説明した。陣痛が始まったらメリッサはできるだけ早く病院に来なくてはいけない。使えるすべての薬を使うためだ、とナンシーは言い、メリッサの不安をカルテに書き込んだ。

ナンシーが他に話しておくべきことはありますかと質問したので、ありますと僕は答えた。そして、メリッサに選ばれたことについて、友人たちの前では喜びを顕わにせず冷静に振る舞っていたが、それは僕たちを選んだことや、養子縁組そのものについて、メリッサの気が変わってしまうのを恐れてのことだった、と説明した。

「僕たちは、メリッサの前でも冷静を装っていたことに気づいたんです」と僕。「そしてたぶんそうすべきではなかった。僕らが父親になれることをどれだけ喜んでいるか、そして彼女に選んでもらえてどんなに嬉しいかを、メリッサに知ってもらいたいんです」僕はナンシーを見つめたまま、メリッサのことを、まるでその場にいない人のことを話しているかのように話し続けた。「でも、考えを変えて赤ん坊を手ばなさないことにする彼女の権利は尊重したいと思っています。もしもそれが彼女の望みなら。たぶん僕たちは、自分たちが喜びを顕わにしすぎたせいで、赤ん坊を手放すしかないとメリッサが感じてしまうことを恐れていたんです。浮かれすぎないようにすることで、彼女の権利を尊重しようとしたんです」

メリッサもテリーも、まるで頭のおかしい人を見るような目で僕を見ていた。

「つまり、もう断ることはできないんだと重荷に感じたりはしていないかな？」と僕は尋ねた。

「重荷なんて感じてない」とメリッサは肩をすくめた。「わたしの気が変わったら、そのときは他の誰かが二人を選ぶでしょ」

メリッサは特に何の感情も交えずにそう答え、それは僕の気持ちを楽にさせるための言葉だったのだろうけど、彼女のその言葉は僕たちを怯えさせた。アウトサイド・インでメリッサを降ろした後、テリーと僕は、これまでは仮の話だと思っていたこと――メリッサの気が変わることが――とても現実的な可能性に見えてきたと言い合った。僕たちの写真を見て「この人たちかも？」と考える生みの母親が、この世にメリッサただ一人だったらどうしよう？　別の「スーザン」はもういないかもしれない、と不安になった。養父母候補者リストに逆戻りしても、自分たちを選んでくれる誰かはもういないかもしれなかった。

よき知らせが電話で届く

これ以上母親に黙っていることはできなかった——罪の意識で息が詰まりそうだった。母親に報告すれば、不運をもたらすエネルギーを招き入れることになる。でももはや言わないわけにはいかなくなってきた。電話で話すたびに、母はエージェントから何か言ってきたかと尋ねた。候補者リストに入る前に、平均的な待機期間は一年だと説明してあった。だからどうだったと聞かれるたびに、まだ候補者リストに載ったばかりじゃない、と答えていた。

「そうね。でもいつも指をクロスしてるから。応援しているから」

「これは競争じゃないんだよ、母さん。それに一ヶ月目に選ばれる人なんていない。まだもう少しかかるよ」

「わかった。いつも二人のことを思ってるわ」

これは暗号だ。母が僕たちのことを「思っている」というとき、それは僕たちのために「祈っている」という意味だ。でも僕の気難しい無神論者的感性に敬意を表して、母親は「祈る」という言葉を使わないようにしていた。

このとき、もちろん僕たちは選ばれていた。同僚や友人のほとんどはメリッサのことを知っていて、「BBDまたはBCM」がなければ、テリーと僕は数週間後には父親になっていることも話していた。でも僕たちの両親はそんなことかけらも知らなかった。僕の母親と彼女の夫はシカゴの郊外に住んでいたし、テリーの母親と義理の父親はワシントン州の東側で暮らしていたから、彼らの耳にこのニュースを入れないことは、同僚たちや友人たちに知らせないことよりも簡単だった。ポートランドに行くために仕事を休まなくてはならなかったし、友人が家にやってきたときは、いつもエージェントとの電話の最中でそっけない態度を取ることになった。だから友人たちは真相を無理やり聞き出そうとした。でも両親は？　彼らにわかっていることといえば、最近連絡がつきにくくなったということだけだ。

たとえ親たちがこの街に住んでいたとしても、メリッサのことをすぐには知らせなかっただろう。友人たちなら騒ぎ立てないようにしてくれるし、僕たちがなぜ調子に乗りすぎないようにしているかも理解できる。ＢＢＤやＢＣＭは友人たちにも通じる。ベビーシャワーを辞退させてもらいたいと言ったときも、テリーの同僚たちはわかってくれた。でも親たちは？　もっとはっきり言うと、僕の母親は？　僕の母はあらゆることを――角の店まで出かけることや誕生日、そして休日を――ノルマンディー上陸作戦のように扱う。あらゆる不測の事態に備えなくてはならず、すべての最悪の可能性を予測して準備しておくべきであり、必要になるかもしれないものは、どんなものでもすべて荷物に詰め込まなくてはならない。

たとえば、僕が人生で初めて大人としてお金を稼いだとき、子どもの頃に母親にしていた約束を果たした。大晦日に母親をヨーロッパ旅行へ連れて行ったのだ。いよいよ空港へ向けて出発する段になって、僕は母のスーツケースをしげしげと眺めた。僕は荷物運搬人として彼女の荷物をチューリッヒからウィーンを経てミュンヘンへと運び、シカゴへと持ち帰ることになっていて、だから荷物がどれくらい重いかは僕の利害に大きく関わっていた。母がこしらえた荷物は、なんというか、バーモント州より少し大きいぐらいだったが、重さはそれ以上だった。何が入っているのか確認しようとスーツケースを開けると、靴十足にトイレットペーパーが数個、チクタク（イタリア製の小粒ミンツ）一ケース、それにチョコレート。僕の母親はアメリカ製の不味いチョコレートを一キロも詰めた袋をスイスへの旅行に持って行こうとしていた。僕はチョコレートを取り出し、これは置いていってくれと頼んだ。旅行の道中でチョコレートが欲しくなれば、スイスでいくらでも買えるんだから、と。

「でも飛行機の中やホテルに泊まっているときに食べたくなるかもしれないでしょ」と母親は言い張り、M&Mの袋をまたスーツケースに押し込んだ。

わかった。じゃあなぜブーツが三足なんだ？　どうしてトイレットペーパーを？　なんだってチクタクなんか？

「毎日靴を取り替えないと足が痛くなるの。毎日たくさん歩くことになるでしょ。同僚のフィリスが前にヨーロッパ旅行に行ったときに、ホテルの部屋にトイレットペーパーがなかったって聞いたのよ。それからチクタクは好きだから」

僕もできることならすべてを認めてやりたい（そして運びたい）と思ったが、チョコレートだけは置いていってくれと譲らなかった。すると母親は、荷造りしたものはすべて必要なもので、チョコレートを持って行けないなら自分も行かないと言い出した。自分は大人の女性であり、そのわたしに向かって旅行にこれは持っていくなと命令するなんて、一体何様のつもりなの？　と。

僕たちはうちの家族の習慣どおりに声を張り上げて延々と議論し、とうとう僕が折れた。こうして僕はその一キロものピーナッツ入りM&Mをシカゴからチューリッヒ、ウィーン、ミュンヘンへと運び、またシカゴに持ち帰ることになった。結局M&Mの袋を開けることはなく、それには触れもせず、旅行中に食べたチョコレートは旅の途中で買ったものだった。無事にシカゴに戻ったときにその事実を母親に告げると、荷物の中にチョコレートがあると思うと「安心だった」、あれは「万が一に備えて」だった、と答えた。

万が一って？

「万が一チョコレートを食べたくなったときのことよ」

つまり僕の母親は、「万が一に備えて」スイスにチョコレートを持っていくような人で、だから僕たちが選ばれたと聞いたら何が起こるかは十分予測できた。赤ちゃん用品が、それも大量に、郵送で、毎日届くことになる。しかもあらゆるものが三つか四つずつ。「万が一に備えて」。母親とのやりとりが目に浮かんだ。

「母さん、何だってチャイルドシートを三つも送って来たんだ？」

「同僚の女性の話なんだけどね、娘さんが超音波診断を受けて医師から子どもは一人だと聞いていたんだって。一人だけよ。それがお産で病院に入院して、帰ってきたら赤ん坊を三人連れてたっていうんだから。三つ子よ、ダニー。メリッサの赤ん坊が一人だったら、そのときはあとの二つは返品すればいいから。でもね、必要だと思ったの、万が一に備えて」
「だけど、チャイルドシートならもう買ってあるんだ」
「あらそう、だったら気に入ったのを一つ選んであとは返しちゃえばいいわ。わたしが贈ったチャイルドシートが使われなくても気を悪くしたりしないから」

それに、僕たちはあえて家の中をベビー用品でいっぱいにしないようにしていて、それはベビー用品で溢れ返ったアパートをつくりたくなかったからだ。何らかの問題が起きたときに、ベビー用品に囲まれてぽつんと座っているようなことにはなりたくなかった——赤ん坊のいない部屋で。エージェントからの電話を受けて以来、僕たちが自分に許したのは赤ん坊のために一つだけベビー用品を買うことだった。ベビーGAPで買ったあのフランネルのシャツ。あれだけだ。赤ん坊はあと三週間で生まれるというのに、ベビーベッドも、おしめも、哺乳瓶も、チャイルドシートも、よだれかけも、ガラガラも、ワンジーズ(米国製の赤ん坊用ボディ肌着)の一枚も、そう——何一つ買っていなかった。この養子縁組が流れたとしても——BBDであれBCMであれ——空っぽのチャイルドシートや使われることのないおしめに苦しめられることにはならなさそうだった。よそのゲイのカップルがやらかした誤りをなぞることにはならないだろう。僕たちは、どうせなら新手の誤りをやらかすつもりだった。

僕の母親の耳に入れないようにするためには、テリーの母親にも内密にしておかなくてはならなかった。母親たちはすでに情報化社会を生きていた。二人は毎日のようにeメールをやり取りしていたから、クローディアに伝えたことはどんなことでもきっかり五分後にジュディに伝わっていた。それだけでなく、僕たちは、僕の母親のはしゃぎすぎて買い物に夢中のおばあちゃん的反応を恐れる一方で、テリーの母親が示すかもしれないまったく逆の反応をも恐れていた。

テリーがホモであることをクローディアが問題視している、というわけではなかった。そんなことはない。リビングに僕たち二人の写真を飾っていたくらいだ。でも、クリスマスカードにストレートの息子の暮らしぶりをこと細かく書いている一方で、ゲイの息子がほぼ妊娠確実と思われることについて何も触れていないという事実から、テリーの母親の気持ちをある程度推し量ることができた。テリーは母親にメリッサのことを——そして初孫のことも！——話すのを怖がっていた。嬉しくなさそうな反応が返ってきそうに思えたからだ。テリーの母親はそもそも感情表現の豊かな人ではなく、ワクワクしたり喜んだりしていてもそうだとわからないことがよくあった。だから彼女のいつもの落ち着き払った態度と不満な態度をうまく見分けられないかもしれず、この報告を聞いた彼女の反応についてあれこれ考えすぎて、彼女の気持ちを読み違えてしまう可能性があった。そのとき彼女は僕たちがしようとしていることを素晴らしいと思うかもしれない。あるいは、息子がゲイなのは構わないが、ゲイのカップルが養子をもらうことは認められない、と思うかもしれない。それをこれから探り当てようとしていた。


ニュースを伝えるために電話をすると、義父のジェリーが電話に出た。僕たちは義理の父と義理の息子がする類いの話をしばらくしていたが、その後母親がボタンを押して電話に出たところでさよならを言った。僕は母に真実を明かした。

「母さん、選ばれたよ。生みの母親はメリッサという名で出産予定日は三月二十五日。どうやらうまくいきそうなんだ」

「まあ、なんてこと！　素晴らしいじゃない！　電話はいつあったの？」

それを聞かれるのを恐れていた。母親がその知らせを聞いた最後の人々の一人だと伝えることこそ、僕が何より恐れていたことだった。母と僕は仲がよく、僕の人生に何か重要な出来事があったときは、それを一番に知らせてもらいたがった。

「三週間前だよ」

「えーーーっ、ちょっとジェリー！　電話があったのは三週間前だって。で、何曜日だったの？　ねえ何曜日？」

「土曜」

「やっぱり！」

母親が電話の向こうで飛び跳ねているのが聞こえた。

エージェントから電話があったその日、母親とジェリーは二人が初めてデートした中華料理店で食事をしていた。「ねえダニー、もう十年は中華料理店で食事をしているけれどあんなことは初めて。フォーチュン・クッキーからまったく同じおみくじが出てきたことなんてなかったわ、一度もね。しかもその三週間前のおみくじになんて書いてあったと思う？　『よき知らせが電話で届くでしょう』だって。それも二枚とも同じ！　わたしはジェリーの顔を覗き込んで言ったわ。『ダンとテリーが選ばれたのよ』って。思った通りだった！　ああ、やっぱりそうだった！」

そのおみくじは「育児日記用」に取ってあり、今度赤ん坊を見に来るときに持っていくと母親は言った。僕と母親はメリッサについてかなり長い時間話をし、やれやれと安心しかけたときに、一体どうして三週間も黙っていたのと母親が聞いてきた。

「だって死産の可能性もあるし、生みの母親の気が変わることもあるから」

「ダニーったら！」

「母さん、今でもダメになる可能性はあるんだ。途絶と呼ばれているんだけどね。それに僕たちは、不幸を呼び込むかもしれないことは一切したくないと思ってる。たとえば、赤ん坊やメリッサのことを友だちや家族に吹聴することやなんかがそうだ。現実になる前に、赤ん坊がすでに自分のものであるかのように振る舞ったりするのは、悪いことが起こりそうで嫌なんだ」

僕は、ベビー用品で部屋をいっぱいにしてしまったゲイのカップルの話をして、だから自分たちはまだ何も買うつもりはないと伝えた。

「母さんも、カゴいっぱいのベビー用品なんて送ってこないでね」と僕は言った。「聞いてる？　買い物はなし。まだ僕たちのものじゃない赤ん坊のために物を買ったりしないでね、いいね」

一瞬の、驚いたような沈黙。続いて、怒濤の反論。

買い物は必要だわよ！　準備しなくちゃ！　母親はこれまで聞いたことのないような口調で、今買い物を始めなければ親として失格だと警告した。母親の頭にはもう一人の人物——二人目の孫——が思い浮かんでいて、彼は養われなければならない。その子の生死に関わるとまくしたてた。

「あなたたちの暮らしにその小さな命がやってきて、その子は何もかもあなたたちだけが頼りなの」と母親はいった。「その子を家に連れ帰って毛布が必要になったとき、さもなけりゃ熱を出して体温計が必要なとき、『ごめんな、おチビさん。きみの世話をするために必要な物を全部用意しておくべきだったんだけど、悪いことが起こるのが怖くてできなかったんだ！』なんて言えないのよ！　あと数週間で親になるっていうのに！　準備しておかないと！」

母の言にはたしかに一理あった。

母親はその日の午後にも買い物を始めたかったが、罪の意識を感じながら買い物をするのは嫌だった。だから僕の承認を欲しがったが、僕も譲らなかった。僕はもう一度、あのゲイのカップルの話を持ち出した。そのカップルはベビーシャワーで祝ってもらい、みなに報告の手紙を送り、自宅はベビー用品で溢れ返り……赤ん坊は来なかった。

「そのせいで二人の関係もうまくいかなくなったんだよ。ストレスで別れることになった。僕たちはそんなふうにはなりたくない。死産ということもあるし――」

「悪い想像はやめなさい！」

「――生みの母親が心変わりすることもある。でも僕たちが気にしているのは不運を呼び込むことだけじゃない。万一この話が流れたときに立ち直れなくなるのが嫌なんだ。よだれかけやおしめやおもちゃでいっぱいの家は、僕たちを打ちのめすだろう。だから絶対にプレゼントは贈らないで」

「でも、話が流れなければあなたたちの赤ちゃんは凍え死ぬことになるのよ！　わかってるのダニー！」

「エージェントは、最初の一週間に必要なものはすべて、病院からの帰り道に揃えられると言ってた。とにかく、赤ん坊を連れて家に帰るまでは一切何も送ってこないで、これは最後通告だ。赤ん坊が来てからは、彼のために一生買い物をし続けてくれて構わない、でもその子が本当に僕たちのものになるまでは、母さんから送られてきた荷物は全部ゴミ箱行きにする」

一瞬の間《ま》があって、母が解決策を探そうとしているのがわかった。

「わかった。何も送らない。でも買い物しないとは言ってないから。あなたがいいと言うまで何も送らないことは約束する。それでいいでしょ？」

「いいよ」

母はがっかりしたようだった。そこで彼女を元気づけるために、赤ん坊の名前はテリーの父親と彼女の名前をとってダリル・ジュードにすることにしたと告げた。

「まあダニー、とても光栄だわ」と母親は言った。今にも泣き出しそうになっているのがわかったので、涙の一幕を避けようと、僕は話を買い物のことに戻した。

「買い物禁止を言い渡しているのは母さん一人じゃないんだ。テリーの勤務先の書店の同僚たちもベビーシャワーをしたいと言ってくれたけど断った」

「どうしてその人たちはわたしより先にこのニュースを知ったの？」

「テリーが職場で電話を受けたからさ。僕たちが自分の意思でこのことを報告するのは母さんが最初なんだ。嘘じゃない」

「ダニー、あなたったら自分で考えている以上にカトリック教徒ね」と言うと、母親はうちの家族について初めて聞く話をしてくれた。

母親が僕の一番上の兄を妊娠したとき、何人かの女友だちの発案でベビーシャワーをすることになった。僕の母親はとても喜んで、自分の母親――僕の祖母――と叔母全員を招待した。ところが全員から出席を断られた。

「当時の敬虔なアイルランドカトリック教徒は、ベビーシャワーなんてしなかったのよ」と母親は説明した。「だって、ベビーシャワーを開いたりそれに出席したりすることは、神様が自分の赤ん坊を生かして下さると推測することで、わたしたちは神様の意思を推し測るべきじゃないから」

僕の祖母や大叔母たちの考えでは、ベビーシャワーを行うことは身の破滅の危険を冒すことだった。その生意気な行動の噂が万一、天の父上の耳に入れば、天の父は面当てのために赤ん坊を殺してしまうかもしれなかった。

「お祝いは健康な赤ん坊が生まれて、その子をちゃんと手にしてからだとあなたのおばあちゃんは言ったわ。シャワーは、神様があなたに五体満足な赤ん坊を授けてくださってからにしなさい、その前はだめ、絶対にだめって」

僕の祖母は、当時のアイルランド系カトリック教徒の多くがそうだったように、主なる神とはサイコパス兼殺し屋のような存在だと信じていた。だから神は、誰かがベビーシャワーを楽しんでいるのに気づくと天使を遣わして長い階段の一番上でつまづかせたり、赤ん坊の首にヘソの緒を絡ませたりする。ベビーシャワーをしようかとただ考えているだけなら、天使はたぶんベッドの中に馬の頭を置いていく。いいやつだ、われらがアイルランドカトリックの神様は。僕の母親は、自分の母親の反対を押し切ってベビーシャワーを敢行した。結果、ビリーは早産で生まれて数日間は命を危ぶまれた。祖母は——思いやりのある女性ではなかった——おろおろする母親に、早産になったのは彼女のせいだと告げた。反対を押し切ってベビーシャワーで祝ったせいで、神様は今赤ん坊を殺そうとしているのだと。

早産で生まれたビリーに洗礼を授けるために、大急ぎで司祭が病院に呼び寄せられた。それは第二ヴァチカン公会議が開かれる前のことで、小さなビリーが万一洗礼を受けないまま亡くなれば、天国には行けないとされていた。でも結局、神様は慈悲深くも、ベビーシャワーを開いた母親を哀れに思ってビリーを生かしてくれ、祖母を大いに落胆させた。

こう書くと、僕の祖母はまるで鬼のような人間だと思える。彼女は自殺願望のあるアル中患者で世の中に対する怒りを長女である僕の母親に向ける人だったが、僕自身はホラハンおばあちゃんについてよい思い出を持っている。まあ僕は、高校時代を祖母がばかな真似をしないように見守ることに費やしてもいないし、自分の結婚式におばあちゃんが喪服で出席する経験もしていないからだけど。僕が十歳になるまで、僕の家族は母親が育った二階建てのフラット式共同住宅に住んでいた。祖父母と母親の兄弟夫婦たちが一階に住み、僕たち家族は二階だった。当時はごく普通だった多世代同居で、同じ地区で二階建てのフラット式共同住宅で暮らす家族は僕の家だけじゃなかった。僕が覚えているのは、祖母は甘ったるい香りの息をした優しいおばあちゃんで、口から入れ歯をひょいと取り出しては僕たちを驚かせたことと、放課後に裏口のドアの外で近所の子どもたちに飴を配っていたことだけ。僕が小学校一年生のときに、祖母は就寝中に亡くなった。

「ダニー、ベビーシャワーを断ることであなたは古きよき伝統を取り戻したのよ。おばあちゃんが生きていたら、あなたを誇りに思うでしょうね」

僕が母親に話したのと同じ日に、テリーも自分の母親に打ち明けた。

テリーは、僕が彼の母親のことを冷たいと言うとむっとする。冷たいわけじゃない、とテリーは反論する。ちょっと遠慮がちなだけで、きみの家族の何人かみたいにおしゃべりじゃないだけだよ、と。テリーの母親は、たとえば「最近どうなの？」といった出過ぎた質問をするのはよくないことだと考えているだけで、やっぱり愛情豊かな優しい母親なのだ。ただ口数が少なく慎み深いだけで。

でもけっして冷たくはない。にもかかわらず、電話を手に取ったテリーが何よりも恐れていたのは冷たい反応が返ってくることだった。テリーは選ばれたことを母親のクローディアに伝え、予定日と、赤ん坊が男の子であること、そして赤ん坊にはテリーの父親でクローディアの前の夫であるダリルの名をつけることを話した。するとクローディアはこう言った。「まあ、とっても早かったじゃない。あまり長く待たずに済んでよかったわね」

で、彼女のコメントはそれだけだった。そのあと彼女は話題を変え、さらに数分話した——彼女がテリーの義理の父親であるデニスと行く予定のアラスカ旅行のことや、丹精している庭の話、そしてとても魅力的なテリーの兄のことやなんかを。そして二人は電話を切った。

数分後、電話が鳴った。

「ベビーベッドを持って行こうか？」

そのベビーベッドはテリーの家に代々伝わるものだ。一九四〇年代にテリーの祖母がモンタナのガラクタ店で買ったもので、いったいどのくらい古いものなのか誰にもわからない。テリーの母親が赤ん坊のときに使い、その後テリーの兄のトムが使い、その後テリーが使っていた。それから二十五年間使われないまま、テリーの祖母の家の地下室にしまわれていた。

「あなたが養父母候補者リストに載ったときにおばあちゃんの家にまだあるかどうか確かめに行ったのよ。それにどんな状態なのかも」とクローディアは言った。「見たところ問題なさそう。あなたが使ってたマットレスもまだそのままあって、匂いも問題なかった。カビやなんかもなかったし。あなたの赤ちゃんが、あなたやわたしが使ったベビーベッドを使えたら素敵じゃないかと思ったの。よかったら運んで行くけど？」

うん、それはすごく嬉しいよ、とテリーは答えた。

「二週間後に、デニスがシアトルでの集会に出る予定なの」――それなら予定日より前だ――「そのときベッドを持って行こうと思うけどどうかしら？」

「いいよ」

電話を切る前にクローディアはテリーに、ダニーのお母さんは何と呼ばれたがっているのと尋ねた。

グランドマ・ジュディ？　おばあちゃん？　グランマ・ジュディ？

僕の母親は、六ヶ月前に僕たちがセミナーに参加して以来、手紙の最後にグランドマとサインするようになっていた。

「グランドマ・ジュディだろうね、間違いなく」とテリー。

「よかった。わたしはグラミーにしてね。グラミー・クローディア。いい？」

いいよ。

テリーの母親はこのことをトムにも教えていいかと尋ね、テリーは構わないと答えた。

電話を切るときに、テリーは「じゃあね母さん」と言った。

「あら、違うでしょ。グラミーと呼んで。今から慣れとかないと」
明らかに、クローディアは楽しみにしていた。

このニュースを家族に知らせたとき、僕は父親に話すのを忘れていた。父親は僕たちが選ばれたことを知らなかっただけでなく、僕たちが養子をもらおうとしていることも知らなかった。父親は僕が母親に電話した翌日に電話をかけてきた。父親と新しい奥さんのジョエリンが数日の予定でシアトルに来ることになり、夕食でも一緒にどう？　という誘いだった。

両親は僕が十七歳のときに離婚していた。僕のこれまでの人生の半分よりも前のことだ。父親が家を出て行ったのは一九八二年の夏で、彼が僕の母親のもとに残して行ったのはティーンエイジャーとなった四人の子どもたちだけで、お金も、持ち家もなかった。でも彼が出て行ったときに何よりも恐ろしく感じたのは、父親がいなくなっても、物理的な意味での家にはほとんど何の変化も認められなかったことだ。父親の机がなくなり、母親は壊れてしまい、隣家の人たちや大家さん夫妻の親切がなければ——大家さんはキャシーとデニスのパラック夫妻で、父が出て行って以来、家賃を一切値上げしないでくれた——僕たちはホームレスになっていただろう。でも父親の机のほかはすべて、前日どおりの場所にあった。まるで父親など元からいなかったかのように。

僕はその年の夏に母親にカミングアウトするつもりだったけれど、離婚して泣きくれている女性に、ジャジャーン！　息子も一人はゲイだった、と伝える気にはなれなかった。母親へのカミングアウトは二年先延ばしとなった。

母は、若い頃の父親はとても家族思いで、当時のよその父親たちとは比べものにならないほどの素晴らしい父親だったと僕に言う。でも僕の幼い頃の父親の記憶は、自分の性的指向が原因で父親と関わるときに感じていた緊張感と、両親の離婚がもたらした苦しみに彩られている。ゲイの男性を「治す」ことができると主張するインチキセラピストたちは、父子間の希薄な人間関係こそが同性愛の根本原因だと主張する。幼少期に父親と適切な関係が結べてさえいれば、今の僕がマット・デイモンとの緊縛プレイを延々と妄想し続けることもなかっただろう、と彼らは言う。

でも彼らインチキセラピストたちは、明白な事実を考慮に入れ忘れている。それは、ゲイの少年たちは、ゲイであるという理由で父親との関係に緊張感を感じるということだ。僕が同性愛者であることが、父親との関係を悪くした――父親との関係の悪さが原因で同性愛者になったわけじゃない。父親の三人の息子のなかで、僕だけがスポーツを好まず、ケーキを焼いたりミュージカル・コメディを聞いたりしていた。僕の何かが父親の目には奇異に映り、僕は心の底では父親に愛されていると知っていながらも、父親に理解されておらず、自分が父親を困惑させているとわかって辛かった。そして僕が、ミュージカル・コメディへの異常なほどの執着が何を意味していたかに自分で気づけるほどの年齢になったとき、父親はもうずいぶん前からそれに気づいていた。

そしてもちろん、僕の心を傷つける出来事の多くもそれ以前に起きていた。子ども頃の辛い記憶の一つは、アニタ・ブライアントの「ゲイの人間」についての意見がなぜ正しいのかを母親に説明する父親の言葉だった。そのとき僕は、グリーンのシボレー・ノヴァの後部座席で、父親の話など気にもとめていない三人の兄弟たちに挟まれていた。「ゲイの人間たちは経済的な意味で社会への脅威なんだよ。なんせやつらは恋愛して結婚し、身を固めて子どもをつくるってことがないんだから。やつらは車も、洗濯機も芝刈り機も買わない。だからゲイの権利を保障することは、車や洗濯機、芝刈り機の製造に携わる人々の仕事が減ることを意味している。ゲイを大目に見てやるべきだとは思うが、安心して子どもたちを任せられる相手じゃない」

彼の言葉は無知から出たもので、悪意があったわけじゃなかった。でもそのときはそれがわからず、その言葉に僕は傷ついた。皮肉なのは、彼の四人の子どものうちホモだけが恋をして身を固めたことだ。今のところ、洗濯機を買うことができるのは僕一人だ。

父親がシカゴ市警の殺人課の刑事で、シカゴのゲイの多い地区を担当していたことも災いした。七〇年代のゲイがたむろする街には流行りのレストランも高級なマンションも色とりどりの安物の装身具もなかった。安っぽいバーと男娼と、強盗事件だらけの街だった。僕がカミングアウトする前に父親が出会ったゲイの大半は殺人犯だった。

両親の仲がうまくいかなくなり始めたとき、僕は十四歳だった。すでに自分が変だと気づいて、近所の男の子たちが楽しむ仲間内の遊びに入れてもらえるとは思っていなかった。そういうわけで、僕は屋根裏や裏庭の木の上に潜んだり、ダイニングテーブルの下で寝そべって8トラックのテープに録音されたミュージカル・コメディを聞いたりして長時間過ごすようになった。つまり僕は、父親が母親の元から立ち去ろうとする二年の間家にいることがとても多かった。他の兄弟たちはその場に居合わせなかったから、両親の喧嘩をほとんど見ていなかったけれど。父親がものすごい勢いで家を出て行き、その後母親が寝室ですすり泣く姿を見ることがよくあった。物が投げられ、割れる喧嘩もあり、投げるのはたいてい父親で、割れるのはたいていい母親がとても大切にしていたもので、おばあちゃんが大事にしていたちゃちな飾り物なんかだった。二人が別れたあとに、一度父親が訪ねてきたことがあった。父親は母親と散歩に出かけ、その間僕はダイニングテーブルの下で『キャメロット』を聞いていた。二人が玄関から入ってきたのは、ちょうどロバート・グーレが「もし僕がきみのもとを去ることになれば……」と歌い出したときで、途端に母親は泣き出した。父親は僕の顔を見てため息をつき、そのまま背を向けて家から出て行った。

妻との関係が崩壊しつつある中で、父は四人の子どもたちにたくさんの約束をし、そのすべてを破ろうとしているように見えた。彼は出て行かないと約束し、出て行った。母親とは離婚しないと約束し、離婚した。誓って他に女性などいないと言ったが、いた。ジョエリンと結婚することはないと言っていて結婚した。遠くへ行くことはないと約束して、カリフォルニアへ行ってしまった。

その数年後にやってきた父親は、僕たち兄弟をお茶を飲みに連れ出した。そして何の前置きもなく、自分とジョエリンは子どもをつくる気はないと宣言した。僕たちにそれを言っておきたかった、と言った。またも約束だった。父親がトイレに立つと、僕たち兄弟は呆れたように目を見かわした。

とうとう僕が言った。「ジョエリンはきっと今お産の真っ最中だよ」

「それも双子だ」とエディ。

「くっついた双子、だといいね」とビリー。

こうしたたくさんの嘘や、父親が原因に違いないと考えていた苦しみのせいで、僕は何年も父親と話すのを拒否し続けた。クリスマスにも会おうとしなかったし、電話でも話さなかった。父親が玄関から入ってきたら、裏口から出て行った。ふたたび父親と話したいと思うようになったのは、もうすぐ二十歳になるという頃だった。でもそのときには父親とどんな風に話せばいいのか忘れていた。

そんなとき、父親がジョエリンと再婚した。

ジョエリンはとてもいい人で、父親にぴったりの相手で、この十年間に彼女と何度か過ごした時間はとても楽しかった。多分彼女は、離婚で僕がとても辛い思いをしたことを知っていて、あれから何年も経った今も僕に気を遣っている。それでも、父親が彼女と結婚した日は、僕の人生で最も辛い日の一つだった。その結婚は僕の母親の心の傷口をすべて開いてそこに塩を塗り込み、父親と僕の関係の修復をその後五年間保留にした。

父親は、一九八五年の母の日にジョエリンと結婚した。

ビリーと僕は今もときどきあのことについて話し合う。結婚式に母の日を選んだのが故意によるものかどうかはわからないが、あれは本当にひどい仕打ちだった。もしも父親かジョエリンのどちらかがわざと母の日を選んだのなら許せないことだった。もしも間違って選んでしまったのなら、気づいた瞬間に日を変えるべきだった。でも二人はそうはせず、一九八五年の母の日の朝早く、僕の母親は子どもたちが式服に着替えるのを手伝い、夫の二度目の結婚式に出かける姿に手を振った。母の日だというのに。

なぜ僕は行ってしまったのだろう？　なぜ家に残らなかったのか？　離婚は母親に、そのあと一生彼女につきまとうことになる捨て去られることへの不安を与えた。そして僕たちは、母の日に母親を捨て去り、空っぽの家の中で独りきりにした。父親はビリーとエディと僕に新郎の介添え役をしてくれないかと頼み、僕はそれだけは断った。でもやはり僕は家に残るべきだった。父親は詩篇だかコリント人への手紙だかから、愛はけっして死なない、とか、愛は変わらないとかいう趣味の悪い言葉を選んできていて、その言葉が読み上げられたとたんに僕はシクシク泣き始めた。結婚式の様子を撮影するビデオカメラは僕が座っていた会衆席の真後ろに設置されていたから、ビデオを再生すると聞こえてくるのは僕の泣き声だけだ。

でも最近では、父親と僕は完璧なほど温かい関係を結べている。父親はシアトルまで僕に会いに来てくれてテリーにも引き合わせた。それでも二人の間にはためらいやおずおずした感じはまだ残っている。ときどき、父はまだ僕が怒っているんじゃないかと心配しているのだと感じることがある。僕は怒っていない。本当だ。結婚式はずっと昔の話だ。でも僕たち父子は、僕が九歳だった頃以来とても長い間疎遠になっていて、だから父親が他の兄弟たちと結んでいるような関係を僕たちも本当にいつか結べるのだろうかと疑ってしまう。

家族に伝えるべき報告があるとき、カリフォルニアにいる父親のことが思い浮かぶことはない。そういうわけで、テリーと僕はあと二週間で赤ん坊がやってくるというときになって、ようやく僕の父親に養子をもらうことを伝えた。しかもそれはたまたま父親がシアトルに来たからで、それも、シアトルのレストランの前の歩道で順番待ちの列に並んでいたときに、父親になることをまだ彼に伝えていなかったと気づいてようやく伝えたようなことだった。

父親はまた、家族のなかで僕がゲイであることを知った最後の人でもあった。僕は二十一歳になって大学を卒業してから父親に打ち明けた。嫌な反応をされると思ったからだ。父親はその日、僕が出ている芝居を、兄弟たちや母親を車に乗せて見に来てくれて、他の家族をクーリエ・カフェの中で待たせ、カフェの表の舗道で父親と二人になったときに、僕は父親に彼がすでに知っていたことを伝えた。父親は動揺していたが、それは僕がゲイだからじゃなかった。

動揺していたのは、僕がもっと早く話さなかったからだ。

メリッサの権利を明記する

僕たちが三人そろってローリーに会いに行くのは、六週間前にアウトサイド・インで初対面のメリッサに会って以来、初めてのことだった。メリッサは今ではとても大きなお腹をしていた。メリッサを彼女のアパートの前でひろったときも、車に乗り込むのに苦労していた。この前会ったときは、お腹の赤ん坊が胸を圧し上げていたが、今では赤ん坊が「下がって」地べたを引きずりそうになっていた。メリッサは、眠るのも、座っているのも、立っているのも、歩くのも難儀している様子だった。

メリッサは、さっさとすべて終わって欲しいと言った。妊娠にも、カウンセリングを受けることにも、アパートで暮らさなくてならないことにもうんざりして嫌気がさしていた。僕たちが「お互いをもっとよく知り合うために」毎週のように訪ねてくるのにもうんざりして嫌気がさしているんじゃないかという気がしたが、メリッサは礼儀を守ってそうは言わなかった。ローリーに自分の気持ちを話さなくてよくなる日を待ちわびており、アパートで暮らすのもあと少しだと喜んでいた。ストリートに戻って友人たちと暮らしたいと思っており、動物たちを連れて旅をしたいと願っていた。つまりメリッサは妊婦でなくなる日を待ちわびていたが、その一方で出産に不安を感じていた。

「痛いのは嫌なんだ」とメリッサはきっぱりと言った。メリッサは、ストリート・パンクだという理由で、医者が鎮痛剤を処方してくれないのではないかと恐れていた。「わたしには薬は必要ないと言われるかもしれない。ただハイになりたいとかそういう理由で欲しがってるだけだと思われて」

今回僕たちがポートランドへやってきたのは、オープン・アダプションに関する契約書を作成するためだった。この契約書は赤ん坊が生まれる前に署名されるべき最後の書類で、メリッサの権利を明記しておくものだ。年に何回子どもに会いに来るか。電話は年に何回で、年に何回こちらから写真を送るか。この数字はすべて下限で、上限を示すものではなかった。だからもっと頻繁に会いたければそれも可能だ。将来何らかの対立が生じた場合、エージェントが調停を行うが、その際にこのオープン・アダプションに関する契約書が参照されることになっていた。生みの母親の訪問を断ることができるのは、母親が虐待的だったり、子どもに危害がおよぶ場合に限られた。

僕たちが事務所に着いたとき、ローリーは待合室にいた。ローリーは、少しだけメリッサと二人で話がしたい、と言った。僕とテリーはソファにどさりと腰を下ろした。テリーは雑誌『ピープル』を手に取り、僕は世界一気が滅入る出版物をパラパラと眺めた。それはオレゴン州発行のニューズレターで、紹介されているのは、見た目は可愛らしいが引き取り手がなかなか見つからない子どもたちだった。つまりDGキッズだ。三年分のニューズレターが一冊のバインダーに綴じられていて、僕は待たされている間それをパラパラやっていた。笑顔の子ども一人一人の写真の下には、養護施設に保護されて以来、小さなスージー／ミッキー／ジェニー／アンディ／の身に起きた、「驚くべき進歩」のことが三段落にわたって詳しく書かれていた。次に、小さなスージー／ミッキー／ジェニー／アンディ／が生みの親から引き離されて施設で保護される原因となった、恐ろしい虐待のことが事細かく説明されていた。彼らのようなＤＧキッズについて書かれたものを読むのは、体の中のあらゆる罪の意識の神経が、つまり全身の神経が紙やすりで摺り削られる心地がする。引き取ってくれる家庭を必要としている虐待された子どもたちがいるというのに、自分たちは健康な男の赤ん坊を養子にしようとしている――あるいは養子にしたいと望んでいる――と考えると、自分が……卑劣に思える。

僕はテリーにニューズレターを見せ、この子たちの話を読むとＤＧキッズを養子にしたい気分になると言った。テリーは呆れたというように大きく目を見張り、ニューズレターを読むのをやめたほうがいいと言った。テリーは、健康な子どもを養子にしたいという自分の気持ちを恥じておらず、そのことについても、僕が毎日のように罪の意識を感じて何時間も無駄にしている他のどんなことについても罪悪感など感じたくないと考えていた。僕は、レンタカーを借りたり子どもを養子にもらったりできるだけの財力を持っていることに罪の意識を感じていたが、外食のときにいつも多すぎるチップを支払う以外には、人々の貧困解消のために何もしていなかった。熱帯多雨林の大幅な減少に罪の意識を感じていながら、ＩＫＥＡで買い物をしていた。

ローリーに呼ばれて彼女の事務所に入っていくと、メリッサが壁に背を向けるようにして椅子に座り床を見つめていた。テリーと僕は、反対側の壁の前にある低いソファに腰を下ろし、ローリーは自分のデスクの前に座った。ローリーは僕たちに、三人で会ってみてどう？　うまくいってますか？　と尋ねた。答えるのはほとんど僕とテリーだけで、順調だ、一緒に外食もしたし、先週はＯＨＳＵでのメリッサの出生前検診にも一緒に行った、と説明し……ローリーはうなずきながら聞いていた。「とてもうまくいっているみたいね」とローリーが言い、「メリッサ、あなたもそう思う？」と質問した。

「ええ、まあ」と答えてメリッサは肩をすくめた。

ローリーがメリッサに、一年に何回くらい子どもに会いたいと思う？ と尋ねた。メリッサは床を見つめたまま「べつに」とつぶやいた。これは、もうたくさん――べつに考えてないし、話はもうおしまい――という意味だった。ところがローリーはさらにメリッサを問いつめ、穏やかな口調であらゆる選択肢を挙げて、メリッサに決断を促した。メリッサは追い詰められた。「本当にそんなこと考えたこともないから」と言うと、椅子にぐったりと寄りかかった。

ローリーが僕たちのほうへ向き直った。メリッサが赤ん坊を見に来る回数について、何か考えはありますか？

僕は、なぜ僕たちが赤ん坊には生みの母親のことをよく知ってもらいたいと考えているのかについて、ちょっとした演説をした。オープン・アダプションを気に入った理由の一つは、と僕はローリーの顔を見ながらメリッサに説明していた。僕たちの子どもには、母親とのつながりを持ち続けさせたいと考えているからです。養父母のなかには「もう一人の」母親の存在を脅威に感じる人もいるでしょう。彼らは生みの母親が子どもに会う回数を制限したがるかもしれません。そうすれば養母は自分こそ「本当の」母親だと思えるからです。

「でも僕たちは、密度の濃い接触を歓迎します」――僕はエージェント流の話し方をマスターしていた

――「生みの両親への手紙にもそう書きましたし、それは本心です。赤ん坊がメリッサと関わり続けることを僕たちは脅威とは思いません」最後に向き直ってメリッサの顔を見た。「僕たちは赤ん坊にはきみのことを知って欲しいと思ってる。僕たちとの養子縁組については、訪問回数は何回にしてくれても構わない。年に三百六十五回というのもありだ。きみは好きなだけ赤ん坊に会いに来ていいんだ」

そのときローリーが口を挟んだ。

「一年に四回ではどう?」と言って僕とテリーとメリッサの顔を順に見回した。「もっと会う機会が欲しいと言うなら、それはそれで結構。でもほとんどの養父母と生みの母親は、最低でも年に四回会うと決めています。四回でいいんじゃない?」

僕とテリーはうなずき、メリッサは「たぶん」と答え、ローリーは「四回」と書き込んだ。

「いい?」とローリーが念を押した。「これは最低限の訪問回数についての取り決めです。あなたたちは好きなだけ会うことができます、全員が同じ意見ならね。でも、ダンとテリーが、年間の訪問回数を四回以下に制限することはできません」。ローリーが以前にも同じ戦略を使ったことがあるのは明らかだった。過度に相手を気遣う養父母は、生みの母親に毎日来ても構わないという現実味のない申し出をすることがある。そんなとき、カウンセラーが介入して養父母を現実に引き戻し、実行可能な回数を記入して、養父母たちを、生みの母親による法的強制力のある連日の訪問という必然的な悪夢から救い出している。

「写真のやり取りの枚数はどうする?」

メリッサは一年目以外は年に二枚を希望した。

「子どもは最初の一年で大きく成長するものだから」とメリッサは僕たち全員に向かって言った。「一年目はもう少し多くもらえたらいいと思う」

ローリーは、一年目は四枚、それ以降は年に二枚と書き込んだ。メリッサは連絡先を持たなかったから、写真はエージェント宛に送り、そこでメリッサのファイルに保管されることになった。

電話については？　電話は月に一度と決めたが、でもメリッサには何度でも好きなときにかけてきていいと言っておいた。

「コレクトコールでしかかけられないけど」

「それでいいよ」とテリー。

このとき僕たちが話し合って決めた数字――四度の訪問、二枚の写真、月に一度の電話――はすべて僕とテリーを拘束するものだった。メリッサのほうは必ず月に一度電話しなくてはならないわけではなく、必ずしも年に四回子どもに会いに来なくてはならないわけでもなかった。メリッサが赤ん坊とどのくらい接触を持つかは、メリッサの考え次第だった。養子縁組が成立した翌日からは、生みの母親は望めば姿をくらましてしまうのも自由だった。そして実際そうする母親たちもいる、とセミナーでも聞いていた。養父母には姿をくらます自由はない。子どもが十八歳になるまではエージェントに忘れずに最新の住所と電話番号を伝えなくてはならなかった。

話し合いが終わる前に、ローリーからメリッサには特別な希望があって、それをオープン・アダプションの契約書に書いて欲しがっているという話があった。メリッサが家族との関係を修復できたら、赤ん坊を彼女の両親や兄弟にも見せてやって欲しいというのだ。

「了承できますか？　お二人は？」とローリーが質問した。僕たちが返事をする前に、メリッサが口を挟んだ。「この子はうちの親にとって初めての孫だから。きっといつかあの人たちもこの子に会いたいと思うはず」彼女は続けた。「それに弟も自分が叔父さんになったことを知りたいだろうし」

契約書の上でペンを握ったまま、ローリーは僕とテリーを見上げた。オレゴン州では養子となる子どもに対する祖父母の権利は認められておらず、叔父の権利も認められていなかったから、この要望を認める必要はなかった。僕たちに求められていたのは、僕たちがいるときにメリッサが赤ん坊を訪問するのを認めることだけで、メリッサの近親者に対しては何の義務も負っていなかった。

「必ず一度は生みの祖父母を訪ねる、というのでどうかしら？」

僕がテリーを見ると、テリーは肩をすくめて答えを僕に一任した。

「もちろん大丈夫です」

三人でエージェントの事務所を出てロイドセンターに向かった。予定日まであと二週間となり、テリーと僕も、さすがにすぐ必要となるいくつかのものを買っておかなくてはと考えたのだ。たとえばチャイルドシートなんかを。ローリーから聞いた話では、赤ん坊をチャイルドシートに縛りつけた状態でなければ病院は赤ん坊を連れ出すことを許可しないらしかった。ローリーはまた、チャイルドシートを生みの母親と養父母が一緒に買うのはとてもよいことだとも言った。「そうすれば生みの母親も、赤ん坊が無事に病院から養父母の家に帰るための準備に関われたと感じることができますから」

結局、五月にセミナーに参加しようとして道に迷ったときにさまよったあの発がん性物質入りおもちゃ屋のトイザラスで買い物することになった。チャイルドシートが並べられた通路で、僕たちは初めて、熱したプラスチックを型に流し込んで作ったたくさんの製品を目の当たりにした。僕が買い物を先延ばしにし、他の誰かにベビー用品を買わせていた理由の一つは、実際に赤ん坊がやってきたら家中を埋め尽くすだろうプラスチック製品の襲撃を、一時的にせよ逃れたかったからかもしれない。プラスチックでできたベビーカーに室内遊具、チャイルドシート、歩行器、食事椅子、おもちゃ、ベビーバス――プラスチックが発明されるまで、人はどうやって子どもを育ててきたのだ？「赤ちゃんに必要な物をすべて取り揃えました」という看板が、僕たちのいた通路の上にかかっていたが、「赤ちゃんに必要なものはすべて、型に流し込まれて作られた毒々しい原色のプラスチックでできています」と書くべきだ。

いつも用意周到なテリーは、月刊誌『コンシューマー・リポーツ』に掲載されたチャイルドシートのランクづけを財布から取り出し、一位にランクされている製品を、つまり使い物になりそうな唯一の物を探し始めた。メリッサと僕は床に座り込み、テリーが一番得意とすることをするのを見ていた――つまりショッピングだ。発がん性おもちゃのトイザラスの店内で、僕もメリッサも同じくらい場違いだと感じ、落ち着かなかった。テリーが目当てのチャイルドシートを見つけると、三人で「新生児用品」の通路へ移動した。くっきりとした模様の赤と黒を使ったおもちゃがたくさん壁から吊り下げられている様子に僕たちの目は釘付けになった。さらに商品の箱に描かれている言葉を読んで全員ショックを受けた。驚いたことに！　赤ん坊はくっきりとした模様の、赤や黒や白色のものに囲まれて育つ必要があり、さもなければ赤ん坊の脳みそはうんちとなって両方の耳から滴り堕ちることになるというのだ。僕たちが新生児だった頃に、すべてのベビー用品を彩っていたあのパステルカラーやぼやけた輪郭の弊害を、僕たちの誰一人として受けていないのはなぜなんだ?

パステルカラーのプラスチック製チャイルドシートと赤と黒で彩られたおもちゃを二つ(「万が一に備えて……」)買うためにテリーがレジに並んでいる間、メリッサと僕はまた床に座り込んでいた。今度は入り口付近のジャングルジムのそばで。メリッサはこのショッピングモールへの見学旅行を、前に一緒にステーキハウスに入ったときと同程度に楽しんでいた。そのとき、二人のブロンドの髪の少女たちが通りかかり、メリッサの薄汚れた洋服とドクター・マーテンズの膝まであるブーツをじろじろと眺めた。そして僕たちの前を通り過ぎた途端にクスクスと笑いだし、こちらを振り返った。ヒッピー風の妊娠している少女とその……僕は何に見えたのだろう? 兄? 警備員? それとも仮釈放中の少女を監督する役人? メリッサは不快そうに目を細め、店を出て行く少女たちの後ろ姿をじっと睨み続けた。

「学校の子たちはみんなあんなだった」


夕食を食べにロイドセンターのフードコートのはずれにある五〇年代を彷彿とさせる食堂に行ったとき、メリッサの友人でアパートで一緒に暮らしているデイヴィッドの話になった。

「彼はわたしが作った料理を食べるくせに皿洗いを手伝わないんだ」とメリッサは首を振りながら言った。「誰かのためにご飯を作ってあげたら、相手もお皿を洗おうか、くらいのことは普通言うもんだよね」

テリーがテーブルの下で僕の足を蹴った。テリーは僕のために料理を作ってくれていたが、僕は皿洗いをしなくてはならないのが不満だった。だって、テリーは料理が好きだ。料理は楽しい、と自分でも言っていた。でも、僕は皿洗いを楽しんでいない。皿洗いは嫌いで、テリーにもそう言った。だとすれば、テリーが好きなことをした後で、なぜ僕が嫌いなことをしなくてはならないのか、その理由がわからなかった。不公平だろう？

ハンバーガーやBLTサンドを食べていると、ある家族が隣の仕切り席に座った。その家族の小さな男の子は、すぐに僕といないいないばあを始め、仕切り板の向こうから頭を出したり引っ込めたりした。僕もそれにつき合って耳を動かしたり、眉を上げたり、変な顔をしてみせたりした。当然ながら、男の子はどんどん騒がしくなっていった。ところ構わず飛び跳ね、大声をあげ、母親にも男の子を静かにさせることができなかった——僕がちょっと面白がらせすぎたのだ。とうとう変な顔をしているところを母親に見つかった。男の子の母親は僕のほうに向き直って「やめてください」と言った。

メリッサは、いつものように低い声で静かに笑った。「もうやめなよ」とメリッサ。「この子と出かけるようになったら、きっと同じことをされて頭に来るに決まってる。だからもうやめておきなよ」

アウトサイド・インへの帰り道に、テリーとメリッサは二人で次の月曜日の計画を立てていた。次の週は僕は来ることができなかったのだ。メリッサを車から降ろしたとき、礼儀知らずの彼女のルームメイトの、どこからどう見てもアンフェタミン中毒に見えるデイヴィッドが、メリッサの犬と猫を連れて玄関ポーチで待っていた。

メリッサはさよならを言って車を降り、玄関ポーチへの階段を上っていった。犬をつないだ革紐を受け取り、振り返ると僕たちに手を振った。車の中からテリーが大声で「次の月曜に！」と叫び、メリッサがうなずいた。走り去る車の中で僕は後ろを振り返った。メリッサはポーチに腰を下ろし、犬を撫でながらデイヴィッドと話していた。
お腹の大きな彼女の姿を見たのは、それが最後だった。

birth

出産

デイヴィッド・ケヴィン

プラスチック製のチャイルドシート一台と赤と黒で彩られた数個のおもちゃを持ち帰ったとき、僕はちょっとしたパニック発作に襲われた。ポートランドでメリッサと一緒に買ったものとベビーGAPで自分たちに唯一買うことを許したフランネルのシャツを除いては、赤ん坊のために必要な物を僕たちは何一つ買っていなかった。ベビーベッドもなければおしめもない、哺乳瓶も粉ミルクもおむつ替え台もない。何もなかった。もちろん、悪いのは僕たちだった。いや実際には悪いのは僕だった。僕が不幸を呼び込むことを恐れるあまり買い物禁止令を出すことになったのだから。いずれにせよ、メリッサの出産予定日まであと二週間だというのに、僕たちの家には赤ちゃん用品より緊縛グッズのほうが多いありさまだった。

キリスト教右派が、ゲイによる養子縁組に攻撃をしかけてくる危険性を考えれば、地下室に置いてある緊縛グッズのことは話すべきじゃなかったかもしれない。緊縛グッズを持っているゲイの男たちが小さな男の子を養子にすると聞いたら、パット・ロバートソン（米国のキリスト教テレビ伝道師。プロテスタント保守派の指導者）やジェリー・ファルウェル（テレビ伝道師。米国のキリスト教原理主義勢力を取りまとめ、大きな政治的勢力を持っていた）は悪夢にうなされ絶叫することになるだろうが。許しがたい敵の術中にむざむざ嵌まりたくはないが、べつに嘘をつく必要はない。僕たちの家の地下室の隅に置かれた箱には、たくさんのビニールロープや革製の拘束道具がいくつか、体罰用のかい状の棒が一本と目隠し布が入っている。そのうちいくつかは贈られたものだ――セックス相談のコラムニストが誕生日を迎えると大人のおもちゃをもらったりすることがあって、大人のおもちゃは返品できないから。緊縛プレイを僕とテリーはしていない――緊縛グッズが僕たちの寝室ではなく地下室にあったのがその証拠で、僕がそれをやったのは前のボーイフレンドとだ――が、僕自身がやったことがないとかハマったことがないなどと嘘をつくつもりはない。

　多くの人たちと同じように――たとえばマドンナなんかが思い浮かぶ――僕もエロチックな目的のために縛られたことがあるし、他の誰かを縛ったこともある。緊縛プレイやＳＭプレイは、キリスト教右派の人たちが思い描くような、堕落的な悪夢の世界じゃない。それは大人がやる泥警遊びで、全裸でやる点とオーガズムが付いてくる点が違うだけだ。いずれにせよ、縛られたことなんてないと否定したかったとしても、僕には不可能だ。僕は長年セックスのことを――自分のセックスライフのことも――書いてきて、あまりにも長く書きすぎてきたから、今さらそれを隠すことなんてできない（それにどこかで出回っているだろうあのぞっとするようなポラロイド写真の件もあるし）。もしも、縛られてファックされたことがある人間には子どもを育てる資格がないというなら、一体どうして誰もマドンナから娘のルルドを引き離そうとしないんだ？　写真集『Ｓｅｘ』の中のマドンナは、レズビアンのＳＭプレイヤーたちや男性ストリッパー、それにヴァニラ・アイスと緊縛プレイをしている。それなのに誰もマドンナのことを母親として不適切だと言わない――少なくとも『Ｓｅｘ』を理由には。

エージェントの面接でも、僕たちの性的行動について質問するカウンセラーはいなかった。僕が知っている養子縁組をしたストレートのカップルの中にも、性的行動について尋ねられたカップルは一組もなかった。たぶん、犯罪歴がなく、「北アメリカ少年愛教会」の会員でない大人であれば、セックス・パートナーと自分の子どもの区別はつくと考えられているのだろう。たとえばパット・ロバートソンは妻とは伝道師らしく正常位のセックスを楽しんでも、自分の娘たち（娘がいればだけど）とはしないだろう。そしてパット同様、僕も自分のパートナーと自分の子どもの区別はつく。僕のストレートの母親は、ストレートである僕の兄たちと寝ることはないし、僕の父親が娘と寝たこともない。僕も兄たちにモーションをかけたことはない。僕たちサヴェージ一族は近親相姦とは無縁だ。

ストレートの人々のなかには、ゲイの人間はセックス・パートナーとして誰が適切で誰が不適切かを見分けられないのではないかと心配している人たちがいる。僕たちホモは同性間のセックスというタブーをすでに破っているのだから――と「理性ある」極右勢力は政治資金集めを目的に訴える――ホモは当然近親相姦や屍姦、そしてアレチネズミを相手にすることへのタブーも破ろうとするに違いないと。僕が問題なく受け入れている、タブー視されている性癖もあって、僕はそうした性癖をこれまでずっと温かく見守ってきたばかりか、それを支持するための最善の努力もしてきた。でも自分のセックス相談コラムでも近親相姦には断固反対を主張するし、這ってでもコンピューターのところまで行きタイプを打てる間は、そうし続けるつもりだ。だが、ゲイはあらゆる男と寝たがる人間で、男なら誰でも構わない、生きていようが死んでいようが、どの種に属していようが、自分とどんな関係であろうが構わない、と思い込んでいる誰かに、僕は兄たちとセックスしたいと思ったことは一度もないとどうしてわかってもらうことができるだろう？　あるいは父親としたいと思ったこともないと？　そして、この先ずっと自分の息子に性的興味を抱くことなどない、ということも？

キリスト教右派の人々は、ボーイスカウトの団長や指導者になりたがったり、非行少年たちを指導するビッグブラザーを希望したりするゲイの男たちは、いずれ何らかの形で子どもたちにとって脅威となると主張する。そこに見え隠れするのは、子どもに関わる仕事や養子をもらうことを希望するゲイの男たちは、子どもをファックしたがっているに違いないという考えだ。言い方があからさま過ぎたら申しわけない。でもそれが真実だ。こうした不安が嵩じて、二つの州でゲイやレズビアンが養子をもらうことが法律で禁じられ（しかしそのうちの一つ、ニューハンプシャー州では先頃このホモの養子縁組に反対する法律が覆された）、法的には合法とされる州においてさえ、ゲイやレズビアンが養子をもらうことはほぼ不可能となった。でもほとんどのゲイがそうであるように、僕も、世間に流布している自分の生活についての嘘をユーモアを持って眺めている。

この、子どもをレイプするディスコ狂いの邪悪なゲイという悪夢の面白いところは、じつはゲイの男性が父親になりたがる本当の理由のほうが、彼らにはずっと脅威であるということだ。自分が父親になった姿を思い描いたとき、僕は子どもとのセックスなんて思い浮かべなかった。とんでもない。想像のなかで、僕は仕事に行き、お金を稼ぎ、テリーと赤ん坊が待つ家に帰ってくる。そして赤ん坊が歩いたり言葉を覚えたりするのを手助けする。何年かしたら、テリーがＰＴＡの会合について話すのを上の空で聞きながら、子どもの宿題を見てやる。僕が父親になりたいのは、子どもを野球の試合やマクドナルド、それにキャンプにも連れて行ってやりたいからだ。

キリスト教右派の人々が、ゲイの養子縁組について何よりも恐れているのは、僕たちがひどい親になることでも、自分の子どもとセックスすることでも、子どもをゲイにしようとするかもしれないことでもない。彼らが恐れているのは、僕たちホモがとてもいい親になることだ。僕は昔女装をしていた。バービー人形風の扮装もしたし、ＳＭの女王の扮装も、尼僧の扮装も魅惑的な女性の扮装もした。バービー人形になるのはとてもうまくできたから、父親になるのもまた結構うまくできそうだった。そしてパット・ロバートソンが心配しているのはそのことだ。子どもを育てるゲイやレズビアンが増えれば増えるほど、右派の人々は、ゲイはモンスターだと世間に思い込ませるのに苦労するようになる。ストレートの人々が、ＰＴＡの会合で一クラスの児童数や学校の制服について文句を言っている退屈きわまりないゲイの両親を一度でも目にすれば、僕らゲイはそれほど恐ろしい存在に見えなくなるだろう（ちなみに僕は児童数は少ないほうが、制服は強制がいい）。たとえ（たくさんのストレートの人たちと同じように）僕たちが本当に、地下室に古い緊縛グッズを持っていたとしても。

テリーは彼の母親に電話をかけた。テリーの母親は、赤ん坊が生まれる予定日の前日にベビーベッドを持ってくるつもりでいた。ちょうど喫煙反対の集会に参加するためにシアトルに来る予定があって、先祖伝来のそのベッドは分解できなかったから、夫のデニスと二人で、一ガロンにつき六ブロックしか走らないモーターホーム（居住空間付きの大型車）に積んで山越えで来るつもりだった。でもベビーベッドが予定日の前日に届くというのは、そう、僕の考えでは、ちょっとギリギリすぎると思えたから、テリーが母親に電話してもう少し早く持ってきてもらえないかと聞いてみたのだ。

　すると翌日、クローディアとデニスがモーターホームでやって来て、代々伝わるベビーベッドが部屋に運び込まれた。話に聞いていたベビーベッドは……それはヘボい代物だった。僕がずっと想像していたのはどことなく趣味のいいベッドで、「アンティーク・ロードショー」（イギリスのテレビ番組。各地を回り、地元の人が所有する骨董品や宝飾品の本当の価値を調べる）がシアトルにやって来たときに出品したら、とても高価なものだったとわかるようなものだ。でもテリーの家に伝わるベッドは、まるで大恐慌の最中にくず鉄を集めて作られたものみたいだった。厚く塗り固められた白いペンキはひび割れ――ペンキは鉛の臭いがした――ベッドの裾板とあたま板には、四〇年代に流行った、パステル画風に描かれた大きなウサギの写し絵があった。

　テリーの母親は、「どうしても我慢できなかったから」と言ってベビー服がいっぱい詰まった袋を僕たちに手渡した。それから四人でお茶を飲んだ。クローディアがベビーベッドの前に立つ僕たちの写真を撮り、それから彼女とデニスはふたたびモーターホームに乗り込んで、六時間かけてスポケーンへと帰って行った。テリーは、「きれいにしたら」ベビーベッドは見違えるほどよくなる、と請けあったけれど、家に置いてからほんの一時間で、僕はもうそのベッドを気に入り始めていた。たぶんそのベッドがテリーのものだったからだ。そのベッドで寝ていたテリーの姿を、体重三千二百グラム、身長三十六センチのその姿を思い浮かべただけで、胸がいっぱいになった。ベッドはオンボロで写し絵もはがれてる、だけどそれが何だって言うんだ？　その歴史こそが、そのベッドの魅力だった。赤ん坊が寝返りするようになり、柵からはがれ落ちたペンキのカスを口に入れるようになる前には別のベッドを買わなくてはいけないかもしれない。でもテリーの息子は、最初の数ヶ月間をテリーが寝ていたのと同じベッドで過ごすことになるんだ。

僕はもらったベビー服をあれこれ調べ始めたが、ふと目をあげるとテリーが自分が使っていたベッドの脇に立っていて、いまにも泣き出しそうな顔をしていた。

「母さんは日帰りでシアトルへ来てまたスポケーンまで帰って行った。孫にこのベビーベッドを使わせるために。このことを認めてくれているんだ」

そのとおりだった。そしてデニスも明らかに認めてくれていた。なにしろ実際に運転してくれたのは彼だったんだから。僕の家族は話好きだが、テリーの家は、言葉よりも行動が物を言う家だ。この行動――電話を受けた翌日に、燃費の悪いモーターホームで十二時間かけて往復してくれたこと――はとても多くを物語っていた。

その日の午後、玄関を開けると洗濯機くらいの大きさの箱が玄関先に置かれていた。箱の中には僕の母親からの簡単な手紙が入っていた。赤ちゃんのために選んだ「少しばかりの物を」送った。プレゼントは一つ一つティッシュに包んである、赤ちゃんが家に来るまでは開けてみなくていい、ということだった。

「そうすれば、不幸を呼び込むこともないでしょう」と母親は書いていた。「箱ごとどこかにしまっておいて、赤ちゃんを家に連れて帰るまでは中を開けないでください。そうすれば災いを招くこともないし、わたしも自分の孫が何の準備も整っていない家に帰ってくることにはならないとわかって、ぐっすり眠れるようになるでしょう」

「どうするの？」とテリーが尋ねた。

「どこかにしまっておいて赤ん坊を連れて帰って来たら全部開けてみよう」

テリーは不満そうに口を尖らせた。縁起が悪かろうがよかろうが、まだ開けないなんてどうかしてると思ったのだ。

「もうベビーベッドも用意しちゃったんだし」とテリーは反論した。「きみの母さんが送ってくれた荷物の中に、ベビーベッドよりもっと不幸を呼び込みそうなものなんてあるはずがないだろ」

それもそうだった。

二人で母親から送られた箱をリビングまで引きずり入れ、中に詰まったベビー用品を床にぶちまけた。大量の哺乳瓶やワンジーズ、ベビー服、ブランケット、おしゃぶり、よだれかけ。ほんの一日前には、必要なものを何一つ準備していないことにパニックを起こしかけていた。それが今日は、母親たちのおかげで準備万端となっていた。

僕の母親はよだれかけを四枚送ってきていた。そのうち二枚は箱入りで「おばあちゃん大好き」「おじいちゃん大好き」と書かれたものがセットされていた。あとの二枚もやはり元は箱詰めされていたものだった。母親はそれを二箱買い、両方を開けてそれぞれから一枚ずつ取り出してふたたびセットし直していた。手紙にはこう書かれていた。

「おじいちゃんとおばあちゃんのよだれかけ（食事のときはいつも孫にこれをつけさせてね）と同じように、『パパ大好き』のよだれかけも二枚セットで送りたかったのだけれど、そんなセットはありませんでした。だから自分で作ったのよ」

電話が鳴った。

それは土曜の朝のことだった。テリーはもう職場に出ていて、僕はベッドで新聞を読んでいた。僕はベッドから出ずに呼び出し音が鳴り続けるのを放置し、留守電に切り替わるのを待った。電話の主が誰であれ、ちょっと待ってもらうしかなかった。ビルとモニカ（ビル・クリントン大統領とモニカ・ルインスキー）の不倫の真相が明らかになり始めていて、セックス・ライターである僕には、二人の淫らな関係について細部まで知っておく厳粛な義務があった。『ニューヨークタイムズ』紙が、僕が書いている「オルタナティヴな」下品な新聞の編集部にすらけっして使わせてもらえない表現を使っていた。新聞を読み終えると僕はトイレに行こうとして、途中で子機を手に取った。プー、プー、プー。留守電にメッセージが残されていた。子機から流れてきたローリーの声に、僕の心臓と大腸の働きは一気に低下した。メリッサは今病院にいて、テリーと僕に今すぐポートランドに来て欲しいという。

クソっ、大変だ。

僕は本屋で働いているテリーに電話した。

「どうしよう！」とテリーは叫んだ。「大変だ！」

僕たちはこれからどうするかを話し合った。まずテリーは上司のマイケルに電話する。マイケルは以前から、テリーの仕事中に「生まれます」の電話が来たときには、代わりにシフトに入ると約束してくれていたのだ。マイケルが職場に到着次第、テリーはダウンタウンに行ってレンタカーを借りる。その間に僕は着替えを荷造りする。電話を切り、ローリーに電話した。メリッサは今朝早くに病院に入った。いつ産まれてもおかしくない、ということだった。

「いつになるかはまったくわからないわ。すぐ生まれるかもしれないし、十二時間後かもしれない。あなたたち、何時に着ける？」

早ければ三時間後には、と僕はローリーに告げた。

「メリッサに伝えるわ。でも急いでね」

「急いでるよ」と僕は言った。「それから、僕たちがやってあげられないからメリッサに伝えて欲しいんだけど、使える薬は全部使って欲しいと強く言うようにって」

そのあとポートランドのマロリー・ホテルに電話して部屋を予約し、ボブとケイト夫妻、そしてキャロルとジャック夫妻にも留守電にメッセージを残した。

十分後、僕は着替えを詰めたバッグを抱えてソファに座り、テリーが車で帰ってくるのを待っていた。部屋はまるで廃墟だった。三週間前にこの分譲アパートを売却して以来、家をきれいに保つ努力をやめていた。アパートは売却後四週間で出て行く取り決めだったから、僕たちはただ父親になるだけでなく、ホームレスの父親になるわけだ。しかし差し迫った問題は、この散らかりようだった。僕らはもともときれい好きのホモではなく、二人とも売ってしまった後も部屋をきれいに保つことに意味があると考えなかった。引っ越すときにどうせめちゃくちゃになるのに、どうしてわざわざ片付ける必要がある？ところが今、取り散らかった部屋が僕を嘲り笑い、こう言っているようだった。「あなたは親失格――この部屋を見なさい！　こんな豚小屋に赤ん坊を連れて帰るなんてだめよ！　ここは人間の住める場所じゃないわ！」。散らかった部屋が発する声は、僕の母親の声そっくりだった。

でも散らかった家でも家がないよりはましで――僕たちはその心配も抱えていた。僕たちが暮らしているのは、マイクロソフト億万長者（ストック・オプション制度によって自社株を購入していたマイクロソフト社の社員の多くが、バブル時代に持ち株を高値で売り抜けて億万長者となったことを指す）たちが暮らす地域だ。アパートを売ったものの、予算内では引っ越せる場所が見つからなかった。検討しようとする家やアパートはすべて、言い値より何千ドルも高い価格で現金払いで購入する、お馬鹿なマイクロソフト社員に買い占められてしまったからだ。ようやく住むところを見つけたものの、あまりにも遅すぎた。古い家を出なければならない期限は、新しい家に引っ越せる日の一ヶ月前だったから。数日後には――ＢＢＤやＢＣＭが起きなければ――僕たちは散らかった家に赤ん坊を連れ帰ることになり、そこもそう遠くないうちに自分たちのものでなくなる。そんなはずじゃなかった。養父母希望者リストに名を連ね、アパートを売り払い、新しい家を見つけて、それから赤ん坊を手に入れるつもりだった。リストに載ってから選ばれるまでに少なくとも一年はかかりそうだったから、それまでに新しい家に引っ越してそこでの暮らしに慣れ、受け入れ準備を整えるつもりだった！　八週間で赤ん坊を迎えることになるなんて、誰からも聞いていなかった！

　仕事上の友人であるエミリーとリッチが、ホームレスとなる一ヶ月の間彼らの家の地下室を貸してくれると申し出てくれたので、路上暮らしをすることは免れた。それに僕たちには、鉛入りのペンキを塗ったベビーベッドとチャイルドシート、「パパ大好き」などなどと書かれた四枚のよだれかけ、哺乳瓶が六本、それに、母親たちがありがたいことに買い物禁止令に従わず、「我慢できなくて」買ってくれた高さ一メートルにも及ぶベビー服の山があった。

　僕のパニック発作が始まって四十五分が過ぎた頃――頭の中ではまだ「このお風呂は何！　シャワーカーテンにカビが生えてるわ！　まあ、どうしたの、この流しは！　一週間もしたら赤ちゃんがマラリアになるわよ!」という母親の叫び声が鳴り響いていたが――テリーの車がようやく到着した。その日は土曜の夜で、レンタカー店バジェットに残っていたのは巨大な白のバンだけだった。それも九人乗りの。ポートランドからリトルリーグのチーム丸ごとだって養子にもらって帰れそうだった。テリーはリビングの真ん中に立ち、散らかった部屋を見回して「まだ準備万端とはいかないね」と言った。それからカメラを手に取ると、部屋の様子を写真に撮り始めた。赤ん坊がこの家に来る前の僕たちの暮らしぶりを子どもに見せようと思ったのだ。車の後部座席にベビーシートと自分たちの荷物、ブランケット一枚とベビー服を何枚か投げ込み、僕たちは出発した。

その日を限りに僕たちの暮らしは永遠に変わろうとしているというのに、5号線の下り車線を猛スピードでバンを走らせるテリーの隣で、僕がずっと考えていたのは……自分がひどい恰好だということだった。テリーはちゃんとしていた。今朝仕事に行くために身だしなみを整えていたし、たとえそうしていなかったとしても、テリーは階段から落っこちてもカッコよく見えるタイプの人間だ。僕はといえば、前日の夜は遅くまで起きていて、髭も剃っていなければシャワーも浴びておらず、大急ぎでポートランド行きの荷物を作って出てきたどさくさで、歯を磨くのも、洗面道具を持ってくるのも忘れてしまった。今回のドライブには喧嘩の種もなかったが、というのも僕たちが借りた大型のバンにはCDプレイヤーもテーププレイヤーもついておらず、あるのはAMラジオだけだったからで、そこで僕たちは途中オリンピアで降りて歯ブラシや歯磨き粉、石鹼、髭剃り、シェービングクリームなんかを買うかどうかで口論を始めた。テリーはまっすぐポートランドに行きたがったが、僕は少なくとも途中で髭を剃り、歯磨きをしてからでないと、僕の心の声――「なんだその姿は！　汚らしい！」――がＯＨＳＵの産科病棟に入っていくことを許さないだろうと思ったのだ。

ＯＨＳＵが建つ丘へと続く上り坂で道に迷い、来た道を引き返すはめになった。そしてようやく病院への入り口を見つけて車を止めた。産科病棟が入っている建物は山の斜面に建てられていたから、駐車場側の地上階の入り口から入るとそこは建物の九階となっていた。メリッサがいるのは十四階だった。僕みたいにむさ苦しい人間が新生児に近づくことを病院が許すはずがない、とまだ心配していた僕は、トイレに寄って身支度を整えてから行きたいと言い張った。テリーを隣で待たせ、五階上ではメリッサが息んでいるそのときに、僕は顔を洗い、髭を剃り、デンタルフロスを使い、そして歯磨きをした。テリーが時計を見た。二時二十五分。ローリーの電話を受けてから、僕たちが病院の建物内に入るまでにほぼ四時間かかっていた。

十四階に上がってみたものの、どちらに行けばいいかわからなかった。ようやく産科ウィングへと続く自在扉を見つけたところで、僕たちは立ち止まった。どうしたらよいのだろう？　ノックするべきか？　普通に歩いて入っていくか？　そもそも男が入っていいのだろうか？　二枚の自在扉にはそれぞれ小さな覗き窓がついていたが、覗いてみても誰の姿もなかった。ナース・ステーションも見えなかったし、九階の入り口を入ってからこれまで、案内所の前も通りかからなかった。

「どうする？」と僕はテリーに尋ねた。「さっきの階に戻る？」

「時間がないんだ」と言いながらテリーが扉を押し開けた。「入っちゃいけない場所なら、誰かがそう言ってくれるだろう」

廊下は長く、暗く、人けがなかった。誰もいない分娩室を四つ通り過ぎ、角を曲がるとそこはナース・ステーションの前だった。

「どうしました？」

こんなことは、そしてこんな質問をされることは、まったくの想定外だった。ローリーは、産科病棟の看護師たちと僕たちを「引きあわせるために」この場に来てはいなかった。たぶん僕たちは、これまでもずっとそうだったように今回もまたエージェントの誰かがここに来ていて僕たちの手を取り、導いてくれるものと思い込んでいたのかもしれない。でも明らかに、今回は自分たちでやらなくてはならなかった。

テリーが僕の顔を見た。僕は看護師たちの顔を見た。看護師たちは僕を見返した。テリーが肘で僕をそっとつついた。

「ええっと、メリッサ・ピアースの赤ちゃんを養子にすることになっている者です」僕は言った。「今着きました」

看護師たちはみな笑顔になった。まるで僕たちを待ち受けていたみたいに――メリッサのソーシャルワーカーをしていたナンシーは、ちゃんとカルテにメモを残しておいてくれたのだ。看護師の一人がクリップボードを手に取って言った。

「メリッサはついさっきお産を終えました。午後二時二十六分。母子ともに健康です」。看護師は僕たちを待合室に案内してくれた。あと少ししたらメリッサに会えるという。待合室はエレベーターの脇にあった。さっきはなぜ気づかなかったのかわからなかった。そこには案内所があり、ソファがいくつかと、二台のテレビもあって土曜の午後のスポーツ番組が流れていた。ゴルフだった。看護師はもうすぐ医師が出てきますからと告げ、コーヒーのポットを指差して、どうぞご自由にと言った。僕たちはソファにどさりと腰を下ろした。二時三十六分。赤ん坊がちょうど生まれたとき、テリーと僕はトイレにいて、テリーは僕が髭を剃るのを見ていた。まあ、どこにいたとしても大した違いはなかった。メリッサは僕たちに分娩室に入って欲しいとは思っていなかったのだから。どのみちどこかで待たなければならなかった。だったらトレイでもいいじゃないか？　僕たちが最初に二人っきりで過ごしたのも、ゲイバーのトイレだったわけだし。

僕たちはソファに寄り添って座っていた。テリーが病院のことや赤ん坊のこと、自分の父親のことなんかを話しかけて――口をつぐんだ。僕は辺りを見回した。すると部屋の反対側に悪そうなやつらがいるのが見えた。ファッションセンスがみな同じであるところをみると、みんな親戚なのかもしれない。僕は冒険してみることにした。テリーの肩に手を回しておでこにキスしたのだ。テリーも僕にもたれかかってきた。でも悪そうなやつらが襲いかかってくることはなかった。見ていなかったのかもしれないし、ホモが産科病棟の待合室でいちゃついていようが、そんなことどうでもよかったのかもしれない。廊下の先では妻や恋人が赤ん坊を産み出そうと踏ん張っているのだ。ワルであろうがなかろうが、彼らには気にかけるべきもっと重要な問題があったのだ。

どう見ても十四歳にしか見えない背の低い女性が、待合場所にやってきて僕たちの名前を呼んだ――手伝いの人か病院のボランティアが、メリッサの病室まで案内してくれるのだと思い、てっきり彼女はそのまま後ろを向いて産科病棟へ僕たちを連れて行ってくれるものだと思った。ところが彼女はまったく身動きせず、そのとき僕は彼女が誰だかわかった。女性は手術着を身につけ、足には紙製の小ぶりのオーバーシューズを履いていた。メリッサの主治医です、と彼女は自己紹介し、赤ん坊は健康で、メリッサが「後産を無事に終了《パス》したら」メリッサと赤ちゃんに会えますと告げた。

「落第したら?」と僕は尋ねた。

寒いジョーク。でもちょっと熱に浮かされていたんだ。礼儀正しい小柄な医師は、礼儀正しく小さく笑ってから冷たい目で僕を見て――同じ冗談を前にも聞いたことがあるのは間違いなかった――だいたい十分くらいで会えますから、と言った。

メリッサはベッドの上で起き上がり腕に赤ん坊を抱いていた。赤ん坊はブリート(トルティヤで肉やチーズを包んだメキシコ料理)みたいに包まれており、円錐形の頭には小さな毛糸の帽子が乗っかっていた。メリッサは病院のガウンを着ていて長い髪は後ろで一つにまとめられ、とても……清潔そうだった。メリッサは僕たちを見るとにっこりし、赤ん坊をあごで指し示した。「どう、すごいでしょ」とでもいうように。メリッサは頰を紅潮させることも目を輝かせることもなく、涙を浮かべたり泣いたりもしていなかった。彼女はいつものように落ち着いていた――そして彼女の赤ん坊もとても落ち着いていた。彼は起きていたけれど泣いていなかった。メリッサのほうを見上げ、瞬きして驚いたような表情を見せ、一体何が起きたのかを解明しようとしているかのように見えた。誰も何も言わなかった。僕たちを案内してきた看護師も病室を出て行き、ドアが閉められ、そうして四人だけ残された。僕たちは、やあ、と言った。メリッサも、こんちわ、と答えた。テリーと僕はベッドの反対側へと移動し、そのときにはちょっとした水たまりか何かをまたいで行くことになった。テリーは椅子に腰掛け、僕は窓枠にもたれかかった。

「大丈夫?」とテリーが尋ねた。

「大丈夫」とメリッサ。「びっくりするような大変さでもなかった」そう言うと、赤ん坊のほうに目を落とした。

「健康な子」とメリッサは言った。誰に向かって言っているのか——赤ん坊になのか、僕たちになのか、自分自身への言葉なのかわからなかった。赤ん坊が健康に生まれてきたことを勝利のようにも感じているに違いなかった。飲酒や薬物使用が原因で赤ん坊に障害が出ることを恐れた二組のカップルから拒絶されていたから。彼らは間違っていた。赤ん坊は健康だった。

「痛み止めはもらえた?」と僕が尋ねた。

メリッサはうなずき、「それでも死ぬほど痛かったけど」と答えた。

赤ん坊があくびをし、大きな青い目を瞬き、それからメリッサをじっと見上げた。

これまで聞いたり読んだりした話によると、この最初の時間、つまり養父母と生みの母親が赤ん坊が健康であることを一緒に確認するときが最も感動的で情感に満ちた瞬間であり、生みの母親と養父母の絆がより強くなるということだった。でもこの日はそうはならなかった。僕たちはメリッサからキューをもらう立場であり、当のメリッサはこの場面を派手に演じたりしなかったから。淡々としていた。涙もなければハグもない。あるのは事実だけ。ここに赤ん坊がいて、彼は健康である。お産は痛かった。

テリーと僕はせっかちにならないように気をつけていた。赤ん坊を抱っこしたいとも言わず、ベッドにも近づかなかった。メリッサから赤ん坊を取り上げたくて仕方がないというふうには見られたくない、と二人とも考えていた。メリッサの気が変わらなければ、彼女は明日には赤ん坊に対する権利を放棄する書類にサインするだろう。そうしたら、赤ん坊を抱っこする時間はたっぷりある——法的には、僕たちはこの先一生赤ん坊の父親であり続けるが、メリッサが母親でいられるのは、あと二十四時間だけなのだ。昔行われていたクローズド・アダプションでは、生みの母親は赤ん坊を抱くことも許されず、赤ん坊の性別や、その子が健康かどうかも知らされないことが多かった。生みの母親たちは何もなかったふりをするものとされ、子どもなど産んでいないふりをするものとされていた。生みの母親から子どもを引き離すことによって母子の結びつきが深まるのを防ぐことができ、そうすれば「赤ちゃんって？どこの赤ちゃんの話？」という演技もしやすくなると考えられていた。でも僕たちは、メリッサが赤ん坊との絆を深めるのを、あるいは赤ん坊との時間を楽しむのを邪魔したいとは思わなかった。メリッサは赤ん坊のためにお酒も薬も止めて、エージェントを探し、僕たちを見つけ、路上生活を止めて自分の体を大切にしてきた。健康な子どもを産むことは彼女の目標で、それをやり遂げた。メリッサには自分がやり遂げたことを誇りに思う権利があり、赤ん坊との絆を深める権利があり、だから僕たちは下がっていた。ずっと後ろのほうに。

僕はメリッサに、赤ん坊が生まれたとき、僕たちは九階のトイレにいたんだと話した。理由を説明すると——あまりにだらしなくて産科病棟に入れてもらえないと思ったから——メリッサは声を立てて笑った。

「このわたしを入れてくれたんだから」とメリッサは言った。「心配する必要なかったのに」

メリッサは、赤ん坊をデイヴィッド・ケヴィン・ピアースと名づけた。デイヴィッドは今のルームメイトの名前で、ケヴィンは生みの父親の名（またの名をバッカスともいう）、そしてピアースはメリッサの姓だった。メリッサは僕たちに赤ん坊を抱っこしたいかと尋ねた。僕たちはうなずいた。メリッサが僕に赤ん坊を渡した――僕のほうが近くにいたからで、赤ん坊を腕に抱いた瞬間、僕は……何も感じなかった。テリーが、自分が座っていた椅子を僕のほうに差し出した。僕は椅子に座り、テリーがその隣に膝をついて座った。赤ん坊は生まれてからほんの二十分しかたっておらず、体重はたったの三千百五十グラムだった。僕は赤ん坊の手の中に自分の指を一本滑り込ませ、赤ん坊はそれを握りしめ、すると僕は……何も感じなかった。

一体僕はどうなってるんだ？　赤ん坊は自分の役割をちゃんと果たしていた。大きな青い瞳を見開き、僕を見上げて瞬きしていた。その小さな手は温かく、力強くて、その爪は大きくて驚くほど鋭く、赤ん坊はその手で僕の小指を握りしめ続けた。少し上を向いた鼻と、青い帽子からはみ出したブロンドがかった髪。赤ん坊はあくびをすると僕の指を握っていた手を離し、それから目を閉じた。テリーが僕の腰に腕を回し、ため息をついた。明らかに、テリーは何かを感じていた。彼が赤ん坊との間に親子の絆を感じ始めているのがはっきりわかった。それなのに一体僕はどうしてしまったのだろう？

すでに赤ん坊を腕に抱いているのだから、控えめにする必要はなかった。僕はメリッサに、すごくきれいな赤ん坊だね、いい子を産んだねと言い、僕を見上げているくしゃくしゃの小さな顔に微笑みかけた。ところが僕を圧倒するようなどんな感情も湧き上がってこなかった。絆を感じろよ、ほら何やってんだ、と僕は自分に命じたけれど、「彼こそ我が息子なり」という啓示がもたらされることはなかった。テリーが赤ん坊を抱いている僕の写真を撮ってくれた。カメラに向かって笑顔を作りながら、どうして僕は何かを感じろと自分に命じなきゃならないんだろう、と考えていた。

僕はテリーに赤ん坊を渡した。テリーは赤ん坊を抱いてメリッサのベッドに近寄り、その角に腰掛けた。僕はテリーとメリッサと赤ん坊の写真を撮ってから、ベッドの別の角に腰掛けた。「メリッサ、この子はとってもきれいだね」。テリーは何度も繰り返した。「すっごくきれいだ」。テリーはとても嬉しそうで、喜びにはち切れんばかりだった。メリッサさえも笑顔だった。なのに僕は何も感じていなかった。

僕たちは、この日のために長い時間一緒に頑張ってきた。セミナーに参加し、育児書を読み、どんどん高額になっていく山のような小切手を切り、銀行口座や犯罪歴、そして頭蓋骨の中身を審査のために公開した。僕たちはこの瞬間のことを――つまり二人が父親になる瞬間のことを――ずっと前から話し合ってきて、だから議論だけで満腹してしまったのかもしれない。子どもの問題を、一つの大きな抽象にしてしまっていたのかも。それともたぶん僕は麻痺していたのか。僕の胸では心臓の代わりに氷と石でできたボールが回転しているのかも。

テリーがメリッサに赤ん坊を返そうとしたちょうどそのとき、看護師がメリッサの背骨に挿入されたカテーテルを取り外しにやってきた。硬膜外麻酔用のものだ。看護師は僕たちに廊下に出ていて下さいと告げ、赤ん坊も一緒に連れて行くように言った。僕とテリーがメリッサの顔を見ると、メリッサは肩をすくめた。メリッサがそうするときはオッケーの意味だ。

赤ん坊を連れて廊下に出ると、僕たちは初めて三人だけになった。僕はテリーの顔を見、テリーも僕の顔を見返した。二人で赤ん坊に目をやり、もう一度顔を見合わせた。

「ついにやらかしちゃったね」と僕は冗談まじりに言った。

「とってもきれいな子だ！」とテリーが言った。

廊下は暗く、産科病棟には人けがなかった。ＯＨＳＵにある二十の産科病室のうち、使われているのは二室だけのようだった。テリーが赤ん坊を腕に抱いたまま壁にもたれかかり、僕はその身体に腕を回した。そのまま床に倒れるんじゃないかと思ったからだ。

メリッサの病室のドアが開いて看護師が出てきたので、僕たちは病室に戻った。そのあとは写真を撮ったり、赤ん坊を順番に抱いたりしてのんびり過ごした。メリッサは、早朝に陣痛が始まり、その二、三時間後にタクシーで病院に着いたと言った。僕たちは、どんな風にここまで車を走らせてきたかを話した。メリッサの背骨からカテーテルを引き出した看護師が戻ってきて、赤ん坊の体重を計り、赤ん坊におしめと小さな綿のシャツを着せてからふたたびおくるみで包んだ。そのあと粉ミルクの入った六十ｃｃの哺乳瓶をよく振ってからキャップを外し、誰が最初にミルクをあげますか、と尋ねた。

「今日は十分働いたから」。メリッサはそう言ってベッドにもたれかかった。「あなたたちがやって」

テリーが看護師から哺乳瓶を受け取ると、メリッサは赤ん坊をテリーに渡した。ミルクの入った小さな哺乳瓶はガラス製で、黄色いラベルが貼ってあり、小さな茶色の乳首が取り付けられていた。テリーが赤ん坊の上唇にやさしく乳首を押し当てると、その小さな唇が開いた。赤ん坊は乳首に吸いつき、哺乳瓶を引き寄せようとしてテリーの小指を握りしめた。テリーは僕の顔を見て、それからメリッサの顔を見た。

「とってもきれいな子だ」とテリーがまた言った。「きれいだ」

「もうわかったって」メリッサが呆れたように目を丸くして口を挟んだ。「それは聞いたから」

感じのいい看護師が部屋を出て行くと、別の看護師が入ってきた。その看護師は、メリッサがいつまでここにいるつもりか聞きたがっていた。

「法律上は、あなたには四十八時間ここに滞在する権利があります」と看護師は説明した。「でも体調に問題がなければもっと早く出てもらっても構いません」。それだけ言うと看護師は唇をすぼめ、メリッサに、ちょっと明るすぎるくらいの声で気分はどうかと尋ねた。顔は笑顔だったけれど、その声の調子からはあることが伝わってきた。口には出さなかったけれど、彼女は僕たち全員に、無保険でお産も軽かったメリッサは二日もここで寝泊まりしてオレゴン州の納税者たちにむやみに負担をかけるべきではないと知らせたがっていた。

メリッサは看護師を見つめたまま何も言わなかった。

「今夜退院することもできます。あなたが大丈夫だと思えば。何なら明日の朝でも」

「四十八時間って二日のことだよね?」とメリッサが僕のほうを見て尋ねた。僕はうなずいた。メリッサはまっすぐ前を見つめていた。ローリーのオフィスで、一年間の訪問回数を決めようとしていたときみたいに。メリッサは、列車から飛び降りられるくらいだから、おそらく今晩か明日の朝に退院できる体力はあるだろう。でも、もしもメリッサがこのまま養子縁組を進めるつもりなら、病院で赤ん坊と過ごす時間が、唯一彼女がフルタイムの母親でいられる時間になるはずだった。僕は、ドアの脇でクリップボードを手に立っている看護師にそれを説明したいと思ったけれど、そうするかどうかはメリッサが決めることだった。

長い沈黙が続いた。看護師はもう笑顔ではなかった。険しい顔でメリッサを見つめてこう言った。

「そうです。四十八時間とは二日のことです。そして法的にはあなたは二日間滞在することができます。でもあなたのお産は比較的軽くて――」

「二日ってことは月曜日まではここにいていいってことですよね?」。メリッサはそう言うと自分のベッドに視線を落とした。

「ええ、でも――」

「だったら月曜日までここにいます」

看護師たちがメリッサと赤ん坊を一つ下の階の回復室に移動させると、テリーと僕は産科の建物を出て下の駐車場に停めたバンまで戻った。テリーはカメラのフィルムを取りに行く必要があり、僕は散歩を必要としたから。

メリッサの新しい部屋に行ってみると、彼女は一人だった。赤ん坊は廊下の突き当たりの新生児室に預けられていた。このフロアの看護師たちは――みんな笑顔で頼もしいおせっかい焼きだったが――メリッサが子どもを養子に出すと知っていて、だから子どもに「愛着が湧きすぎる」のを防ぐために赤ん坊を新生児室で預かっていたのだ。過去の習慣はなかなか廃れない。新生児室では、一人の看護師が僕たちに新生児を入浴させる方法とへその緒を清潔に保つ方法を教えてくれた。赤ん坊はまだ僕たちのものではなかったが、すべての看護師が、まるで赤ん坊が僕たちの子どもであるかのように敬意を示してくれた。メリッサが赤ん坊と過ごして構わないと思っている、と僕たちが説明すると、赤ん坊が寝ているベビーベッドごと廊下を押して行き、メリッサの部屋まで行かせてくれた。

　メリッサの回復室はとても豪華で、民間の健康保険に加入していて二日分の入院費用を支払える母親たちの心を惹きつける目的で設計されているのは明らかだった。メリッサのベッドはこの病院に標準装備されているもので、あたま板にはカエデの木が使われていた。さらにこの部屋には同じカエデの木で作られたテーブルと椅子、それに窓下はクッションつきの椅子が置かれ、テレビ、ビデオカセットレコーダー、個人用バスルームが完備され、大きなピクチャーウィンドウからウィラメット川を眺めることもできた。照明器具も本物ぞろいだった――ランプ、壁から突き出した電灯――すべて本物の電球で（蛍光灯ではなく）調光スイッチつきだった。コロのついた赤ん坊用のベッドはメリッサのベッドと同じ高さで、あたま板にはやはりカエデの木が使われていて、しかし側面にはプレキシグラス（飛行機の防風や窓ガラスに用いられるアクリル樹脂）が用いられていた。メリッサがもう赤ん坊を抱きたくないと思ったら、赤ん坊をベッドに寝かせてすぐ隣で顔を突き合わせて横になり、その寝顔を見ていることもできた。

　テリーと僕は部屋の中をせかせか動き回り、メリッサと赤ん坊に必要なものを手渡したり写真を撮ったりした。メリッサは赤ん坊に二本目のミルクを与え、僕は、初のうんちのおしめを替える光栄に預かったが、おしめの中はハーシーのチョコレートシロップみたいなもので一杯だった。赤ん坊のお尻を丁寧に拭き、アルコールの拭き取りティッシュの包装を開けて、へその緒もきれいにした。テリーとメリッサに手際の悪いところを見られながら、僕は少しずつ感じ始めていた……何かを。まだ親子の絆とまではいかなかったけれど、少し前に産科の病室にいたときに比べれば、間違いなく何かを感じていた。

　赤ん坊をお風呂に入れる方法を教えてくれた看護師が、調整乳を入れた哺乳瓶入りのケースとビデオテープを持ってきた。看護師はそのテープをビデオカセットレコーダーにセットし、僕たちはさまざまな民族に属する大勢の新米ママとパパたちが新生児の世話をしている様子を見ながら、落ち着いた男性の声が、この「最初の重要な時期」には、定期的にミルクを与えることや、へその緒を清潔に保つこと、そして友人たちや家族に頼って手伝ってもらうことがいかに大切かを説明するのを聞くことになった。

メリッサは「へいへい」と何度も何度も繰り返した。「ミルクをあげるのを忘れないように、赤ん坊を頭から落っことさないように、おしめを替えるのを忘れないように」メリッサはビデオを消して続けた。「そんなことわかってる。でしょ?」

メリッサが昼寝したいと言ったので、テリーと僕はメリッサのベッドに赤ん坊を残して部屋を出た。出るときに電気を消していって、とメリッサは言った。そのまま窓のほうを向いて横になり、腕には赤ん坊を抱いていた。何だか部屋を立ち去りがたい気がして、駐車場のバンまで歩いて行く途中、テリーはメリッサの気が変わって赤ん坊を手放さないと言い出すんじゃないかと怖いんだと打ち明けた。いずれにせよ、翌朝ローリーが病院に書類を持ってきたときにはわかることだ。僕たちは車で丘を下り、マロリー・ホテルにチェックインして、自分たちも昼寝した。そのあともう一度病院へ向かう前にビデオショップに寄って「シンプソンズ」のビデオを何本か借りた——シンプソンズはメリッサと僕の共通の趣味の一つだから。

その夜の病室では、三人ともいつまでたっても赤ん坊を名前で呼ぼうとしないのがまるでマンガみたいに見えてきた。誰も、メリッサが出産直後に名づけたデイヴィッド・ケヴィンという名や、テリーと僕がつけるつもりのダリル・ジュードという名で赤ん坊を呼ばなかった。メリッサは赤ん坊を「おチビさん」と呼び、テリーと僕は「この子」と呼んでいた。メリッサは何度も「ごきげんいかが、おチビさん」と赤ん坊に呼びかけていたし、テリーと僕は赤ん坊をやり取りするときには「その子をこっちへ」と言っていた。メリッサの予定日の二週間前に、僕たちはこの名前問題についてもう一度話し合いたいと考えていたが、赤ん坊が早く生まれてきてしまったからには、どのみちどちらか一つの名前に決めることはできなかったのだ。僕は、小さなデイヴィッド・ケヴィンまたはダリル・ジュードが、いつかそのことを精神科医に相談する日が来るのではないかと心配せずにはいられなかった。

　病院の夕飯が運ばれてくると、メリッサは赤ん坊をテリーに渡した。メリッサは病院食について不満を漏らした——肉なんてほんの少しだし、チョコレートケーキは味がない——そこで僕はカフェテリアに行って何か買って来ようか？　と言ってみた。

「いいよもう」とメリッサは言って肩をすくめた。「ちっとも美味しくなかったけど、もう食べちゃったから」

　夜の八時頃、看護師が僕たちと赤ん坊の様子を見に来た。看護師は赤ん坊の心音を聞くと「うーん……」と唸った。三人ともこの「うーん」を聞いてちょっと不安になった。赤ん坊の心臓に雑音がある、ということだった。でも心配はいりません……そんなには。新生児にかすかな心雑音があるのはよくあることで、たいていは二十四時間以内に消えてしまいますから、と看護師は言った。でもこの赤ん坊の場合は心雑音が特に大きいので、小児の心臓の専門医に来てもらったほうがいいと彼女は判断したのだ。どうぞパニックにならないでくださいね、と看護師は言った。ただ子どもの心臓の専門医に来てもらって「聞いてもらいたい」だけですから。でもパニックにならないでというその言葉が、言うまでもなく僕たち全員をパニックに陥れた。

それから三時間かけて心電図を二回とそのあと胸のレントゲンを一枚撮影した――すべてメリッサの回復室で行われ――小児の心臓専門医はメリッサのベッドの足元に立っていて、用心のために調べますが、心配する必要はありませんから、と説明した――でもその表情がすべてを物語っていた。この子の心臓には何らかの先天的な異常がある。これほど心雑音が大きいところを見ると心臓に穴が空いている可能性があり、ということは……この新生児は手術が必要ということで、それはつまり……この子は死ぬかもしれないということだ、と。

僕は小児の心臓専門医の話を聞いている間じゅう、赤ん坊を抱きしめていた。その小さな顔や、小さな毛糸の帽子をかぶせられた頭を見下ろし、赤ん坊が目を開いたり閉じたりする様子を見ていた。テリーは僕の隣に座っていて、赤ん坊は僕の指を一本握りしめていた。赤ん坊はあくびをし、瞬きをして、それから眠ってしまった。そのとき僕は、自分にこう言い聞かせた。親子の絆なんか感じるんじゃない。この子はたぶん死んでしまう。だからこの子に愛情を持ってしまって、時間と精神的エネルギーを無駄にするんじゃない。この選択肢――こんな風に心のギアを入れ替えること――ができたのは、僕がこの子の血のつながった親じゃなかったからだ。この子は僕の子どもじゃなかった。僕の血を分けたものでも、肉を分けたものでもない。僕が書いた書類から生まれでた子であり、僕の小切手帳の血を分けたものだった。そして、書類上の手続きがまだ完了していない以上、僕と赤ん坊は無関係だった――今のところは。

もしもこの子が死んでも、僕とテリーは子どもを亡くしたことにはならない、本当の意味では。そのとき僕たちは、もう少しで自分のものになりそうだった赤ん坊を失うことになり、ほぼ成立しかけていたメリッサとの養子縁組契約がただただんに──途絶するだけのことだ。そうしたらまた養父母希望者リストに逆戻りし、別の赤ん坊を養子にしてその子をＤ・Ｊと名づけ、その子をとても愛するようになって……他の人生なんて考えられないほどになるだろう。これらすべての想像が、医者の話を聞いている僕の頭の中を駆け巡っていた。もしもこの子が死んでしまったら僕は悲しむだろうが、打ちのめされることはないだろう。なんといってもこの赤ん坊はまだ僕の子ではなく、僕はこの子の父親じゃないんだから。僕が抱いていたのはデイヴィッド・ケヴィンで、ダリル・ジュードじゃなかった──今はまだ。

でもテリーのほうは、病院で過ごした八時間の間に赤ん坊にぞっこんとなり、距離を置くことなどできなくなっていた。同じベッドで眠っているメリッサと赤ん坊を残して病院を出るとき、テリーは明らかに動揺していた。もうこの赤ん坊が好きでたまらない、とても心配だ、とテリーは言った。エレベーターの中で僕はテリーの肩を抱き、赤ん坊はきっとよくなるからと励ました。心の中では、すぐに養父母希望者リストに戻れるんだろうか、とか、もう一度最初からすべての書類を書き直さなくてはいけないんだろうか、と考えながら。

マロリー・ホテルに戻った僕たちは、ルームサービスの夕食を頼んだ。ポークチョップにベイクドポテト、トマトサラダ。僕たちはこってりした昔ながらのホテル料理を好んだが、とても食べる気になれなかった。テリーは赤ん坊のことで、僕は心臓があるべき場所に詰まっている石と氷の塊のことで頭がいっぱいで。結局僕たちはまたレザーバーのイーグルに行き、ポルノビデオを見て、スマートボールをやってから、赤ん坊の様子を見にＯＨＳＵへ車を走らせた。パイオニア・スクエアでガター・パンクの集団が地面に座り込んでスペース・バッグを回しているのを見た。僕は少年たちをじっと見て、この中にバッカスがいたりして、と考えた。たぶんありえない。もしもバッカスがポートランドにいたなら、他のストリートキッズたちからメリッサの妊娠の話を聞いただろうし、きっと病院に姿を現したはずだ。でも、ＯＨＳＵに入院しているこの赤ん坊が生き延びて、僕たちがその子を養子にしたら、二人とももう二度と男のガター・パンクの横を「彼だろうか？　バッカスだろうか？　僕たちの子どもの生みの父親じゃないだろうか？」と考えずに通りすぎることなどできなくなるだろう。

ダリル・ジュード

翌朝は早起きしてホテルを出て病院へ戻った。理性あるカップルなら誰でもまっすぐ産科病棟に駆け込み、答えを知りたがっただろう。僕たちは親になれるのか、それとも待機者リストに逆戻りなのか？でも、これから養子縁組や出産をしようというカップルに理性などあるわけがなく、僕たちは上の階には上がらないでカフェテリアへ向かった。テリーはコーヒーが必要だったし僕は紅茶が飲みたかった。それに二人とも知らせを聞く前に何かお腹に入れておきたかったのだ。二人ともその朝は身支度する間もいつになく口数が少なく、病院へ向かう車内もいつもよりしんとしていた。カフェテリアへ向かっているときもまったくしゃべらなかった。何も話すことがなかった――お互いに対しても誰に対しても――ベーグルのケースのところに行くまでは。

ベーグルとは、噛み応えのある弾力性に富む生地でできたリング型のパンのことで、何も入っていないイースト生地を沸騰寸前のお湯で軽く茹でてから焼いたものだ。昨日一日病院でぶらぶら過ごし、デイヴィッド・ケヴィンもしくはダリル・ジュードの心臓の心配をしていたせいで、このカフェテリアに入ったときの僕は当然のことながら健康志向の考え方に染まっていた。そこでドーナツやデニッシュペストリー、目玉焼きは素通りし、まっすぐベーグルのケースが並んでいるところへ向かった。そこにバターペカン・ベーグルやシナモンシュガー・ベーグルなんてものがあるのを見たときには悲しくなった。

僕がチョコレートチップ・ベーグルかブルーベリー・ベーグルのどちらにするか迷っていると、カフェテリアの店員がやってきて空っぽだったケースをいっぱいにしていった……ベーコン・ベーグルで。バターペカン・ベーグルには悲しくなったが、ベーコン・ベーグルには怒りを覚えた。まず第一に、ベーコンは美味しいけれどここは病院のカフェテリアじゃないか。誰が考えても、病院では当然ベーコンは厳しく制限されるべきだ。院内ではタバコが厳しく取り締まられているのと同じように。どこの病院でも禁煙が実施されているが、それはタバコがとても有害だからだ──本当に、本当に身体に悪い。そして、ベーコンもまた本当に、本当に身体に悪い。なにしろ心臓疾患で亡くなる人は、肺がんで亡くなる人より多いのだ。それなのに何なのだ、この不公平な規制は？　カフェテリアでベーコンを出すなら、産科病棟でチェーン・スモーキングを許してもいいじゃないか？

何か一つのことが──そう、たとえば赤ん坊の死が──心配でならないとき、それとは無関係のむしろどうでもいいことにカッとなるのはよくあることだ。おそらく僕は、上の階にいるあの赤ん坊に自分で思っていた以上に愛着を感じていたのだろう。これは精神分析医が転移とか、投影とか、まあそんな風に呼ぶ現象で、ＯＨＳＵというこの病院で僕は突如として派手にこの転移行動を行った。デイヴィッド・ケヴィンまたはダリル・ジュードについて感じていた不安のすべてが、このベーコン・ベーグルのケースに向かったのだ。僕はふいに、それはそれは腹が立ってきた。ベーグルが不味かったせいじゃない。確かにベーグルは不味かったが、非ユダヤの地、またの名を太平洋側北西部で暮らすということは、不味いベーグルに慣れることだから。そうじゃない、腹が立ったのは傷口にさらに塩を塗り込むようなそのやり口だった。ベーグルという本来は身体にいい食べ物を、またもやあの脂肪たっぷりの食料配給システムに変容させるのは一線を越えている。これがベーグルを考案したユダヤ人たちへの正しい感謝の示し方だと言えるだろうか？　ベーグルに、神がその選民であるユダヤ人に食べるなと教えた食品を——たとえそれがどれほど美味しかったとしても——たっぷり混ぜ込むやり方が？　僕はユダヤ人ではなく、僕の友人のユダヤ人の大半がそうであるように、もしも自分がユダヤ人だったとしても清浄な食物だけを食べて暮らすことはないだろう。だがこれには大義がかかっているのだ。アメリカの大衆文化はなんでもかんでも吸収してよくわからないままに真似をする。僕は、アメリカがフランスからクロワッサンを盗みとったときのことをよく憶えている世代だ——でも敬虔なユダヤ教徒が食べられないベーグルなんて？

僕はレジの女性に、店長に会いたいと言った。今は日曜の朝で、と彼女は答えた。店長は日曜日はお店に来ません。僕はレジの女性に向かって、ベーコン・ベーグルはユダヤ人への侮辱であり、だいたい病院のカフェテリアがベーコンを出すこと自体どうかと思う、と指摘した。レジの女性は頭がおかしいのかという目で僕を見て、実際そのとおりだったのだが、それではご意見カードにそのことを書いてくださいと言った。意見をカードに書き終えないうちに、テリーが僕をカフェテリアの店内から廊下へ引きずり出した。だって！　だって！　だって！　ベーグルが！　ユダヤ人が！　ベーグルが！

「ベーグルなんてクソ食らえ！」とテリーは僕を怒鳴りつけてエレベーターまで引きずって行った。

「あの子が上で死にかけているかもしれないっていうのに、きみはここでベーグルのことでわめいている！　ベーグルがなんだってんだ！」

産科病棟に行ってみると、心電図も小児の心臓専門医も心雑音もそして陰鬱な雰囲気も消え去っていた。大きな自在扉を押し開けた途端に、一人の看護師が僕たちの赤ん坊——小さなデイヴィッド・ケヴィンまたはダリル・ジュード——はどこも悪くなかったと笑顔で伝えてきた。「あれはやがて消える一時的な雑音の一種でした」テリーと僕はその場に立ち尽くしたまま、ほとんど口をきくこともできなかった。

看護師は昨夜はよく眠れましたか、と尋ねた。僕たちはよく寝たと嘘をつき、すると彼女は今日はとてもいい天気ねと言った。僕たちはにっこりし、ええ、季節外れの暖かさですねと感想を述べた。三月の初めにしてはびっくりするほど暖かいわ、と看護師も同意し、それから赤ちゃんはメリッサの部屋にいると教えてくれた。

こう書くとなんだか拍子抜けに聞こえるだろう——ここまでの経緯を考えるとあっけなさすぎる結末だ。そう、本当に拍子抜けだった。僕たちは夜も眠れなかった。一晩中起きてスマートボールをしたり、ポルノ男優が剃ったお尻の割れ目にフィストファックされる映画を観たりしていた。カフェテリアでは僕はゴーレム（ユダヤ伝説。魔術的な力で生命を与えられた想像上の人造人間）になり、ベーコン・ベーグルのことで癇癪を起こした。産科病棟への登りのエレベーターの中でテリーはほとんど泣きそうになっていて、そして……何もなかった。赤ん坊は健康でドラマは終わり、今日はいいお天気だった。僕は、よい知らせであれ悪い知らせであれ、メリッサのベッドを取り囲んだ状態で知らされるものだと思っていた。僕たちの誰かが赤ん坊を抱っこし、みなで悲しみか、安堵の涙を流すものと思っていた。ところがその知らせ――ねえ、あなた方の赤ちゃんは生きられるわよ！――は、昨日はよく眠れましたか、なんていうおしゃべりのついでに伝えられたのだ。

メリッサはベッドの上で身体を起こしていて、つつき終わった朝食のトレーがベッドの脇に置かれていた。赤ん坊を抱いて哺乳瓶のミルクを与えながらにっこりと微笑んだ。僕たちは挨拶を交わした。「この子は健康だよ」とメリッサは事もなげに言った。前日とそっくりの言い方で。

聞いたよ、と僕たちが答えると、メリッサはテリーに赤ん坊を渡した。僕は窓下の椅子に座ってテリーの様子を見ながら、「よし、愛情を感じていいぞ」と自分に言った。

ローリーが二、三時間したら来ることになっている、書類を持ってくるからみんなでそれにサインしなくてはいけないらしい、とメリッサが言った。病院食は不味かったし、友だちが一人も――メリッサが赤ん坊にその名をつけ、現在は彼女のアパートで一緒に暮らしているデイヴィッドも――見舞いに来ていないことに、メリッサは落胆していた。でも今日は来るに違いない、と彼女は考えていた――たぶん、昨日は見舞いに来てはいけないと思ったのだ、なにしろ赤ん坊が生まれたその日だったから、と。

僕たちは、眠れない夜を過ごしたことや、緊張をほぐすためにイーグルに行った話をした。メリッサは、イーグルの前の歩道は釣り銭をねだるのにもってこいの場所だったと言った。さらに写真を撮った。僕と赤ん坊のもの、メリッサと赤ん坊、テリーと赤ん坊の写真を。誰も未来のことは話さなかった――明日、メリッサが病院を出て行くときのことは。今日僕たち全員が署名することになる書類のことも――

そして誰も赤ん坊のことを名前で呼ばなかった。どんな名前でも。

おしめを替えているときに直撃された。うまくかわそうとしたけれど逆方向によけてしまってまたもや直撃され、今度は逆から袈裟懸けされた。結果、赤ん坊は僕の胸におしっこで大きくXの字を書いた。メリッサは声を上げて笑い、テリーは僕の姿を写真に収めた。

「またやるつもりなんだろ?」と僕は赤ん坊に話しかけてからテリーに手渡した。メリッサは僕に、慣れなきゃね、と言い、僕はTシャツを着替えるためにバスルームに向かいながらメリッサのほうを振り返り、「普通、こういうことをしたがる男は、先に酒をおごってくれるものなんだけどね」と言った。

目覚めているとき、赤ん坊は周囲を見回してゆっくりとまばたきしていた。まつ毛が長く丸顔なところはメリッサに似ていた。似ていないのは青い瞳とブロンドがかった髪の色だ。バッカスはメリッサより肌の色が白かったというから目と髪の色はバッカスから受け継いだのだろう。テリーと僕は赤ん坊が白人かどうかや男かどうか、健康かどうかを気にしないカップルで、そんな僕らが今、ブロンドの髪に青い瞳の白人の男の赤ん坊を、養子縁組業界では見果てぬ夢とされる子どもを、養子にしようとしていた。

赤ん坊はちっとも泣かなかった。泣き声を聞いたのは、看護師がシンクで赤ん坊を湯浴みさせたときだけだ。昨夜僕たちは、赤ん坊が泣かないのは心臓が悪いせいじゃないかと考えていた。身体が弱っているから健康的なたくましい泣き声をあげられないんだと。

看護師たちが、哺乳瓶の入った小さなケースや、おしめ、お尻ふき、帽子やTシャツの替えを持ってきたり、メリッサや赤ん坊の健康状態のチェックのために何度も出たり入ったりしていた。僕たちはどうしてこの子は泣かないんですか、と尋ねてみた――どこか悪いんでしょうか？　特別な意味などありません。他の赤ちゃんにもそれほど泣かない子がいるというだけのことです。特別な意味などありません。他の赤ちゃんに比べて、親御さんがよく眠れること以外には」と看護師は答え、「それがずっと続くようなら、あなた方はラッキーだったと思うんですね！」

ローリーが到着した。共感力のオーラを周囲にまき散らしながら。ローリーは、僕たちが昨夜の出来事について話す言葉に聞き入った。それから赤ん坊を抱き上げて「立派な赤ちゃんだわ」と宣言した。彼女の存在は安心感をもたらす一方で、僕たちを現実に引き戻しもした。これまで彼女はずっとメリッサに力を貸してきたし、僕たち三人を引き合わせてくれたのも彼女だった。だから昨日、メリッサの出産時にも病院に来ているものだと僕は思っていた。でも昨日は赤ん坊とその両親のための、生みの母親と養父母のための一日でしたから、とローリーは説明した。ローリーの仕事は事務手続きと養子の斡旋で、昨日は僕たちにとってそんなことは一切考えなくていい日だったのだと。昨日僕たちがやるべきだったのは、赤ん坊との、そしてお互いの絆を深めることだった。でも赤ん坊が生まれて一日が過ぎ、メリッサの退院が翌日に迫る今、ついに事務手続きをするべき時が来ていた。

この時が来るまで、僕たち三人はメリッサの病室に集まり、赤ん坊の世話をしたりビデオを見たり、食べたり、話をしたりして過ごしてきた――まるでこの先もずっとそうであるかのように。まるで僕たちが二十年先までこの病院にとどまって一緒にこの子を育てていくかのように。ローリーの到着は、明日は昨日と同じようにドラマチックな日になるのだということを僕たちに思い出させた。ローリーが持ってきた書類にメリッサがサインした場合は、テリーと僕はこの赤ん坊をマロリー・ホテルに連れ帰り、メリッサは一人で病院を退院して一人でアパートに戻り、数週間後にはまた路上生活を始めることになる。ローリーは、テリーと僕にちょっと一緒に廊下に出て欲しいと言った。そして、この後メリッサとの事務手続きに三十分ほどかかる。カフェテリアでお昼を食べて一時頃に病室に戻ってきてはどうかと勧めた。ローリーははっきりと言わなかったが、言わなくてもわかっていた。これはメリッサにとって、考えを変える最後のチャンスなのだ。いったん書類にサインしてしまえば、メリッサはもはやデイヴィッド・ケヴィン／ダリル・ジュードの法的な親ではなくなる。赤ん坊を手放したくないのなら、メリッサは今この時点でノーと言わなければならなかった。

ローリーがメリッサの病室に戻ってドアを閉めた。僕たちは閉ざされたドアを見つめたまましばらく廊下に立っていたが、ゆっくりと身体の向きを変えて産科病棟から出て、エレベーターのほうへ向かった。テリーは僕にカフェテリアに行っても大丈夫かと尋ねた。

「ベーコン・ベーグルを見ても大人しくしてろよ。でなきゃまた引きずり出すはめになるから」

カフェテリアの中を歩きながら――ベーコン・ベーグルのことは適切な視点で見られるようになっていた――何ヶ月も前に、養子縁組が最後の最後に途絶してしまったあるゲイの男性と交わした会話を思い出していた。養子縁組を選んだのはより自律的に行動できるからだと僕が説明すると、彼は笑った。

「わかってないね。オープン・アダプションを選ぶことは自律性を奪われることなんだ。それもひどく」と彼は言った。「少なくとも、別れた相手と子どもの養育権について話し合うときや、きみたちがレズビアンと子どもをつくる相談をするとき、またクローズド・アダプションを選んだときは、きみたちは大人を相手にしている。ところがオープン・アダプションではきみたちの運命は、出産したばかりで明晰にものを考える状態にないかもしれない、どこかのティーンエイジャーの女の子の手に握られている。その状況できみたちに自律性などない。いいかい、ゼロなんだよ」

テリーは急に不安そうになってきた。その朝よりもいらだっていた。心臓の疾患への心配が赤ん坊へのメリッサの愛情をさらに深め、もはや手放すことができなくなっていたとしたら？

「今頃メリッサは、書類にサインできないわけをローリーに説明しているかも」とテリー。僕たちは、シナモンシュガー・ベーグルを買うために列に並んでいるところだった。「もしもメリッサの気が変わったらどうする？」

「家に帰って、正気を保ち、また候補者リストに戻るさ」

「僕はあの子が欲しい」とテリーが言い返した。「あの子はダリルだ。僕たちがもらう運命の子だ」

「そうかもね。でももしもメリッサが手放さないというなら、あの子は僕たちがもらう運命の子じゃなかったということなんだ。冷静にならなくちゃ、テリー。僕たちがもらう運命の子とは、結果的に僕たちがもらうことになった子のことで、それ以外はありえないんだ」

「きみには心がないんだ」とテリー。

「僕にもちゃんと心はある。ただ、わざわざその心を踏みにじられるような真似をする気はないだけさ。本当に僕たちの子どもになるまでは、あの子は僕たちのものじゃない」

二人とも落ち着かず、とてもベーグルを食べる気分じゃなかった。そこで飲み物だけ買って産科病棟へ戻ることにした。メリッサの部屋は長い廊下の突き当たりに近い場所にあり、メリッサの部屋の入り口から五メートルほど進んだところに、ポートランドとウィラメット川の素晴らしい風景を一望にできる窓とその下に設えられた椅子があった。僕たちはそこに座り、コーラを飲み、そして待った。ローリーは署名には三十分ほどかかると言ったが、もうすぐ九十分が過ぎようとしていた。

「気が変わったんだ」とテリーが言った。

僕たちは、メリッサが赤ん坊を手放さないと決めた場合、どう答えるかを話し合った。そうなったら、そもそもメリッサと赤ん坊に会ってさよならを言うことさえ許されないんじゃないか？　とも言い合った。彼女に文句を言ったり、考え直すように説得したりするつもりはないが、お別れだけは言いたい。

ローリーがメリッサの部屋から出てきてドアを閉め、僕たちを手招きした。それから、廊下で話すつもりはないということを手振りで示した。テリーは今にも卒倒しそうで、ローリーが背中を向けた途端に僕の手を強く握りしめ、首を横に振った。三人でメリッサの部屋とは逆方向に廊下を進み、メリッサの部屋とそっくりの空いている部屋に入った。

「さてと」とローリーが言った。「メリッサは書類にサインしました……」。僕たちは息を吐き、テリーは安堵のうめき声を上げた。「心配した？」とローリー。もちろん、とテリーが答え、メリッサの部屋から出て来るのに、予定の時間の三倍もかかってたから、と説明した。メリッサは迷ってたんですか？

「いいえ、メリッサがどういう子か知ってるでしょう？　書類の話に入る前に、さんざん別の話をしてたんです。でも、迷いがあったわけではありません。自分のことについても、養子縁組の決断についても、とても吹っ切れているように見えました」

法律的に言うと、現在赤ん坊の監護権はエージェントにあり、養子縁組が成立するまではエージェントがデイヴィッド・ケヴィンの後見人を務めることになるとのことだった。ローリーが書類を取り出して、僕たちにサインするように言った。書類にはエージェントが赤ん坊の世話を僕たちに任せるということが書かれていて、ローリーが必要としているのはその書類への僕たちのサインだけだった——そしてもしもメリッサがつけた名前以外の名前を赤ん坊につけるつもりなら、その名前も。

僕たちはローリーに、ダリル・ジュードが赤ん坊の新しいファーストネームとミドルネームだと伝えた。ローリーはそのとおり書いてから顔を上げて質問した。「ラストネームは？」

今回ポートランドへ来る車中では、ほとんどずっとそのことについて議論していた。サヴェージか？　ミラーか？　ハイフンでつないでサヴェージ＝ミラー？　ミラー＝サヴェージ？　ハイフンでつないだ名前はすごく古めかしく感じられた。テリーは、赤ん坊には僕のラストネームをつけるべきだと言った。「僕のラストネームはないんじゃないか」と僕。

「じゃあミラーにしよう」

でもテリーのラストネームもないんじゃないかと思った。家の中にミラーが二人でサヴェージが一人だと、僕が仲間はずれの気分になりそうだから。知り合いに子どもが二人いるレズビアンのカップルがいた。彼女たちはどちらかのラストネームを選んだり、両方をハイフンでつないだりする代わりに昔使われていた洗礼名を娘につけた。結果、四人——ママ、ママ、息子、娘——はそれぞれ別のラストネームを名乗ることになった。僕たちもそうしたらどうだろう？　僕の家には昔使われていたいい名前があった――ホラハン――今はもう使われていない名だ。ダリル・ジュード・ホラハンでいいじゃないか？テリーも響きを気に入り、話は決まった。Ｄ・Ｊ・ホラハン。

でも三十分後、僕の頭にこんなシナリオが浮かんだ。

「Ｄ・Ｊ・ホラハン？　アイルランド系なんだね」

「いや、僕はフランスとスコットランドとドイツの混血で」

「でもそのラストネームは？　ホラハンはアイルランドの名だよね」

「うん」

「なのにアイルランド系じゃないの？」

「違うよ」

「一体どうして――」

「僕はゲイのカップルに養子にもらわれたんだ。父親の一人がアイルランド系で、彼のおばあさんの名がホラハンだった。それで、父親たちのラストネームのどちらかをつけたり、両方をハイフンでつないだりする代わりに片一方の父方の古い洗礼名をもらい、それがアイルランド系の名だった。その片一方の父親もアイルランド系だけど、僕は違う」

「なぜそんなことをしたんだろうね？　お父さんたちは自分のラストネームをきみにつけるのが嫌だったのかな？」

「知らないんだって！　何度言ったらわかるんだ！　そんなに知りたきゃ父親たちに聞いてくれ！」

アメリカでは、会ったばかりの人に民族的背景を質問することがいかに多いかを、そして「こっちを見て、わたしはアイリッシュよ」と言わんばかりのホラハンという名がそうした質問を引き寄せやすいことを考えると、大人になったＤ・Ｊは一生さっきのような会話を繰り返すことになるだろう。そして、このグリーン・ビールとシャムロックの葉みたいにわかりやすいアイルランド風のラストネームをつけた僕らを憎むことになる。洗礼名の候補は他にも二つあった。一つはキーナン。僕のミドルネームで、父方の祖母の旧姓でもあった。もう一つはバンベイカーでテリーの母親の旧姓だ。でもキーナンはホラハンと同じく「てことは、きみはアイルランド系だね」問題を含んでいたし、バンベイカーなんて名前をつけたら、その子は小学校の間じゅう毎日校庭で袋叩きの目に遭わされることになりかねない。父親二人がゲイで、「Ｄ・Ｊ・バンベイカー」なんて名を持っていたら（bunbakerのbunには尻の意味がある）、彼は生きて中学校を卒業できないだろう。リベラーチェ（米国の著名なピアニストで同性愛者）と名づけたほうがまだましだ。

誰のアイデアだったか、つまり僕だったかテリーだったかよく覚えていないが、ある時どちらかが別の案を思いついた。メリッサのラストネーム、ピアースにしよう、と。これならわざわざつけるまでもなかった。赤ん坊はすでにその名を持っていたから、ただその名を残せばよかった。そうすれば誰かにラストネームのことを聞かれたら、「僕の母親の名です」と答えることができる。また青年期になって、ゲイの父親たちによって、母親がつけてくれたファーストネームとミドルネームが剝奪されたことについて大騒ぎした場合にも――そうなるんじゃないかと心配だ――ラストネームを指して「きみの母さんがくれた一番大切な名前を残しておいたよ。お母さんと同じ名前だ」と言うことができる。

テリーがそっと僕を肘でつついた。ローリーが答えを待ってるよ。

「メリッサのラストネームにしようと思います」

ローリーは感激したようだった。

「まあ、それはほんとに素敵。すごいわあなたたち。メリッサにそれでいいかどうか確認しなくてはなりませんが、もちろんいいに決まっています。きっと彼女にとってとても大きな意味を持つと思うわ」

「これで彼は、僕がつけたダリルという僕の父親の名と、ダンの母親からもらったジュードという名、そして自分の母親がつけてくれた名を名乗ることになるんだね」とテリーが言った。

ローリーがその名――ダリル・ジュード・ピアース――を書き込み、僕たちはその書類にサインした。

「メリッサは午前中は赤ん坊と二人きりで過ごしたいと言っています」とローリーが告げた。「二時までに退院することになっているので、あなた方は一時頃に来ていただければ結構です」とローリーは言い、自分はメリッサが誰かと話したくなったときのために午前中はずっと病院で待機しているが、自分が必要でない場合はメリッサはずっと赤ん坊と二人で過ごすことになると説明した。

「養父母はたいてい、生みの母親にちょっとした贈り物をすることになっています――ロケットやブレスレットなんかを。あなた方に、朝のうちにどこかで写真を現像してくる気があるなら、病院で撮った写真を小さなアルバムにして生みの母親にプレゼントするのは、いつもとても喜ばれるやり方ですよ」

ローリーはまた、帰りに赤ん坊に着せる服を何枚か持ってくるように言った。

「服はメリッサに選んでもらい、ダリルに着せるのも彼女に頼みましょう」。赤ん坊がダリルと呼ばれるのを聞いて僕は驚いた。「それからチャイルドシートを持ってくるのを忘れないように。チャイルドシートがなければ病院は赤ん坊の退院を許しませんから。一時半頃にちょっとした養子縁組のセレモニーを行います」

「養子縁組のセレモニーって？」とテリーが尋ねた。

僕たちは、感情をスキンシップで表したがるほうじゃなかった。何かというとハグしあう人間ではなく、それはメリッサも同じだった。三人が一緒に過ごしてきたこの六週間の間も、僕たちは一度もメリッサをハグしていないし、メリッサが僕たちをハグすることもなかった。僕は疑わしそうな顔でローリーを見て、「養子縁組のセレモニー」って、実際何をするんですか？　洗礼式みたいなもの？　誰が執り行うんです？　と質問した。

「いえいえ。儀式といっても、養父母と生みの母親の好きなようにやっていいのです。メリッサに何か言葉をかけてから、アルバムと贈り物を渡す、というのでもいいでしょう。メリッサが望めば、彼女から赤ん坊に何か言葉をかけてもいいんです」とローリーは説明した。「これは特別な時間です。生みの母親から養父母に赤ん坊が託されるわけですから。儀式を行い、その事実を理解するための時間をとることは誰にとってもよいことなのです」

僕たち三人は廊下に出てメリッサの部屋のドアの前まで行った。ローリーがノックしながらドアを開けるとメリッサはベッドに横になっていた。テレビを消し、ベビーベッドで眠っている赤ん坊を見つめていた。もはやデイヴィッド・ケヴィンではなく、ダリル・ジュードとなった赤ん坊を。赤ん坊は横向きに眠っていて、メリッサも横向きで顔を赤ん坊のほうに向けていた。二人の顔は、二十センチの空間と五ミリほどの透明なプラスチック板で隔てられていた。赤ん坊は全身を包まれ、毛糸の帽子の下から小さな顔を覗かせていた。メリッサは、一列になって入ってきた僕たちを見上げてから、また赤ん坊のほうに目を向けた。

ローリーがメリッサのベッドの端に腰掛けて、大丈夫？　と尋ねた。メリッサはうなずき、上半身を起こした。

「テリーとダンはすべての書類にサインしました。これで無事に明日を迎えられることになります」とローリーが優しく言った。「彼らは、メリッサ、あなたのラストネームを赤ん坊につけると言っています。それでいいですね」

メリッサはテリーの顔を見て、それから僕を見た。

「ほんとに？」

僕たちはうなずいた。

「それはすごいね」とメリッサは言い、ダリルに微笑みかけた。「それはすごいよ」

僕たちは病院を出て、買い物をしたりホテルの部屋で昼寝をすることにした。出る前に、夕食用にイケてる食べ物を買ってくるとメリッサに約束した――つまりステーキだ。メリッサはよく焼いたステーキが好みだったから、やはりホテルのレストランで買うのがよさそうだった。マロリー・ホテルのロビーにはレストランはなく、ダイニングルームがあるだけだったけれど、そこで供される料理から装飾に至るまで、何もかもが亡くなった祖母のアパートを思い出させた。出産したばかりの入院中の友だちのために夕食をテイクアウトしたい、とダイニングルームの係員に告げると、マロリー・ホテルはとてもよくしてくれた。マロリーのダイニングルームではテイクアウトの注文はお受けしておりませんが、例外的にお引き受けします、とマネージャーが言ってくれた。僕たちは、ステーキを三つとチョコレートケーキを三つ注文した。受け取りに行ってみると、箱に詰められていたのは夕食用のステーキ三枚だけでなく、サラダ、パン、バター、食卓用銀器、本物の皿、塩、コショーの容器、テーブルクロスが一枚に、布ナプキン、チョコレートケーキ、それに花まであった。

僕たちはチップをしこたまはずんだ。

上から花が突き出た箱を抱えて病室に入ってきた僕たちを見てメリッサは笑ったが、二人でテーブルを一つメリッサのベッドまで押して行き、ナプキンや花を箱から取り出して夕食の準備を始めると、呆れたというように首を横に振った。ハンバーガーで十分嬉しかったのに、とメリッサは言ったが、こうなったら派手にやるほかなかった。派手にやりたがってるのは僕らじゃない、と僕はメリッサに言った。ホテルのレストランのマネージャーなんだ。

僕たちが食事している間赤ん坊は眠っていたし、チョコレートケーキはメリッサの口に合った。僕たちはテレビを見、赤ん坊を抱き合いっこし、さらに写真を撮り、翌日のことは一言も話さなかった。僕たちはいまだに、これが永遠に続くかのように振る舞っていた。病院で生活しながら三人で赤ん坊の世話をし、誰一人赤ん坊を名前で呼ばない暮らしが。

僕たちが夕食を買って部屋に戻ったとき、メリッサはデイヴィッドが来たら彼の食べるぶんがないんじゃないかと心配していた。今夜はきっと来ると思っていたのだ。夜の十一時を過ぎても姿を現さないデイヴィッドに、メリッサの気分は沈む一方だった。メリッサとデイヴィッドは深い関係ではなく、恋愛関係じゃなかった。メリッサはデイヴィッドを部屋に泊めているだけで、彼のことを話す時の口調には、他の動物のことを話すときと同様の疲れのにじむ愛情が感じられた。犬や猫と同じように、彼女にとってはデイヴィッドも責任を持って面倒を見る相手だった。僕たちが彼女を訪ねて行くたびに、メリッサはデイヴィッドについての最新情報を話した。仕事を始めた、仕事を辞めた、今はコカインをやってる、コカインをやめた、等々。メリッサからデイヴィッドを紹介されたことはなかったが、三人で会った後メリッサを送っていったときに見たことはあった。痩せたハンサムな少年で濃いブルーの瞳をしていた。彼はメリッサがアパートで暮らすようになったときから部屋に居候し、メリッサが作った料理を食べていて、なぜそのデイヴィッドが、それにそれ以外の友だちも誰一人として、自分と赤ん坊に会いに来ないのかメリッサにはわからなかった。友人たちは逮捕されたのだろうか？　動物たちは大丈夫だろうか？

ガター・パンクは信頼と誠実さがすべてだと信じている。路上で出会う、唯一本物の、唯一信頼できる人間は、他のガター・パンクだけ。メリッサは路上生活を美化していた。友人たちやガター・パンク仲間だけが自分の「本物の」家族で、彼らはいつもそこにいてくれる――血のつながった家族とは違って――とメリッサは僕たちに言っていた。彼らは信頼できる人間で、自分が逮捕されたり病気になったときも動物たちの面倒を見てくれる。一緒に釣り銭をねだったり、ビールを分けあったりする仲間だ、と。なのにみんなどうしちゃったんだろう？

彼らはスペース・バッグをやっているのだろう、と僕は思った。それに彼らは誰かがいなくなるのに慣れている。それが逮捕されていなくなった場合でも、しばらくしたら帰ってくると言って街を離れた場合でも。メリッサの姿は友人たちの前から消え、するとすぐに友人たちの記憶からも消えたのだ。

僕はメリッサに、ホテルに戻る途中にアパートに立ち寄り、デイヴィッドが無事かどうか見てこようかと聞いてみた。メリッサはしばらく無言で僕を見つめ、それからアパートの住所を告げた。

病院を出ると、デイヴィッドがよく行くとメリッサから聞いた場所を車で通ってみた。パイオニア・スクエア、アウトサイド・イン、ダウンタウンのスーパーマーケット、セイフウェイ。メリッサのアパートはマロリー・ホテルから二ブロックしか離れていなかったから、アパートには最後に立ち寄ることになった。車を停め、玄関ドアまで歩いて行った。ベルを鳴らすと数秒後にマリファナか酒に酔っているような声が返ってきた。「はい?」

「きみがデイヴィッド?」

「そうだけど。誰?」

「ダンとテリーだ。メリッサの赤ん坊を養子にすることになってる。中で少し話せる?」

長い沈黙。

「僕が出て行きます」

待っているうちに――雨降りだった――腹が立ってきた。なぜ彼は病院にメリッサを見舞いに来なかったのだ? メリッサは赤ん坊に彼の名前までつけた。彼が住んでいるのはメリッサのアパートだ(家賃を払っているのは僕たちだが)。なのに病院にその尻を引きずってくることもできないのか?

玄関から出てきたデイヴィッドは僕たちを見て少し驚いたようだった。靴を履いておらず、マリファナをやっていたか寝ていたところを起こしたかどちらかのようだった。

「メリッサを覚えてる?」と僕が尋ねた。

それが意地の悪い聞き方であることは彼もわかっていた。デイヴィッドはもうろうとした笑みを浮かべ——目が大きく見開かれ、瞳は真っ黒だった——ああ、メリッサは覚えてると答えた。

「きみが見舞いに来ないからメリッサはがっかりしてる。彼女はきみに赤ん坊を見てもらいたいんだ」

デイヴィッドはうつ向いて地面を見た。

「ああ、もちろん。見舞いに行こうと思ってたんだけど、ほんとに忙しくて。明日は行きます」

「明日の二時には退院しなきゃならないんだ。だから行くなら早めがいいよ」とテリー。

デイヴィッドはうなずいたが、明日の朝今の会話を覚えているかどうかも疑わしい、と僕は思った。

「じゃあさ」と僕は提案した。「僕たちが明日の朝九時にここへ来て、きみを拾って病院へ送るよ。だから外で待ってて」

「わかった。ありがとう。それは助かる」とデイヴィッドは答え、帰りかける僕たちに向かってさらに呼びかけた。「ねえ、赤ん坊の名前は?」

「メリッサはきっと、赤ん坊の名前は自分で伝えたいんじゃないかな」と僕。

「なるほど。たしかに。じゃあ明日の朝」

オープン・アダプションの存在理由

翌朝、車でメリッサのアパートに行ってみるとデイヴィッドはもう外で待っていて、おかげでドアを蹴破り、首根っこをつかんで車まで引きずっていく手間が省けた。デイヴィッドは適度にしおらしく、メリッサに会いに行くように言ったことの礼まで言うので、僕のほうもずっと腹を立てているわけにもいかなくなった。病院に向かう車中、デイヴィッドは新しい仕事——測量だ——のことを話し、僕たちはお産のことやここ数日の病院での様子なんかを教えてやった。

デイヴィッドを病院で降ろすと、ハンドオフ（アメフトでバックが他のバックにボールを手渡す攻撃）のためにローリーとメリッサに会う約束の時間まで三時間あった。まず写真を現像に出す必要があったし、メリッサへの贈り物を探さなくてはならなかった。そう簡単に見つかるとは思えなかったけれど。何も持っておらず、何も欲しがらない女性に、一体何を買えばいいのだろう？　ローリーはロケットを勧めたが、メリッサが気にいるとは思えなかった。ごく平均的な生みの母親には喜ばれるかもしれないが、メリッサにはちょっと女の子っぽすぎる。メリッサが新しいバックパックを欲しがっていることは知っていたが、実用的な品物もまた適切とは思えなかった。それを渡す場面を考えると、何か記念になるもの、ほんのすこしだけ感傷的な気分を引き起こすものが欲しかった。でもメリッサ本人はセンチメンタルな人間じゃなかった――あるいはそうならないようにしていた。ロイドセンターの巨大な売り場のどこかで、真顔で彼女にプレゼントできるものが、安っぽい感傷抜きに「赤ん坊をありがとうね」とさらっと気持ちを伝えるのにぴったりのものが見つかることを期待していた。

ところがショッピングモールに足を踏み入れたとたんに、感傷的な気分が押し寄せてきて、それはまったく僕らしくないことだった。僕もまたメリッサ同様感傷的すぎる人間じゃなかったから。でもその朝は無性にスケートがしたくなった。

テリーは、スケートに興味を示さなかった。買うものが山ほどあるんだ。写真も現像しなくちゃ！ブランケットも必要だ！　何か食べなきゃならないし、メリッサへの贈り物も！　でも僕は断固として譲らなかった。何も午前中ずっと氷の上で過ごすわけじゃない。二、三周回るだけだ。それに、セミナーのときにスケートをして幸運が舞い込んだのだから、赤ん坊を家に連れて帰る日にスケートをすれば、赤ん坊は一生幸運でいられるかもしれない。ブランコから転落して頭がぱっくり割れることや、悪い仲間とつるむこと、キリスト教徒になること、あるいは学校に銃を持って行って担任教師を銃撃するのを防げるかもしれない、と。ところがスケート・リンクに行ってみると、フワフワのスカートつきの衣装を身につけた三十人の小さな女の子たちがスケートを習っているところで、一般の使用は一時までできなくなっていた。一時というのは、僕たちがハンドオフのために病院に到着する予定の時刻だ。

一時間で現像できるというフォトショップにフィルムを預け、男っぽいロケットみたいなものを置いている店があることを期待して見て回った。ところが、メリッサがつけている姿を想像できるロケットはどこにもなく、でもその代わりに完璧と思えるものを見つけた。男性用のＩＤブレスレットだ。重厚感のある銀製のもので、メリッサが持っているずんぐりしたパンク調の貴金属類とぴったり合いそうだった。僕たちはブレスレットに「デイヴィッド・ケヴィン・ピアース　3/14/98」と彫り込んでもらい、ＢＬＴサンドを食べ、少し買い物をしていたら、いつの間にか三時間が過ぎていた。

大慌てでベビー用ブランケットとベビーＧＡＰで購入した数枚のベビー服、それに発がん性おもちゃのトイザラスで買い足した赤と黒で彩られたおもちゃを持って車へと急いだ。まだ縁起を担ぎたい気分だった僕は、あの天井のない渡り廊下を通って車のところまで行きたいと言い張った。そうすれば、何ヶ月も前に子どものできないストレートのカップルたちと一緒に不妊を嘆きあったあの会議室の前を通れる。あのセミナーから帰るときには、僕たちを選んでくれる生みの母親などいるはずもなく、養子をもらおうと考えたことさえ時間の無駄だったのだと確信していたのだ。

産科病棟に入っていくと、ローリーがナース・ステーションで待っていた。メリッサは元気だ、とローリーは言った。午前中は赤ん坊と過ごし、僕たちが約束どおり今朝早くにデイヴィッドを病院まで連れてきたことに、「本当に感激していた」と教えてくれた。

「あの人たちは、やると言ったことは必ずやる人たちだ、ってメリッサが言ってたわ」とローリー。

「生みの母親との間に信頼関係を築くことはとても重要なことです。メリッサのこれまでの人生に、約束したことをちゃんとやってくれる人が大勢いたとは思えないし」

ローリーがチャイルドシートはどこかと尋ねた。チャイルドシートは車に置いてきていた。退院のときは赤ん坊を腕に抱いて行くつもりで、そう、映画でよく見るように、車に着いたらチャイルドシートにしっかりくくりつけようと思っていたのだ。でも病院は、赤ん坊をチャイルドシートに縛りつけてからでないと退院させない方針だった。テリーが走って車にチャイルドシートを取りに行っている間に、車そのものに関する病院の方針も聞いてみた。もしも僕たちが、チャイルドシートを取り付ける車自体を持っていなかった場合はどうするんです？ 徒歩主義者は赤ん坊を持てないんですか？ と。

「わたしたちがやるのは赤ん坊がチャイルドシートに入った状態で退院するのを見届けることだけです」と看護師が答えた。「赤ん坊がいてチャイルドシートが用意されていれば、当然車はあると考えています」

テリーが戻って来たので、三人で廊下を歩いてメリッサの部屋の前まで行った。ローリーが軽くドアをノックした。ブラインドを下ろし、電気も消した部屋でメリッサは横向きに寝ており、その腕の中で赤ん坊が眠っていた。来たよ、と声をかけた。ローリーはメリッサのベッドの端に腰掛け、テリーと僕はそれぞれ別々に部屋の隅に退いた。テリーはテーブルの脇の椅子に、僕は窓下の椅子に座った。僕たちはまた、さっさと赤ん坊を連れ去りたがっているように見えないように遠慮がちに振る舞っていた。

時刻は一時で、メリッサは二時に退院の予定だったからあと一時間あった。僕たちは、特別なことなど何も起こらないかのようにおしゃべりをし、この二日間の出来事をローリーに話した。死に物狂いでポートランドまで車を走らせたこと、一人の看護師がメリッサをすぐにも退院させたがったこと、初めてのうんちのおしめのこと、赤ん坊におしっこをひっかけられたこと、そして昨夜のステーキ・ディナーのこと。メリッサは赤ん坊の食習慣についての個人的意見を述べ、僕のおしめの替え方にダメ出しし、テリーには正しい哺乳瓶の持ち方をやって見せた。僕たちはショッピングモールのことやホテルの話、デイヴィッドが見舞いに来たことなんかを話した。全員が、ローリーは様子を見に来ただけで、彼女が帰ってしまえば三人でまたゴロゴロしたりテレビを見たりしながら、この小さなデイヴィッド・ケヴィン／ダリル・ジュード・ピアース＝ミラー＝サヴェージの世話をするかのように振る舞っていた。

こんなことがいつまでも続くわけではない、と知らせる最初の合図は、一人の看護師が調製粉乳一ケースと数日分のおしめ、それにおしめや調製粉乳の優待券がいっぱい入った赤ちゃん用品のお土産の袋を持って入ってきたことだった。メリッサは起き上がり、路上生活のための服――ブーツ、幅広のショートパンツ、スウェットシャツにギネスのTシャツ――に着替え、バスルームから出てきたときには、ずっと結んでいた髪も下ろしていた。別人のようだった。この二日間、メリッサは若い母親そのものだった。でも今は元のメリッサに戻っていた。六週間前にアウトサイド・インで初めて会ったときのメリッサに。臭いも昔の彼女のままだ。土曜の朝に病院に着いたときに彼女が着ていたのはガターパンクの不潔な洋服で、この三日間、その服はテレビの下の棚に置かれたビニール袋の中で熟成を続けていた。ベッドにどしりと腰を下ろすと、メリッサは服の上に何か羽織るものが欲しい、と看護師に頼んだ。赤ん坊が汚れるのが嫌だったのだ。

メリッサは、デイヴィッドが見舞いに来たときのことをもっと詳しく話し（「彼は赤ちゃんの名前を当てたんだから。あなたたちが教えないって言ったのを聞いてね。ね、彼はバカじゃないんだよ」）、朝食の話をし（「とても食べられなかった。不味くって」）、ついさっきの主治医の回診の感想も述べた（「あの女の先生、すごくいかしてる」）。テリーもローリーも、それに僕ももう何も言わなかった。ただメリッサが話すのを聞いていた。赤ん坊を膝に載せてベッドに座り、テリーと僕が赤ん坊を連れて行く瞬間を遅らせようと、必死で自分の声で時間を埋めようとしているその声を。ローリーとメリッサは、前日に二人で話したときに誰が先に病室を出るかを決めていた。生みの母親のなかには、自分が先に病院を出て、養父母と赤ん坊を病室に残して行くほうがいいという人もいる。でもメリッサは、僕たちが赤ん坊を連れて先に出て行くことを望んだ。そのあとメリッサはローリーと病院を出て、ローリーがメリッサをアパートまで送り届けることになっていた。

時刻は二時になり、僕たちはローリーに促されてIDブレスレットとたくさんの写真が入った小さなアルバムをメリッサにプレゼントした。ローリーがひとことふたこと発したが、誰も反応しなかった。みなとても大人しかった。メリッサが赤ん坊の写真について、生まれた直後に病院が撮ったものはないかと尋ねた。ローリーが、そうした写真はお金を払って撮ってもらうもので、事前に頼んでおく必要があり、黙っていても撮影してもらえるものではないと説明した。メリッサはがっかりしたように肩をすくめた。

「さあ、おチビさんを着替えさせなくては」ローリーが名前で呼ぶのを避けようとする僕たちのやり方に倣って声をかけたが、着替えさせなくてはならない理由は言わなかった。メリッサが赤ん坊のおしめを替え、テリーに手伝ってもらって、一ヶ月前に三人で選んだ退院するとき用のベビー服に着替えさせた。タオル地の茶色のロンパースとお揃いの帽子だ。テリーと僕はコートを着て、おしめや哺乳瓶、そしてバッグを手に持った。

メリッサが、三人でトイザラスで買ったチャイルドシートに赤ん坊を座らせてベルトのバックルをはめると、部屋は静まりかえった。ローリーがベッドのメリッサの隣に座り、「時間よ」とささやくように告げた。テリーがベッドから立ち上がり、チャイルドシートの持ち手に手をかけたままメリッサを見下ろした。メリッサは僕たちのほうを見なかった。赤ん坊を見つめていて、赤ん坊ははっきりと目覚めていた。理解できない世界に向かって目をパチパチさせていた。幸せなことに自分の目の前で、自分をめぐって繰り広げられている出来事に気づきもせずに。デイヴィッド・ケヴィンは母親の指を強く握りしめ、僕とテリーはその傍らでバカみたいに立ち尽くし、どうしていいかわからずにいた。今テリーはチャイルドシートを持ち上げ、出て行くべきだろうか？　メリッサが自分で手を引っ込めるのを待つべきか？　彼女に何と声をかければいい？

時間が止まり、僕たちはその場に凍りついていた。ローリーがメリッサの肩に手をかけ、メリッサがデイヴィッド・ケヴィンの手から指を引き抜くまで。ローリーがテリーの顔を見上げてうなずいた。テリーはゆっくりとダリル・ジュードを持ち上げ、メリッサは息子がベッドから連れ去られる姿を目で追った。ローリーが眉を上げて、今こそ何か言うべきだ、なんでもいいから、と僕たちに伝えた。

「またすぐ会えるからね」とテリーが言った。二週間したら赤ん坊を連れてまた来る、アウトサイド・インのメリッサの友だちにも赤ん坊を見せられるように、と前日に約束したばかりだったのだ。「じゃあね、メリッサ。本当にありがとう」と言うと、テリーはチャイルドシートを持ち上げ、僕の前を通り過ぎ、ものすごくためらいながら赤ん坊を連れて廊下に出て行った。赤ん坊がドアを出て行ったとたんに、メリッサはうつむいて大きく息を吸ったり吐いたりし始め、心を落ち着けようとしているようだった。メリッサが僕のほうを見ることはなく、僕はどうしていいかわからなかった。今この時点で、僕も何か言うべきだろうか？　でもローリーがあごでドアのほうを示し、僕は出て行こうとした。

そのときメリッサがくずおれるように背を丸めて泣きじゃくり始め、廊下ではテリーが僕を待っているのが見えた。僕はメリッサを見て、ベッドに近づいていった。過去六週間を振り返っても、病院でのこの二日間でさえも、メリッサと僕は一度もお互いの身体に触れたことがなかった。僕はベッドまで歩いて行き彼女の肩に手をかけた。メリッサは泣き止んだ。僕に触られたショックからだったのか、僕がまだ部屋にいたと知って驚いたせいだったのかはわからないけれど。

「僕たちは二人ともハグするタイプじゃない。きみも僕もね」そう言っている自分の声が聞こえた。メリッサはうなずいた。「でもありがとうメリッサ。すごく感謝してる。きみはずっとあの子の人生に関わり続けるし、あの子は自分の母親が誰かちゃんとわかって生きることになる。きみは彼に会えるし、彼を愛せる。彼もきみを愛すだろう。きみはずっとあの子の母親だ。たった一人の母親なんだ」

メリッサの肩が激しく上下し始めた。メリッサは顔を上げなかったけれど、ローリーが僕にうなずいてみせた。「その意気は買うわ、素人さん。さあ、さっさと行って」とでも言うように。ドアのほうへ向かう僕に、出たらドアを閉めてね、とローリーが手振りで合図した。

ドアが閉まった瞬間、テリーと僕は一瞬目を合わせすぐに目をそらした。顔を見合わせたら二人とも泣き出してしまいそうだった。ともかく車まではたどり着かねばならず、めそめそできるのはその後だと思ったし、それにまだ、賑やかな病院内を通り抜けていかねばならなかった。まずナース・ステーションに立ち寄って、お礼を言いさよならの挨拶をした。看護師たちは口々に祝福の声をかけ、にこやかな笑顔を向けてくれたが、そのことが僕を後ろめたい気分にさせた。僕たちは笑顔を返したが、頭の中は、今頃メリッサはあの部屋でどんな気分でいるだろう？　ローリーと二人きりで取り残され、僕たちが早く出て行くのを待っている彼女は？　という思いでいっぱいだった。産科病棟を出てエレベーターまで歩いた。エレベーターのドアが閉まると自分たちだけになった。僕たちはまた、ほんの一瞬目を合わせた。

「辛かった――」と僕が言った。

「黙って。何も言うな」とテリー。

別の階でエレベーターのドアが開いた。僕たちは冷静さを保とうと必死だった。もうエレベーターの中は僕たちだけではなかったからだ。

ロビーを通り抜け、道路を渡って駐車場まで来た。テリーがワゴン車のドアを開け、二人でチャイルドシートを所定の場所に取り付け、サイドドアを閉めてから自分たちの席に乗り込んだ。そして二人ともその場にうずくまるように頭を抱えて大泣きした。赤ん坊を抱き上げ、ベッドで泣きじゃくる生みの母親を残して部屋から出て行く時のことについて、僕たちに警告してくれた人は誰もいなかった。セミナーに行き、小切手を切り、赤ん坊を迎える準備をすることのすべてが、これほど焼けつくような痛みに苦しむ瞬間につながっているとは、思ってもいなかった。ついに家族となって車に乗っているというのに、父親となった喜びはまったく感じられなかった。

「もう見ていられなかった」僕は涙に暮れながら絞り出していた。

「そう、そうなんだよ……」とテリーも涙声で返した。

ふと、ローリーが僕たちのワゴン車の近くに車を停めていて、駐車場に降りてきたメリッサが僕たちがまだ車にいるのを見たら、彼女はもっと辛い思いをすることになるんじゃないかと思った。僕はテリーに車を出すように言い、僕たちは泣きながら、ゆっくりと丘を下っていった。

北米の人間は感情過多の傾向があって、自分のものではない悲しみをも悲しみたがる。著名人が勢ぞろいしたダイアナ妃の葬儀や、オクラホマシティやコロラド州リトルトンの犠牲者たちの葬儀の模様のテレビ中継のことをさも悲しげに語る。ひっそりと悲しみに浸ることはもはや誰にも許されておらず、悲しみは表現芸術の一種となり、誰もが優れた能力を発揮できる領域となった。人々は悲しみを打ち明け、オプラやサリー、あるいはダイアンやバーバラにすべて告白するようになって（サリー・ジェシー・ラファエル、ダイアン・レーム、バーバラ・ウォルターズは著名なトーク番組の司会者）、個人の悲しみは公共の財産となった。でも赤ん坊を手放したときのメリッサの辛そうな姿を目の当たりにし、自分たちもそのとき同じように辛い思いをしたことによって、僕たちはオープン・アダプションの存在理由を理解した。その絶対的な必要性を。

クローズド・アダプションを選んでいれば、自分の息子となった子どもの母親がその子を手放す瞬間を見ることはなかった。でも僕たちが、自分たちが何をしたかをこの目で見たことは、たとえそれがどんなに辛くても、最終的には今このチャイルドシートに座っているこの子のためになることなのだ。そう気づくと、自分が何をしたかを実感せずにこの子の父親として生活を始めるなんてありえないと思えてきた。いずれはD・Jにも思い悩む日が来るだろう。自分の母親は自分なんて欲しくなかったのかもしれない、自分のことなどどうでもよく、愛していなかったのかもしれない、と。でもオープン・アダプションを選んだ僕たちは、彼を座らせ今日の出来事を話して聞かせることができる。メリッサが僕たちに彼を託したときの様子を説明し、彼女にとってそれがどれほど辛いことだったかを伝えることができる。メリッサがそのときどんな気持ちだったかを推し量る必要も、お母さんはきっときみを愛していたと思うよと言う必要もない。メリッサが赤ん坊を愛していたことを知っているから。僕たちはそれを見たから。

そして、赤ん坊を僕たちに渡すのがメリッサにとってどれほど辛いことだったかをこの目で見、彼女が僕たちを信頼して赤ん坊を託してくれなかったら、自分たちはけっして家族を持つことができなかったともわかっている今、成長していくこの子の姿を見る彼女の権利を奪おうなんてどうして考えられるだろう？　自分たちがしたことを目の当たりにしておきながら、彼女が赤ん坊を訪ねてきたり電話をかけてくること、こちらから写真を送ることをどうして厭わしく思うことができるだろう？　彼女が僕たちにくれたものを考えれば、彼女が欲しがるものを拒めるはずがない。

僕たちはどうにかマロリー・ホテルまでたどり着いた。テリーは車を駐車スペースに入れると、ハンドルに顔を埋めて泣きじゃくった。ロビーに入っていくと、フロント係がクックとかバーとか言って赤ん坊をあやそうとした。

「この赤ちゃんは？」とフロント係が尋ねた。

「僕たちの子だよ」とテリーが答えた。「養子にもらったんだ」

「まあ、おめでとうございます！」

部屋からローリーのボイスメールに電話を入れて、メリッサが大丈夫かどうか電話で教えて欲しいとメッセージを残した（あとでローリーから電話があった。メリッサは大丈夫。辛いことだったけれど、今は家に帰っていてデイヴィッドが一緒にいるとのことだった)。

赤ん坊は爪が伸びて尖っていて、僕たちの指や毛布をつかんでいないと自分の顔を掻いてしまった。でも爪切りを持っていなかったので、僕が買いに行くことになった。爪切りを買ってホテルに戻る途中、イーグルの店の前を通りかかり、今朝幸運を呼ぼうとロイドセンターのスケート場で滑ろうとして滑れなかったぶん、イーグルにちょっと寄って最後に一回スマートボールで遊んでいくのもいいだろう、と僕は考えた。僕の台のすぐ隣で、バーのスツールに腰掛けていたまだ若い男が話しかけてきた。どこから来たのかと質問され、僕はシアトルからと答えた。

「ポートランドには何しに?」と男が尋ねた。

養子をもらったところだと答えると、男は笑った。

「いや、本当の話さ。ボーイフレンドと僕はたった今赤ん坊をもらったばかり。体重は三キロちょっとで一万五千ドルばかりの出費で、今日の午後、赤ん坊を抱き上げ病院から連れ出したときにはその子の母親を悲しみのどん底に突き落とした。赤ん坊は今ホテルでボーイフレンドと一緒にいて、僕が爪切りを買って帰るのを待ってる」

「言ってろ」

僕はポケットから赤ちゃん用の爪切りを取り出し、男に見せた。

男はまだ僕の話を信じていなかった。理由をつけて立ち上がり、どこかへ行ってしまった。

afterbirth

後産

父親としての日々

D・Jを連れてポートランドのマロリー・ホテルに戻ってから二日後、オレゴン州がシアトルの散らかったアパートにD・Jを連れ帰っていいという許可証を発行した。僕たちはチェックアウトし、赤ん坊をチャイルドシートに座らせ、5号線をシアトルへと車を走らせた。

アパートの部屋で過ごした最初の数週間は部屋の掃除と引越しの準備に明け暮れた。D・Jは食べて、寝て、おしっこ、うんちをする毎日だった。生まれたばかりの赤ん坊がするのはとにかく排泄だ――ハイハイもしなければクックと嬉しそうな声を立てることもなく、にっこりすることもない、なんにもなし――最初の数週間はうんちだけだ。そして、D・Jはよく泣く子じゃなかったから、親業に励む僕たちへのD・Jからのフィードバックはうんちだけだった。だからすべての排便が国民投票並みの意見交換の場となった。やがてテリーと僕は、D・JのGDP（国内総生産《グロスドメスティックプロダクト》）の固さや頻度、色合いについて長時間熱心に議論するようになった。怪しげなほど大きなGDPのおしめは取っておいてお互いに検閲しあうようにした。おしめの中身が妙な色をしているときや、あまりにも細すぎるとき、あまりにも臭すぎるときも同じだった。

最初の数週間は、D・Jにはこれといった性格上の特徴がまったく感じられなかったので、ここでもD・Jを擬人化したいという衝動に耐え、人間の子である僕たちの息子に人間らしさを付与しようとするのを控える。顔の表情には時折変化が見られるものの、それはうんちをするときとオナラをするとき、そしてゲップが出そうになったときだけだった。ときどき可愛らしくゴロゴロと喉を鳴らすことはあったが、笑みを浮かべることはほとんどなかった。眠っている姿は天使のようで、自分ではほとんど動けないので、いつでも僕たちが寝かせたその場所にいた。時折目を大きく開けて、驚いたような目で僕たちを見ることがあったが——「いったい何が起きているの？　ここはどこ？　あなたたちは誰？」——またすぐ眠ってしまった。

僕たちは、「赤ん坊を死なせない方法」の類いの本を何冊も熟読し、最初のうちは毎日そうした本と首っぴきで世話をしていたが、だんだん余裕が出てくると本に頼ることも減っていった。一番参考になったのは生後一年間の子育てについてのもので、一月分が一つの章にまとめられていた。四週間かそこらごとに、僕たちはこの本を引っ張り出して、翌月の章を読んだ。そうすると、子育てがまるで大学の生物学の授業のように見えてきた。その研究室での勉強は一生続くもので、及第点をもらうにはただきちんと予習をしておきさえすればよかった。

母親たちは、「熟練の子育ての技」を伝えるために押しかけてきて、僕たちが孫の命を危険にさらすような真似をしていないか確かめようとした。でも、彼女らの子どもたちがおしめをしていた三十年前に比べて世の中は大きく変化していて、彼女たちの助言は、僕たちが読んでいた本によると、ちょっと危険なものだった。僕たちは、Ｄ・Ｊを寝かせるときは仰向きにするよう教えられていて、それは乳児突然死症候群（ＳＩＤＳ）を防ぐためだった。母親たちは仰向けではなくうつ伏せに寝かせなさいと言い、赤ん坊の突然死を防ぐためだと説明した。僕たちは赤ん坊をベビーサークルに入れて遊ばせてはいけない、脳みそがぐちゃぐちゃになるからと教えられていた。でも母親たちは、あなたたちは二人ともベビーサークルで育ったけれど、脳みそはぐちゃぐちゃになっていないじゃない、と指摘した。母親が二人来ている隙に、テリーと僕は一時間ほど姿を消した。戻ってみると、Ｄ・Ｊはおしめを前後ろ逆につけられていて、テリーが抱き上げるとおしめが落ちてしまった。どちらの母親も、ベルクロ（マジックテープの商標）つきのハイテクな使い捨てのおしめを見たことがなかったのだ。

赤ん坊が生まれてから二週間後に、テリーは約束どおり赤ん坊を連れてメリッサに会いに行った（僕は母親と一緒にシアトルに残って荷造りをしていた）。五月までは、メリッサはエージェントが見つけてくれたアパートに住むことができたが、メリッサはテリーとアウトサイド・インで会うことにした（メリッサはそろそろ保護センターの年齢制限に引っかかる年になろうとしていた。六月で二十一歳になるから）。テリーがチャイルドシートに座らせた赤ん坊を抱え、メリッサは猫を抱き、犬のリードを引いて二人でパイオニア・スクエアまで歩いて行き、そこでメリッサの友人たちと合流した。

母親二人が帰ると、僕の妹がやってきた。ありがたいことに妹は使い捨てのおしめを使ったことがあって、アパートから友人宅の地下室への引越しの際には素晴らしい援軍となった。引越しが終わり、妹が帰ると、僕の父親が彼にとって二番目の孫に会いに来た。父が帰ると、入れ替わりに僕の母親がジェリーと一緒にまたやってきて、新しい家への引越しを手伝ってくれた。母親とその連れ合いがいなくなると、クローディアとデニスが訪ねてきた。そのあとまた僕の母親が来た。そしてまたテリーの母親も来た。その後僕の妹から電話があって、また行ってもいいかと聞いてきた。もはや他に選択肢はなかった。テリーと僕は家族の出入りを禁止した。赤ん坊と三人だけで過ごす時間が欲しかったからで、でも相手が誰であれ、シアトルに来るなとは言えないので、母親たちや父親たち、そして兄弟姉妹には二ヶ月僕たちには近づかないでと言い渡した。

ある友人が、僕たちのために素晴らしく趣味のいい赤ちゃん誕生のお知らせを作ってくれて、母親から知らせるべき相手の住所録が送られてきた。そこにサヴェージおばあちゃんの名前と住所を見つけたとき、僕はためらった。唯一の存命の祖父母である父方の祖母とは、十年前の祖父のお葬式以来話をしていなかった。彼女は楽しい人じゃなかった。両親が離婚したとき、祖母は親戚の人たちに向かって、僕と僕の兄弟はもう自分の孫ではないと告げたのだ。それ以来、クリスマスや誕生日に彼女からカードが届くことはなくなった。僕たちはそれでむしろホッとしていた。サヴェージおばあちゃんに縁を切られることは、嫌だった仕事をクビになったようなものだった。

でも住所録の中に祖母の名前を見つけたとき、僕は「なぜ知らせない理由がある？」と考えた。そしてカードの裏にこう書いた。「こんにちは、おばあちゃん。あなたにもう一人ひ孫が生まれたことをお知らせします。どうぞお元気で。愛を込めて。ダンより」

一週間後、どこか見覚えのある字で表書きされた封筒が届いた。差出人は書かれていなかった。消印はと見るとイリノイ州パラタインで、その筆跡が祖母のものであることに気づいた。十八年前に、僕の父親が母親を置いて出て行って以来見ることのなかったものだ。

封筒の中身はD・Jの誕生を知らせるカードだった。サヴェージおばあちゃんは封筒を開け、中身を読み、自分の机まで行き、新しい封筒を取り出し、そこに僕の住所を書き、D・Jの誕生を知らせるカードを元の封筒に戻し、それを僕の住所を書いた封筒に入れ、封をし、切手を貼り、送り返したのだ。手紙一枚入っていなかった。

僕は母親に電話した。母親は、自分のかつての義理の母親がどれほど嫌な女であるかを聞くのが好きなのだ。そのあと兄のビリーに電話した。兄はそのことで父さんを責めるなよ、と言った。そこで父にも電話した。父親は、自分の元おばあちゃんに電話して怒鳴りつけるような真似はしてくれるなと言い、そんなことはしないと僕は約束した。

「あの人は病気の年寄りなんだ」と父親は言った。「俺に何が言える?」

電話を切った後、テリーと僕はカードを眺めながら考えていた。いったい何が一人の老女をああさせるのだろう。どうしてそこまで……たちが悪いんだ、と。D・Jのもう一人の曾祖母であるテリーのおばあちゃんのオードリーは、ひ孫を抱いて今にもはち切れんばかりに大喜びしていた。それにひきかえ僕の祖母は? 僕は、D・Jのラストネームを、僕のミドルネームであるキーナンにしておくんだったと考えていた。キーナンはサヴェージおばあちゃんの旧姓でもあったから。それを知ったら祖母は脳卒中を起こしたことだろう。

僕たちは、祖母が送り返してきた誕生のお知らせカードを取っておくことにし、安全な場所に保管している。サヴェージおばあちゃんは年老いた、頭のおかしい意地の悪い人だ。彼女が死んだらテリーとD・Jと僕は、棺を開いたまま行われる通夜に出席する。そして誰も見ていない隙にD・Jの誕生通知カードを棺に滑り込ませる。おばあちゃんは、誕生通知カードと一緒に死後の永遠の歳月を過ごすことになるだろう。

D・Jの人生が始まってから最初の数ヶ月間に、僕たち二人の話し合いが膠着状態に陥ったのは、ただ二つの問題についてだけだった。割礼と洗礼だ。両方とも僕が我を通した。

アメリカ人の男性の大部分と同じように、テリーも僕も幼いときに割礼を受けていた。そして、アメリカのホモのほとんどと同様に、僕たちもセックスの相手には割礼を受けた男を好んだ。僕は一時期ヨーロッパに住んでいて、割礼を受けていない男の味も知るようになった。でも好みを言わせてもらえば、切っていないペニスよりは切ったペニスを口に突っ込みたい。たんに切ったペニスのほうが味がいいからで、僕たちと同じようにオーラルセックスを熱心に取り入れてきた文化においては、その人たちがゲイであれストレートであれ、味に大きな意味がある。親になったばかりの人たち——都会で暮らす今風の人たちだ——に割礼についての意見を聞いてみると、よくある賛成意見（「見た目を父親と同じにしてやりたいから」「ロッカーで笑い者になるとかわいそうだから」「そのほうが清潔を保ちやすいから」）の他に、味がどうなるのかについての控えめな、時にはあからさまな心配を耳にすることになる。ストレートの人々は、自分の立場を明らかにして「彼のペニスがひどい味になることが心配で」と言うことはほとんどなく、その代わりに彼らの不安を、将来のセックスパートナーがどう思うだろう、とか恥垢の問題、そして割礼を施さないことによって性的な選択肢が狭まることはないだろうか、といった曖昧な言葉で伝えようとし……そのうち話は脇道にそれていく。

オーラルセックスにはあいにくのことだが、理屈で考えれば非《アンチ》割礼主義者に軍配が上がる。親と似ているかどうか？　普通は生殖器の形で判断することではない。ロッカールームでイジメに遭う？　現代では、アメリカ生まれの男の子の半分は割礼を受けていない。子どもがいじめられたら、他の切れていない子たちと組んで、ペニスが切れてる子たちをぶちのめしてやればいいのだ。清潔を保ちやすい？　きれいに洗えないからといって、身体の他の部分を切ったりはしないだろう。そんな理屈が通るなら——と非《アンチ》割礼主義者たちは指摘する——デンタルフロスを使う手間を省くためにみんなとっくに歯を抜いているはずだ、と。しかし、たとえこうした議論が理屈で論駁されたとしても、味についての心配はまだあるし、それにそもそも、子どものことを理屈で考えていいものだろうか。新米の親ほど理屈が通じない者はいないっていうのに。

テリーは、割礼について強い思いを持っていた——テリーは割礼に賛成だった。僕もまた強硬な意見を持っていて、反対だった。テリーは自分の息子のペニスが自分のペニスと似ていることを望んでいたが、僕はD・Jと僕が貴重な親子の時間をペニスの形を比べて過ごすとは思えなかった。味について言えば、まあ、割礼を受けた友だちに比べてD・Jはフェラチオをしてもらえる機会が減る可能性が少しはあるだろうと思うけれど、ナイフを取り出し、D・Jのペニスの先を切ることへの抵抗感に比べれば、大したことではない。

病院で、テリーはメリッサにもこの件について意見を聞いたことがあり、メリッサは肩をすくめた。これをイエスの意味だと解釈したテリーは、二対一で切る意見が多いと言い張った。僕は折れた。テリーがしたければD・Jに割礼をしていいが、僕は指一本貸さない、と言った。テリーは泌尿器科の予約をとり、そのときに文字通り指を一本動かして電話機のプッシュボタンをすべて一人で押したが、病院まで車に乗せてくれる人を探すのは僕の仕事だと決めつけた。僕は断り、指一本貸さないと言っただろと言った。テリーがD・Jの包皮を切りたいというのなら、すべて自分でやるべきだ。

テリーは僕の友人のデイヴに電話をかけて、医者の予約があるんだけど自分と赤ん坊を病院まで送ってくれないかと頼んだ。デイヴとそのボーイフレンドのエリックは大の包皮好きで、だからデイヴがD・Jを泌尿器科まで乗せて行ってくれると聞いたときにはまさかと思った。

「デイヴにどういう予約か話したの？」

「いや、彼には関係ないことだから」とテリー。デイヴに話せば医者には連れて行ってくれないと重々わかっていたのだ。

僕は指を一本動かしてデイヴに電話をかけ、この医者の予約がどういうもので、何を目的としているかを詳しく話した。デイヴはテリーに電話して、やっぱり車で送るのはやめると告げた。テリーは激怒し、医者に電話してD・Jの予約を取り消し、僕がいかにメリッサの考えを軽んじているかについて、家中を抗議して歩いた。

「もしもD・Jが大きくなったときに、僕たちと見た目が違うというコンプレックスを抱くようになったり、ロッカールームでボコボコにされたり、フェラチオをしてくれる相手が一人も見つからなかったりしたら」とテリーは僕に警告した。「全部きみのせいだと教えるからね」

そうしたリスクは想定内のことで、D・Jは結局無傷のままとなった。性病感染や合併症に見舞われず、ユダヤ教に改宗することもなければ、一生切られないままでいられる。

もう一つの議論の的となった洗礼については、僕は賛成でテリーは反対だった。

僕の祖父は洗礼を受けたとき、白いリネンのガウンを着ていた。僕の母親も同じガウンを着て洗礼を受けた。兄たちや妹、そして僕も祖父のガウンを着て洗礼を受け、叔父や叔母たち、そしていとこたちもそうだった。僕の一族の何百人もの人たちが、僕のおじいさんのガウンを着て洗礼を受けていて、だから僕はD・Jもまた、その白いリネンのガウンを着て洗礼を受けるところが見たかったのだ。D・Jをカトリック教徒にしたいわけじゃない。なにしろ僕自身が実践的なカトリック教徒じゃないんだから。僕は、言い訳じみた不可知論（神の存在を否定はしないが、神を認識することはできない、とする立場）と信念に基づいた無神論の間でどっちつかずにフラフラしていて、親になったからといってアイルランドカトリック教会に、いや他のどんな教会にも帰りたいとは思わなかった。それでも、誰かにあなたの家の宗教はと質問されると、アイルランドカトリックだと答えている。これは文化の問題だ。

D・Jに洗礼を受けさせたいと告げると、テリーは、まるで僕がD・Jを実家に連れ帰り、木材をこっぱにするチッパーに投げ込みたいと言ったみたいな顔をした。

「きみは教会に行ってないだろ」。一緒にシカゴに行ってD・Jに洗礼を受けさせないか、という僕の誘いにテリーはこう答えた。「信仰心なんてゼロじゃない」

でも、そもそも神を信じている必要があるのだろうか？　僕が知っているユダヤ人の友人たちは、そのほとんどが頭のいい、豚肉を平気で食べる無神論者で、ベーコン・ベーグルについても、見かけの悪さのこと以外は何の問題も感じていない。彼らもまた僕と同様何も信じていないが、ユダヤ教の祭日にはみんなで集まってお祝いをする。彼らにとっては大切な文化だからだ。彼らは救世主が現れるのを待って時間を無駄にしたりしないが、ときどき集まって偉大なるユダヤ教徒のように振る舞う。僕も同じようにして何が悪い？　僕だって親戚中で集まって偉大なるカトリック教徒みたいに振る舞ってもいいじゃないか？

「それに母さんや大叔母さんたちも喜ぶと思うんだ」と僕は言った。「あの人たちは僕たちを気遣ってとてもよくしてくれた。僕たちもこれくらいのことはしてあげたっていいんじゃないかな？」。僕の家族は、ずっとゲイの問題に関心を持ち続けてくれた。僕たちも一度ぐらいカトリックの問題に関心を持ってもいいんじゃない？　ということだ。それに、親戚の人々に僕たちの関係を真剣に受け取めてもらい、D・Jを家族の一員だと認めてもらいたいのなら、D・Jをシカゴに連れて行き、白いリネンのガウンを着せ、司祭に頼んでD・Jの頭に水を振りかけてもらうことぐらいのこと、したっていいじゃないか？

「僕も飛行機でシカゴには行く」とテリーが言った。「でも洗礼に関しては、指一本貸す気はないから」

　母親がでしゃばってくれたおかげで、僕は自分の指も一本も動かさずに済んだ。彼女は教会と司祭を見つけ、ケーキを注文し、リネンのガウンは洗濯に出してしまっておいてくれた。母には数えきれないほどのカトリックの知り合いがいたが——彼女は古代ローマの男娼以上に司祭を知っている——洗礼が受けられるように話をつけるのは予想以上に難しかった。アメリカ人のカトリック教徒をルター派やユニテリアン派（プロテスタントの一派）の腕の中へと追い立てるための疲れを知らない努力の一環として、ローマカトリック教会は十年ほど前から七つの秘蹟を出し惜しむようになっていた。文化的カトリックが洗礼や結婚、葬儀など何かあったときだけ教会にやってくるのを喜ばなかった。僕が洗礼を受け、僕の母親も洗礼を受け、両親が結婚式を挙げ、祖父母が結婚した場所でもあり、ひいおじいちゃんが建てるのを手伝った（教会には僕の家族の名前が入ったステンドグラスをはめ込んだ窓がある）教会の司祭は、D・Jに洗礼を授けることを断った。彼はまた、「自分の」教会で別の司祭が洗礼式を行うことも断った。母は、断るのはあなたのお孫さんの両親がホモだからではありません、と説明されてあやうく信じかけた。

母親はついに司祭を見つけた。彼は僕たち一家の古い友人で、喜んでD・Jに洗礼を施してくれるとのことだった。この司祭は、僕が大人になる頃にうちの聖堂区を担当していた司祭の一人で、最後に僕の懺悔を聞いた人でもあり、文化的な意味のカトリック教への信仰心であっても、信仰心をまったく表さないよりはいいという信念を持っていた。母親は教会も見つけてきた。僕の親族が建てるのを手伝った教会ではなく、僕の大叔母のケイティがボランティアをしている教会で、そこの司祭が僕たちを喜んで迎え入れてくれた。

シカゴ行きの飛行機の搭乗手続きをしようとしたとき、チケットカウンターの女性係員が、赤ん坊のラストネームが同行する大人二人のどちらのラストネームとも違っている理由を知りたがった。あなた方は誰です？　この子のお母さんはどこ？　あなた方二人の関係は？　女性が保安係に連絡しようとしたそのとき——僕たちが赤ん坊を誘拐しようとしているのではないかと思ったのだ！——僕は、この幼い養子のD・Jが、二人の父親のどちらとも違うラストネームを名乗ることになった経緯についての長い話を始めた。僕が話し始めると、女性は受話器を置いてテリーの顔を見て、それから僕を見た。明らかに僕たちはファグだった。彼女は僕の話を信じ、二人分の搭乗券を差し出した（今は、いつもD・J

の出生証明書のコピーを財布に入れ、養子縁組の決定書と一緒に持ち歩いている)。

飛行機の中でもさらに問題が持ち上がった。同じ列の座席の乗客たちや、スチュワーデスたち、それに機長までが席までやってきて、D・Jを質問責めにするのだ。

「今日はお母さんはどこにいるの?」

「これからお母さんの家に行くところ?」

「きみのシッターさんたちは、お母さんに頼まれたとおりきみの面倒をちゃんと見てくれてるかな?」

「きみのパパとママは誰なの?」

これらの質問はすべて、この先一生答えていかなくてはならない問いなのだ、ということに、このシカゴへ向かう飛行機の中で気がついた。「きみのママはどこ?」僕たちはメリッサの居場所を知っているから、お母さんに関する質問には正しく答えることができる。でも「きみのパパとママは誰?」という質問に答えようとすれば、そのたびに同性愛者であるということを明かさなくてはならない。永遠に。彼は誰の子か? 僕たちの子どもだ。

洗礼式に出席するのは十八年ぶり。いとこのエイミーの洗礼式に代父として参列し、質問に答えなくてはならないことをすっかり忘れていたとき以来だ。カトリックの洗礼式の典礼の大部分は質問でできている。司祭が両親や代父や代母を厳しく尋問して信仰を確かめる。このとき司祭に何を聞かれても、「はい、信じます」と答えることになっている。あなたは処女降誕を信じますか? はい、信じます。化体(聖体のパンとぶどう酒がキリストの肉と血に変化するということ)の奇跡を信じますか? はい、信じます。司教のうんちは薄紫色の水だと信じますか? はい、信じます。

テリーは、みなの前で信仰を告白しなければならないことを嫌がっていた。そして、洗礼盤の前では口を固く結んで立っているからなと脅しをかけ、僕の文化的キリスト教信仰につき合うのはごめんだと言い放った。でもいざ教会に到着し、僕の母親がD・Jに洗礼用のガウンを着せると、テリーはその場の雰囲気に気圧された。エイミーがD・Jの代母、ジェリーが代父となって傍に立ち、僕の母親、僕の兄弟、おいのマーズ、そしてその他の四十人の親戚がD・Jを取り囲んでいた。テリーは仕方なしに、司祭の問いの一つ一つに「はい、信じま……」とみなに聞こえるくらい大きな声で答えた。でもそのあと息だけで、僕にだけ聞こえるように、すべての「信じま」のあとに「せん」とつけ足していた。

頭に水をふりかける儀式と繰り返される「はい、信じます」が終わり、これから集合写真を撮影するというときに、司祭はD・Jがカトリックのコミュニティに加わることへの歓迎の言葉を述べ、それから僕とテリーのほうに向き直った。そのまま片手を挙げると、大叔母たちや兄たち、妹、母親、そして十字架上のイエスの前で、僕たち二人の関係を祝福した。僕は唖然とした。それは聖職者としての彼の職務をはるかに超えたことだったし、僕たちもそんなこと頼んでもいないし、期待してもいなかった。教会は、たとえ飲食店の開業や競走馬を祝福してもゲイの恋愛を祝福することはない。それなのにその司祭はある程度の危険を覚悟で僕たち二人に祝福を授けてくれた。僕たちを祝福したせいで彼は聖職を剝奪されるかもしれない、と僕は思った。彼の行動はとても勇気ある行動だった。そして僕たちは、祝福されているのだと心から実感することができた。そのあと、教会を出て妹のアパートへ向かったが、ダイニングルームのテーブルにはD・Jの洗礼式を祝うケーキがもう用意されていた。母親は、子どもたち全員の洗礼式や誕生日、初聖体、堅信式（すでに洗礼を受けたものが聖霊の賜物を授けられる儀式）、そして卒業式のたびにずっと頼んできたのと同じ店にそのケーキを頼んでいた。D・Jの洗礼式のケーキはチョコレートケーキで、上には白のアイシングとブルーのバラの花々、そして黄色のアイシングで作られた十字架が飾られていた。

翌日、僕たちはもう一度D・Jに洗礼を施した。兄のビリーが、僕たち全員をシカゴ・カブスのゲームに招待してくれたのだ。リグレーフィールド（シカゴ市北部にあるシカゴ・カブスの本拠地である野球場）の外野席で、母親がD・Jを抱きかかえ、兄のエディと妹のローラ、甥のマーズ、いとこのトレーシーとケヴィンが立会人を務めるなか、ビリーがあなた方は家族とカブス、そしてビールを信じますか？　と質問した。

「その順番で？」とエディが尋ねた。

「いや違う」とビリー。「普通はビールが一番なんだけど、今日は母さんがいるから」

「恐ろしい人たちね！」と母親が笑いながら言った。「もう腕が限界！　さっさとこの子に洗礼を！」

「あなたがたは、ビールとカブス、それに家族を信じますか？」とビリーが質問し直した。

「はい、信じます」と全員が答え、ビリーはD・Jの額にビールを注いだ。

帰りの飛行機の中で、洗礼を授けられたばかりのD・Jは、ミルクを吐いてテリーの服をひどく汚してしまった。僕たちはベビーバッグを摑んでトイレに走った。順番を待っていた人たちも僕たちを先に行かせてくれた――子どもを持っている者の役得だ――二人で狭いトイレに足を踏み入れた。最初はドアを開けっぱなしにして、ゲロで汚れたD・Jの服を何とか脱がそうと奮闘していた。でも開いたドアが一人のスチュワーデスの邪魔になり、彼女がドアを閉めてくれと言った。ドアを閉めたあと、僕が赤ん坊の身体をきれいに拭くのを引き受け、その間にテリーは汚れたシャツを脱ぐことにした。僕はTシャツの上にボタンダウンシャツを着ていた。僕はテリーに貸してやろうと、ボタンダウンシャツを脱ぎ始め、その間、テリーは僕に代わって赤ん坊の身体を拭いていた。

ちょうどそのとき——テリーはシャツを着ておらず、僕はシャツを脱ぎかけていたとき——トイレのドアが開いた。一人のスチュワーデスが、さっきとは別のスチュワーデスがトイレを覗きこみ、上半身裸のテリーとシャツを脱ごうと奮闘している僕を見て金切り声を上げた。「何やってるの！　汚らわしい！　トイレはそんなことする場所じゃありません。せめて鍵をかけて下さい！」

僕たちは顔を見合わせ、一瞬わけがわからなかった。でもそのあとテリーは急いでドアを開け——上半身裸のまま——そのスチュワーデスを客席の通路まで追いかけた。

「具合の悪い赤ん坊がいるんだ！　シャツを脱いだのは赤ん坊の吐いたもので汚れたせいだ！　きみの飛行機のクソみたいなトイレでセックスなんかするもんか！」

僕のヒーロー。


シカゴでのD・Jの洗礼式の数週間後、僕たちは結婚式に出席するためにスポケーンに来ていた。テリーの兄のトムが、最近——ほんとにごく最近——通い始めたキリスト教原理主義的な教会で知り合った女性と結婚することになったのだ。トムは、パムと知り合ってほんの数ヶ月で結婚を決めた。パムは人柄もよかったし二人はお似合いに見えたけれど、なぜそんなに結婚を急ぐのだろう？　結婚前にセックスしてみて何年か同棲してから結婚すればいいのに、ストレートのカップルはみんなそうしてるじゃないか？　僕たちは気に入らなかった。

テリーが育ったスポケーンは連続殺人鬼と爆弾テロを起こす白人優越論者がうようよしている街だ。

それ以外にこの街について知っておくべきことといえば、スポケーンのダウンタウンに行けばアイダホはもう目と鼻の先だということぐらい。シアトルを発つ前に、テリーの兄のキリスト教原理主義の結婚式でもしもゲイ・バッシングがあれば、それがあからさまにであれほのめかしであれ、大騒ぎしてやるつもりだ、とテリーに警告しておいた。結婚を異性愛者のための制度だと認めてその継続を祈る言葉や、レビ記やローマ人への手紙の一節の朗読を耳にしたら、あるいは司祭から不愉快そうな眼差しを向けられたら、僕は抗議の声をあげ、会衆席を立って教会から出て行く、と。

スポケーンでの初日はテリーの母親がD・Jを見ていてくれたので、僕たちはトムのキリスト教原理主義者の友人たちが開くバッチェラー・パーティに参加することができた。トムが通う教会はアルコールや裸の女性には難色を示すので、飲酒もストリッパーもなしだった。その代わりにマウンテンバイクを楽しんだ。トムはキリスト教原理主義の友人たちに、僕のことを弟の「友だち」だと紹介した。彼らは僕たちに貸すために二台のマウンテンバイクを調達してきてくれたが、テリーとその「友だち」のために自転車用のヘルメットを準備するのを忘れたことに彼らが気づいたのは、スポケーン山の頂上にたどり着いた後だった。僕たちを殺す気だったにちがいない。

結婚式では、それが原理主義者の結婚式であるかどうかにかかわらず、大量の時間が出席者の紹介に費やされる。トムとパムの結婚前夜のディナー・パーティもこんな感じだった。「彼はジェイソン。マーサおばさんの長男ではるばるカリフォルニアから来てくれました。デニスはクローディアの夫で、テリーとトムの義理の父にあたります。ここにいるウォルトは、デニスの長男です。彼女はスーザン。新郎の付き添い役の一番下の妹で看護師をしています。彼はチャック。高校時代からのトムの親友です。

こちらはチャン。交換留学生で、ミリー叔母さんの家にホームステイしていて、今朝みんなでヴァンクーヴァーからこちらに来てくれました。ヴァンクーヴァーといってもワシントン州ので、カナダのではありませんが。車のトラブルもあったのですが、間に合いました。そして彼が……彼はダンです」

スポケーン山では、僕は僕のボーイフレンドの友だちだった。そして結婚前夜のディナー・パーティでは、僕は誰の友だちでもなかった。突然どこからか降ってわいた存在。それは赤ん坊も同じだった。

「そしてこちらは……こちらは赤ちゃんです」

テリーの母親の家のリビングには写真立てに入ったテリーと僕の写真が飾られているはずだ。でもその日、トムとパムのキリスト教原理主義の友人たちがどういう類いの感性に従っていたかは明らかだった。僕はただのダンで、僕のボーイフレンドのボーイフレンドじゃなかった。赤ん坊はただの赤ん坊で、僕たちの赤ん坊じゃなかった。

翌日の結婚式は短くて素敵な式だった。D・Jも大人しくいい子にしていた。でも写真撮影はひどく時間がかかってうんざりだった。結婚式では同性愛についての言及は、賛成、反対のどちらについてもなかった。だから僕も騒ぎ立てる必要はなかった。ドアの近くのテーブルには中絶救助隊（人工妊娠中絶に反対する団体）の冊子が確かに置かれていたし、掲示板にはアメリカ家族協会（米国の非営利団体。キリスト教原理主義的な価値観を推進し、伝統的な家族観の維持を目的に掲げる）からの通知文書が貼られていたけれど。またもや、どこかの小さな町の高校のカフェテリアで、またもや十代の男の子が父親の銃を使って銃撃事件を起こした、とそこには書かれていた。アメリカ家族協会は全国のキリスト教徒たちに求める。こうした事件の責任を負うべき者たちに、つまりフェミニストとホモに立ち向かうことを、と。

怒り狂うことになるだろうと覚悟してトムとパムの結婚式に臨んだが、実際に遭遇したのはこうした軽度なもので、騒ぎ立てるほどのことではなかった。「彼は……ダンです」と紹介されることが千回も続くと、僕は周囲の人々に仕出屋だと名乗るようになった。僕が心の鎧をはずし、ボーイフレンドの年下の従兄弟たちと座っていたとき、D・Jは部屋の中のさまざまな人々の腕の中を回されていた。誰でも赤ん坊は好きだが、彼らキリスト教原理主義者ほど赤ん坊を熱狂的に欲しがる人もいない。結婚式に出席していたすべての人がD・Jを抱っこしたがった。D・Jを自宅に連れ帰った後、テリーの同僚たちが開いてくれたシャワーに参加していた誰もが抱っこしたがったように。ついこの間のシカゴでの洗礼式でもそうだったように。パーティに連れてこられた赤ん坊は人々の腕の中をたらい回しにされる。べつにどうってことない。

　でもふと見回してD・Jがどこにも見つからなかったとき、僕はちょっとしたパニックに陥った。テリーは別のテーブルで叔父さんと話していたが赤ん坊はいなかった。僕は自分が今どこにいるのか思い出した。キリスト教原理主義者たち。アメリカ家族協会。中絶救助隊……しまった！　誰かが赤ん坊を連れ去っていたら？　お客の中にイカれた原理主義者がいて、この可愛い赤ん坊がホモに育てられることが我慢ならなくなって決行していたら？……救出を。僕はテリーのところに飛んでいき、腕をつかんで引き寄せて耳元で叫んだ。「赤ん坊はどこだ？《ウェアズ・ザ・ファッキング・ベイビー》」。二つ向こうの州で祈っている原理主義者にさえ届きそうな声だった。

　D・Jは部屋の反対側にいた。原理主義者の膝の上で笑っていた。僕たちはD・Jを取り戻し、それからは二度と目の届かない場所に行かせなかった。つまり腕に抱いたまま離さなかった。結婚式に出席していた人たちはみないい人だったけれど、この教会はクリニックを爆破し、医師を殺害し、ブキャナンを支持する人々を出す宗派なのだ。ほんの短い間とはいえ恐ろしい思いをしたあとは、パスタサラダも人々のファッションセンスのなさも、もはや僕たちの防御を緩めることはできなかった。そのあとはずっと、D・Jは僕の膝の上にいた。

キャロルとジャックが僕たちの新居を見がてらD・Jに会いに来た。ジャックは、僕たちが連れて帰った翌日にD・Jを見ていたが、キャロルはそのとき仕事で何ヶ月も家にいなかったから。全員が腰を落ち着け、キャロルの膝の上でD・Jがニコニコしていたとき、二人は話があると切り出した。

「きみたちは罪悪感を感じる必要がなくなった――」とジャックが言った。

「選ばれたんだね！」とテリーが叫ぶように言った。

キャロルはうなずき、ジャックは声をあげて笑い、僕は肩の荷が降りるのを感じた。

「明日生みの母親に会いにポートランドへ行ってくる」とキャロル。「あなたたちの子どものせめて半分でも可愛い子どもだったら言うことないわ」

六月の終わり、二十一歳の誕生日を迎えてから一ヶ月後にメリッサはシアトルにやってきた。テリーが赤ん坊をポートランドに連れて行ったあとも、僕たちは彼女と二度ほどやり取りをしていた。いつシアトルに来るの、そのとき会えるように予定しておくから、と僕が尋ねると、メリッサはため息をつき、そうはうまくいかないのだと言って理由を説明した。できればシアトルに行きたい――メリッサは父親が毎年関わっている「フォークライフ」という音楽祭に合わせてシアトルに来ることを希望していた――が、動物連れのヒッチハイクはなかなかうまくいかないものだ。別の交通手段を見つけるか、列車に飛び乗るしかなく、つまりシアトルにいつ着けるかを自分で決めることはまずできないということだった。そして、それから数週間後のある日、ブロードウェイを自転車で走っていたときに、「ジャック・イン・ザ・ボックス」の前で犬と猫を連れて地べたに座り、もう一人のガター・パンクと一緒に小銭をねだっているメリッサを見つけた。僕はそのまま走り過ぎた。

家に戻ってテリーにメリッサを見たと話すと、どうして自転車を止めて話しかけなかったんだよ、と言われた。自分でもわからなかった。メリッサに会えて嬉しかったけれど、彼女の友人たちの前でわざわざ足を止めて話しかけるのはなんだかプライバシーの侵害のような気がしたのだ。メリッサのあの友人たちは彼女が出産したことを知っているのだろうか？　彼女が赤ん坊をファグのカップルの養子にしたことは？　もしも知らなければ、自転車でやって来て声をかけ、家へ来ないと誘ってきた大柄なファグのことを、彼女は友人にどう説明すればいいのだ？

その夜遅く、メリッサからシアトルに来ていることを知らせる電話があった。

「D・Jを見に来る？」とテリーが尋ねた。

「うん、できれば。大丈夫？」

「もちろん。夕食をうちで食べようか？」

「べつに、どっちでも」

テリーはキャロルとジャック夫妻から借りた車でメリッサを迎えに行き、僕はステーキを買いに行った。

　メリッサが家に来たとたんに、僕たちは赤ん坊をＤ・Ｊと呼ぶのをやめた。彼はまた「この子」になった。メリッサもまた、赤ん坊のことをどんな名前でも呼ばず、なんだかＯＨＳＵに戻ったような気分だった。メリッサに家の中を見せて回り、子ども部屋に案内し、そして最後にベビーベッドで眠っている赤ん坊を見せた。そろそろミルクの時間だったので赤ん坊を起こし、おしめを替え、哺乳瓶を温めた。テリーが夕食の準備をしている間、メリッサと僕は赤ん坊と一緒にリビングで話をしていた。

　メリッサがシアトルに着いたのは五日前で、友だちと一緒に列車に飛び乗って来た。友だちというのは出産後にポートランドで出会った男の子だということだった。メリッサはデイヴィッドのことを話していたときと同じ口調でこの少年のことを話した。彼はそんなに頭がよくなくて路上生活もそれほど長くない。メリッサがついていて世話をしてやらなければ一人ではやっていけないというのだ。音楽祭では父親の姿を見かけたが、父親のほうは気づかず、だからわざわざ声をかけにも行かなかった。シアトルには二、三週間いるつもりで、その後東へ向かいニューヨークで夏が終わるまで過ごそうと思っている、とのことだった。

　ニューヨークにももちろんガターー・パンクはいる。小銭をねだって生活するホームレスの若者達が。でもニューヨークはシアトルやポートランドよりもずっと荒んだ街で、そこでの路上生活はポートランドやシアトルでの路上生活とは違ったものになるかもしれない、と僕はメリッサに警告した。「平気だよ」。メリッサはステーキをのろのろと食べながら請け合った。「犬がいるから」

六月の父の日が巡ってくるまでに、僕は何枚ものおしめを交換し、寝ないで赤ん坊の世話をした夜も幾晩かはあったが、自分が父親だという実感はなかった。赤ん坊への愛情は病院にいたときよりは感じていたが、自分がお父さんだという感じはなかった。それにひきかえテリーはスーパーダッドだった。赤ん坊が来てしばらくしてテリーは仕事を辞めた。哺乳瓶がきれいに洗浄され、おしめが用意され、ミルクが準備されるのはほとんどすべてテリーのおかげだった。テリーは「何もかもやらなければならない」ことを愚痴ったり文句を言ったりし、僕は「何もかも」を買うためのお金を稼がなくてはならないことを愚痴ったり文句を言ったりして反撃した。テリーが家にいて赤ん坊の世話をするのは彼の希望で、そうなったからといって僕の仕事が減るわけじゃない。むしろその逆で、僕は三人分の生活費を稼がなくてはならなかったし。

こうして僕は赤ん坊にまつわる雑用の数々から解放されたが、結果、そうした雑用が呼び覚ます赤ん坊との心の絆を築き損ないもした。テリーは僕よりもずっとお父さんらしく行動し、三ヶ月後には当然僕よりもお父さんらしい気分になっていた。血のつながった親は、子育てのために指を動かしても動かさなくても親に違いない。なんならその場にいなくたって親でいられる。彼らの親としての地位は発生学的事実であり、その証拠に、養子となった子どもたちの多くが血のつながった親を探そうとする。一方養子縁組は意思的行動で、たとえ養子縁組の契約書にサインし、養子縁組の成立後に郵送されてくる出生証明書（テリーと僕の名がそれぞれ「母親」と「父親」の欄に記載されている）を手にしていても、親らしく子どものために働くことによってのみ、自分たちのことをD・Jの父親だと見なすことができ、また人からもそう見なされる権利を獲得することができる。

けれど何よりも重要なのは、親らしく世話を焼くことによって、D・Jが僕たちを両親だと見なすようになるということだ。ある晩、夜中に起きてD・Jにミルクをあげているときに、もしも明日自分が死ねば、D・Jはもう僕をお父さんだと認識することはないのだと気がついた。そうしたら僕は、彼を養子にもらい、ほんの短い間世話をしていた一人の男にすぎなくなる。D・Jは僕のことなど覚えておらず、洗礼式で彼を抱いている写真や、テリーの兄の結婚式の写真を見ても、僕のことを自分の父親だとは思わないだろう。つまり、僕の父親としてのアイデンティティを確立するためには、毎日親らしいことをするだけでなく、D・Jが僕たちにしてもらったことをあとから思い出せるくらいの年になるまでずっとそれを続ける必要がある。父親だと認められるために、僕はそれをやり続け、D・Jの生きた記憶《リビング・メモリー》の中にずっと居すわり続けなくてはいけない。

養子を育てているカップルが、子どもたちにとって「本当の」親は誰なのかで悩んだり、他人から子どもたちの「本当の」親は誰と尋ねられたりした場合、養子縁組の解説書やカウンセラーはこう勇気づける。本当の親とは、夜中に子どもたちのそばにいてくれる誰かであり、子どもたちの世話をしてくれる人で、そして何よりも重要なのはその子がパパと呼んでいる人なのです、と。

僕たちが迎えた初めての父の日、D・Jはもうすぐ生後三ヶ月になろうとしていた。まだ僕たちのことをどんな言葉でも呼ばなかった。僕たち二人の区別がついているかどうかも怪しいと思えた。自分を抱き上げてくれる、大きくて動くものたちは、たいていは自分を気持ちよくする何かを——ミルクを与えたり、おしめを変えたり、抱っこしたり——してくれ、ときどき嫌なことを——へその緒を切り取った跡を氷のように冷たいアルコールの清浄綿で拭いたり、鼻水を青いスポイトで吸い出したり、お風呂に入れたり――するとは確かにわかっているようだったけれど。でも初めての父の日、D・Jはまだ僕たちが何者なのかよくわかっていなかった。僕たちが二人の父親であることも、いや父親とは何かさえも知らなかった。

それでもそのうちわかるようになるだろう。自分には両親が、二人の父親がいることを理解するようになり、いつも彼のそばにいるのは僕たち二人だということもわかるだろう。そのとき彼は僕をパパと呼ぶ。そしてそのときようやく、僕は自分のことを父親だと感じるのだろう。

そう期待した。

バッカス

メリッサは七月の末にシアトルを発った。その日までに、メリッサは何度か赤ん坊を見に来たし、僕が仕事に出かけるときに、ブロードウェイに座り込んで道ゆく人に小銭をねだる姿を見かけたこともあった。彼女がシアトルを発ってから数週間は連絡がなかった。その後、八月の中旬に電話がかかってきた。ネブラスカ州のリンカーンにいて、小銭ねだりにとてもいいところだとのことだった。なにしろ、あまりに実入りがいいから、動物たちと一緒にあと二週間そこで仕事をしてそれからミネアポリスに行くというのだから。

「ミネソタには一ヶ月はいるつもり。多分だけど」とメリッサは告げ、「そのあとニューヨークへ向かう」と言った。

「僕たちがそっちへ行こうか？　そしたら赤ん坊を見られるし」と僕。「この頃は前よりずっと面白いよ。あちこちに這っていくようになったから」

「もちろん、あなたたちがよければ。D・Jを見たいし」

メリッサが赤ん坊のことを僕たちがつけた名前で呼んだのはこのときが初めてだった。僕たち三人がやってきたネームゲームのことを彼女は明らかに気づいていて、そろそろ止めどきだと決めたのだ。

「ミネアポリスに着いたら僕たちに電話して。そしたらそっちへ行く手はずを整えるから」

「わかった、電話する。テリーによろしく。それからＤ・Ｊにも。言ってもわからないだろうけど」

「でも伝えてみるよ。言葉がわかるようになったときのために練習しとく」

八月が終わり、九月が来て、また過ぎていった。メリッサから連絡はなかった。十月も終わりを迎える頃には僕たちはパニックに陥った。列車への飛び乗りは危険な行動だ。犬を連れていても連れていなくても。それはメリッサもわかっていた。列車には白人優越主義の連続殺人鬼が乗っていることもメリッサは知っていた――20／20（ABCニュースのプライムタイムニュースマガジン）で見た。次々と人を狙い撃ちにしていくのを。もしも彼女が列車と列車のつなぎ目に落ちたとしたら、そんなふうにして犠牲となったガター・パンクはメリッサが一人目ではない。テリーは列車への飛び乗りをやって両足を失った女の子を知っていたが、その子ですら動いている列車に犬と猫、それにリュックを持って飛び乗りはしなかった。メリッサにはそれらすべてを伝えて話し合ったが、列車への飛び乗りについてテレビで言っていることをいちいち心配する必要はないと彼女は言った。わたしはその道のプロだから、と。身体には名誉の負傷の痕もあって、列車への飛び乗りは少なくともヒッチハイクと同じくらい安全だと思っているから、と。

十一月の半ばにはメリッサは死んだものと確信した。そしてそれだけでも悪夢なのにまだ足りないかのように、僕の脳の中の最悪のシナリオプログラムが動き出した。メリッサが持っている身元がわかる書類といえば、ＩＤカードとＤ・Ｊの出生証明書の原本、それに病院で僕たちがプレゼントした小さなアルバムぐらいだ。どこかで彼女の亡骸が発見されれば、それは彼女の両親の元に送り届けられることになる。所持品と一緒に。出生証明書を見た両親は、自分たちに孫がいることを知るだろう。アルバムの中のメリッサとD・J、それにテリーと僕の姿を見ることになる。彼らはOHSUに電話し、そこから養子縁組エージェントにたどり着く。オレゴン州の法律では、実の祖父母は養子に出した孫に対する何の権利も認められていないが、だからと言ってメリッサの両親がD・Jの児童保護権について訴訟を起こせないわけではない。裁判には負けるだろうが、それでも訴えることはできる。裁判は嘆き悲しむ祖父母vs愚かな若いファグのカップルという構図となり、20／20や『デイトライン』（NBC公認のニュースマガジン）、『ハード・コピー』（八〇～九〇年代の、シンジケートされたニュースマガジン）がどちらの味方をするかは容易に想像がつく。

僕たちは養子縁組の話し合いの際に、メリッサが両親と和解したらメリッサの両親にD・Jを紹介することに同意していた。だからいつかメリッサの両親に会いたいと思ってはいたが、でもまさか法廷でとは。

そして、十二月の末のある夜電話が鳴った。メリッサは生きていて、ニューオーリンズで元気にやっていた。ミネアポリスからシカゴ、クリーヴランド、ニューヨーク、ヴァーモント、そしてフロリダを経由してきたという。電話をしなくて悪かった、でもリンカーンを出てからずっと移動していたし、僕たちの電話番号を書いた紙を濡らしてしまって読めなくなってしまったのだと言った。僕たちの番号は電話帳にも載っておらず、ニューオーリンズに着いてようやくエージェントに電話すればいいことに気づき、もう一度番号を聞いて電話したという話だった。

「きみが死んでるんじゃないかと思ったよ！　心配したじゃないか！」と僕は言った。自分の母親そっくりの言い方で。

「わたしのことは心配しないで」とメリッサは答えた。「いつも元気にやってるから」

　そう言ってメリッサは笑った。いつもの憂鬱そうな笑い声ではなかった。なんだか嬉しそうに聞こえた。初めて会ったとき、メリッサは家族は自分がポートランドで路上生活をしていると知っているけれど探しに来たことは一度もないと言っていた。メリッサはぜったい認めないだろうけれど、僕たちが心配していたと聞き、誰かが彼女の居場所を知りたいと思っていたことがわかって嬉しかったのだと思う。

「あなたたちはわたしの家族じゃないんだから」とメリッサは言った。「わたしのことなんて心配しなくていいんだよ」

「きみは僕たちの子どもの母親で、ということは僕たちの家族だよ」と僕は言った。セミナーで聞いた話の受け売りだ。「そして母親というものは電話をかけてきては元気かと聞きたがるもので、そういうことが人を本当の家族にするんだ」

「じゃあ心配していいよ」とメリッサが言った。「二人がそうしたいなら」

　メリッサはしばらくニューオーリンズにいるということだった。新しいボーイフレンドと一緒で、彼は路上生活の仲間うちではテンスポットと呼ばれていた。二人はある友人からワゴン車をもらった。もう動かない車だが、修理費用を二人で稼いでいるところだという。動物たち同様、彼女の車も値打ちがあるというよりむしろ厄介事の種であるようだった。メリッサとテンスポットが初めてその車を動かしてみたとき、事故を起こした。そのあと、車を押収されないように何週間も車を押して街をさまよった挙句、ようやく庭に車を停めさせてくれる人に巡り合った。二人は今その車で生活していて、少なくとも二ヶ月はニューオーリンズにいるつもりだという話だった。テンスポットは造園関係の仕事をしていて、メリッサは小銭ねだりをしている。車を修理して走るようになったらカリフォルニアへ向かうつもりでいる。でも僕たちが会いに来たいというなら来て構わない、とメリッサは言った。

僕たちは一月の最後の週末の便のチケットを予約し、ホテルの予約も取った。

数日後、テリーが家で赤ん坊と過ごしていたときにコレクトコールで電話がかかってきた。

「ねえ、誰に会ったと思う？」とメリッサが言った。「バッカスだよ」

テリーが言葉を探している間にメリッサは電話を代わってしまった。

「どうも、バッカスです。D・Jの父親です」

十分後、テリーは僕と電話で話していた。完全に冷静さを失っていた。バッカスと電話で何を話したかほとんど思い出せない状態で、ただ覚えているのは、バッカスが「彼の」息子の写真を送って欲しいと言ったことと、父親になれてとても嬉しいと何度も言っていたことだけだった。

「彼はどんな話しぶりだった？」と僕は尋ねた。

「どうかな、メリッサみたいだった気もする。薬をやってる奴とか、ストリートキッズとか。何が望みだと思う？」

「さあね。でも彼が何を望んでいたとしても、子どもを自分のものにすることはできない。そのこと知ってるのかな？」

「わからない」

「メリッサはバッカスにどこまで話してるんだろう？」

「三週間後に僕たちがニューオーリンズに行くことは知ってた。僕たちが来たら〝彼の〟息子に会いたいってさ。メリッサは彼に僕たちの住所と電話番号も教えてる。彼はすべてを知ってるんだよ、要するに」

　僕たちは、メリッサがしたことに驚いた——なんだってバッカスに僕たちの電話番号を教えたりしたんだ？　いったい何を考えているんだ？　その後、バッカスから毎晩電話がかかってくるようになって僕たちはさらに慌てた。ちょうど十二月で、僕たちはほとんど毎日外出していて、彼が電話をかけてきたときに家にいなかった。留守電のメッセージは日に日にいらだちを増していき、僕たちが彼からの電話を避けているか、わざと出ないようにしていると思い込んでいるようだった。そうではなかった。実際、彼に言いたいことがあったのだ。電話をかけてくるなと言いたかった。僕たちが彼に会うと決めるまでは、バッカスはエージェントと話すべきだった。

　メリッサが謝罪の電話をかけてきた。路上で偶然バッカスに出会い、うっかり僕たちの電話番号を教えてしまい、後で失敗に気づいたのだという。

　その後バッカスの父親からも電話がかかってきた。

「もしもし、ケヴィンの父親、D・Jの祖父です。D・Jの世話をしてくれているきみたち二人にお礼を言いたくて電話しました。きみたちはとてもいいことをしてくれました」と見知らぬ誰かの電話の声が言った。感傷と威嚇が入り混じったような口調だった。「おチビさんに会える日が待ち遠しくてたまりません。その日までどうぞわたしの孫によくしてやってください」

もう僕たちは正真正銘のパニック状態だった。バッカスの父親は酔っ払っているようで、僕たちは彼がどこに住んでいるのか知らなかった。もしかしてシアトルにいるのか？　ここの住所を知っているのか？

ローリーに電話して、バッカスと連絡を取ってみて欲しいと頼んだ。僕たちの養子縁組エージェントは、生みの両親との間の終生にわたる仲介業務の提供を約束していた。両親のどちらとも、追加料金なしで。バッカスともう一度話す前に、彼と彼の父親にＤ・Ｊについて彼らが保有する権利のことを――つまり彼らには何の権利もないということを――理解しておいてもらいたいと思っていて、でも自分たちからそれをバッカスに説明するのは気が進まなかったのだ。ローリーはバッカスに手紙を書いてはどうかと言った。そして手紙をＤ・Ｊの写真と一緒にエージェント宛てに送るように、と。ローリーからもエージェントの社名入りの書簡紙に手紙を書き、それらすべてをエージェントからニューオーリンズのバッカスに送るとのことだった。僕たちの手紙には、バッカスが「僕たちの息子」と関わりを持つことはもちろん快く受け入れるけれど、まずはローリーと話して欲しいと書いておいた。

「あなたと最初にお会いするときにも、エージェントには是非同席してもらいたいと考えています」と僕は書いた。「エージェントはメリッサと僕たちの最初の出会いも仲介してくれましたから。電話をいただきありがとう。今後あなたとおつきあいさせていただくのを楽しみにしています。Ｄ・Ｊも大きくなったらあなたがどんな人か知りたいと思うはずです。でも今は自宅には電話しないでください。電話はエージェントのほうにお願いします」

二週間毎日かかってきていたバッカスからの電話が突然途絶えた。僕たちの手紙が届いたのだ。

僕たちがニューオーリンズに発つ数日前に、ローリーから電話があった。バッカスと話をしたという。「彼はD・Jと連絡を取っていくことを希望しています。法的には彼には何の権利もありませんが、わたしたちは生みの父親も、できれば子どもたちと関わっていくべきだと考えていて、あなたとテリーには是非検討していただきたいのです」とローリー。「どうなるかはあなた方の一存で決まることは、彼も理解しています」

ローリーはさらにわかったことを教えてくれた。バッカスはメリッサより一つ年下の二十歳。母親はアーカンソー州に住んでおり、女兄弟がリノにいる。父親は、僕たちが心配していたようにシアトルにいるわけではなく、テキサス州のダラスで暮している。バッカスは少なくとも五月まではニューオーリンズに滞在することにしている。

「彼は、メリッサはよい決断をしたと思う、と言っていました。自分があのとき一緒にいても、メリッサが決めたことにすべて賛成しただろうと」

「僕たちがゲイだってことについて、彼は何か言ってた？」

「彼が知りたがっていたのは、あなた方がよい親かどうかということだけでした。彼の父親はメリッサの決断を応援していて、母親は今回の出来事に腹を立てていますが――息子が誰かを妊娠させたと知って動揺しているんです――赤ん坊がゲイのカップルに引き取られたことを怒っているわけではありません。わたしからは、養子縁組は恒久的なことであり、彼ら二人がD・Jの両親だと伝えました。彼らがオープン・アダプションを選んだのは、D・Jに血のつながった両親を知っておいてもらいたいからだけれど、どんな養父母も自分たちの生活が成り立たなくなるような事態は望んでいない、と言っておきました。この先、D・Jと関わっていけるようになるかもしれないけれど、どのような形の関わり方になるかとか、それがどのぐらいの頻度になるかといったことを決めるのは時期尚早です、と」

「彼はそれを聞いてどんな感じでしたか？」

「とても話のわかる人だと感じました」とローリーが答えた。「彼は何よりも指示を欲しがっていました。メリッサが養子縁組の決断をしたことを喜んでいて、この状況で自分はどうすればいいかを知りたかったようです。このまま話を進めて彼と会っても大丈夫だと思いますよ」


ずっと、泣きわめく子どもを満員の飛行機に無理やり乗せるような親にはならないと公言してきた。飛行機の旅は子どもにとって大変なことだし、子どもの近くに座った大人はもっと大変な思いをすることになるから。でも洗礼を受けるためのシカゴへの空の旅では、D・Jは泣かなかったし、ぐずりもしなかった。空の旅はD・Jをまったく煩わせなかったようだった。ああ、確かに帰りの飛行機ではミルクを吐き戻したけれど、それは家でもやっていることだ。

最初の飛行機での旅の後、僕は仕事で遠くへ行くことが多くなり、テリーと赤ん坊も一緒に空の旅をすることになった。だから生みの母親と生みの父親に会うためにニューオーリンズへ向かう飛行機に乗り込んだ時には、D・Jはすでに旅慣れた飛行家となっていて、シカゴ、スポケーン、ニューヨーク、ロサンジェルス、アスペン、そしてトロントと、豊富な旅の経験を持っていた。生後九ヶ月にして、D・Jは十九歳のときの僕よりも多くの場所に出かけていた。

でもニューオーリンズへの空の旅は緊張感に満ちていた。いつものように繰り返される、「ママはどこ?」というD・Jへの質問にも、バッカスに会うことへの不安が大きすぎて二人ともうまく嘘をつくことができなかった。で、「母親はニューオーリンズにいるんです」と僕たちはキャビンアテンダントや他の乗客たち、そしてパイロットたちに打ち明けた。「これから彼女に会いに行くところです」

「どっちがお父さん?」

「どっちもです」とテリーが答えた。「僕たち、この子を養子にしたんです。二人ともお父さんです」

すでにバッカスには滞在する予定のホテルを手紙で伝えてあり、僕たちが着く頃に電話をくれるように言ってあった。彼が住んでいる場所の電話番号も聞いていたが、その電話は廊下に設置されている公衆電話で、いつも話し中だった。僕たちが予約したホテルに——バーボンストリートから脇道に入ってすぐの本当にしけたホテルだ——到着してまもなくバッカスから電話がかかってきた。土曜日か日曜日の午前中の二、三時間なら会いに行ける、どちらの日でもそちらの都合のいいほうで、とバッカス。明日ならとても助かる、と僕は言った。朝の十時にロビーでどう?

数分後、今度はメリッサがすぐ近くから電話をかけてきた。テリーが荷物を開けて赤ん坊にミルクを飲ませている間に、僕はロビーに降りて行ってメリッサが来るのを待った。ニューオーリンズの観光ホテルのロビーではストリートキッズは歓迎されない。僕たちが滞在していたしけたホテルでもだ。そして僕は、メリッサがホテルの支配人たちに嫌な思いをさせられるのを避けたかった。

メリッサは以前とまったく変わらず、シアトルで最後に見たときと同じ服装だった。そしてもちろん、D・Jを僕たちの腕の中に託した日の服装とも、アウトサイド・インの外で初めて彼女に会った日の服装とも同じ。黒のブーツに膝丈のショートパンツ、ギネスのTシャツに黒のスウェットシャツという姿だった。黒い髪が少し伸びて、ちょっと痩せたようだったが全体的には元気そうだった。国中を旅して回るのが彼女には合っているのだ、間違いなく。メリッサが部屋に入ってくるとすぐに、D・Jはメリッサのほうに這っていき、彼女の両膝の間で伸びあがって立っちの姿勢になった。この立っちが、この頃のD・Jの最新の芸当だった。

「うちはチャイルド・プルーフが全然できてないから」とテリーが言った。「D・Jには往生させられている。手が届くものは全部引きずり下ろすし、倒すし、壊しまくる。しかも手が届く範囲は広がっていくばかりでさ」

「D・Jは、僕がずっと夢見るだけで我慢してきたことを実際にやって何時間も楽しんでるよ。テリーのレコードやCDを床にぶちまけて、足で踏みつけるんだ」

「D・Jはバッカスによく似てるね」とメリッサが言った。「わたしにはちっとも似てない」

D・Jの鼻はメリッサ似だったし、目の形もメリッサと同じだった。メリッサは生まれたときは青い目で髪の色も明るかった。だからD・Jの目の色や髪の色も何ヶ月かすれば暗くなるはずだ、自分もそうなったように、と病院で予言していた。でもD・Jの瞳の色はいまだに青く、髪もブロンドのままだったのだ。

僕たちは、ホテルから数ブロック先の店に夕食を食べに行き、食事の後はフレンチ・クォーターを散歩した。僕がD・Jを背中に背負って。メリッサは、ニューオーリンズでの路上生活の独特の大変さについて話した。「ここの警察は、理由なしにわたしたちを捕まえるんだ」とメリッサは言った。「あの人たち、公共の場でお酒を飲んでるからってわたしたちを捕まえるけど、ねえ、あんなのインチキだよ。

ニューオーリンズじゃ、みんな酔っ払ってるんだから、いつもね。警察は観光客が酔っ払ってても逮捕しない。逮捕するのはわたしたちだけなんだ」

翌朝はとても早起きして別の部屋に移動した。前夜、Ｄ・Ｊを追いかけまわしていたときに、部屋中のコンセントがすべてむき出しになっていることに気づいたのだ。テリーが買って持ってきていた、コンセントを覆うためのプラスチック製の小さな差し込み器具では、Ｄ・Ｊが壁の奥に腕をつけ根まで突っ込み、古びた絶縁されていない電線をつかんで感電死することまでは防げない。この問題をフロント係に伝えると、ホテルの反対側の端にあるもっとましな部屋へと僕たちを案内してくれた。その部屋ではコンセントには覆いがつけられていたが、天井から床まで届く古い大きな窓は閉じておけない作りになっていた。そこで窓の前まで家具を引きずって行き、Ｄ・Ｊがバルコニーに這い出し、他の人の部屋に這っていかないようにしなくてはならなかった。

十時十五分前に、まだベッドで寝ているテリーとＤ・Ｊを残して僕は下へ降りて行った。ロビーに備えつけられた大きな革のソファに座り、金メッキで縁取られた鏡の下で新聞を読みながらバッカスを待った。十時すぎに、スラックスにボタンダウンシャツの上に黒のコートを羽織った身なりのいい若い男がロビーに入ってきた。髪はＤ・Ｊと同じ色合いのブロンドだったが、彼がバッカスであるはずがなかった。服装が違う。ポートランドでメリッサは、バッカスはモヒカン刈りでメリッサと同じような服装をしていると話していた。ロビーの入り口に立った男は、僕が彼のことを見ていることにすぐに気づいた。

「あなたはダン？　それともテリー？」

僕は立ち上がって自己紹介し、二人は握手してからお互いをまじまじと観察しあった。落ち着きなく笑みを浮かべたり笑ったりする彼を、上の部屋に来てD・Jに会いますかと誘った。しばらくロビーにいて、まず二人だけで話してみるつもりだったが、それが急に残酷な仕打ちに思えてきたのだ。

D・Jは鏡台につかまり立ちし、引き出しを次々と引っ張り出しては笑い声を立てていた。バッカスはベッドの端に腰を下ろした。するとテリーがD・Jを抱き上げ、手を貸して歩かせてバッカスの膝に座らせた。メリッサの言ったとおりだった。びっくりするほど似ていた。

「すごすぎる」。テリーが二人の写真を撮ってやろうとカメラを向けると、バッカスはそう言ってD・Jに微笑みかけた。病院でメリッサといたときもそうだったように、テリーと僕はまたでしゃばらないようにしていた。ベッドから遠く離れた窓際の椅子に腰かけて、D・Jに思う存分生みの父親の上を這い回らせてやった。

バッカスの話では、汚職で有名なニューオーリンズの警察とやりあってから、パンクな服装はやめにしたということだった。僕たちは、赤ん坊を連れてバーボンストリートを散歩しながら話していた。そのとき、バッカスが逮捕されて以来会っていなかった数人の友人たちに偶然出会った。バッカスはその友人たちすべてにD・Jを紹介し、さらに僕たちのことも紹介した。彼に会う前に抱いていた不安は一気に消え去った。ストレートの男たちだけが持ちうるあの人好きのする物怖じしない態度が好ましかった。それに僕たちと同じようにD・Jにすっかり心を奪われてしまっているところもよかった。バッカスの明るい笑顔や素直な顔つき、そしてよく笑うところは、むっつりとして内向的なメリッサとは正反対に見えた。それにバッカスはとても清潔そうで、モヒカン刈りもすっかり伸びて、昔そんな頭をしていたとはとうてい思えなかったし、服装はパンクではなく学生みたいだった。それでも、ところどころにストリート・キッズっぽさが見て取れた。

「パンク」というタトゥーが右手の指のつけ根の関節に入っていたし、左手の同じ部分には「ロック」の文字があった。公園の芝生の上に腰を下ろし、Ｄ・Ｊがそこら辺を這い回るのを見ていたときに、テリーは「パンク」の最後のＫの文字が逆さまに彫られていることに気づいた。これはわざと？

バッカスは、タトゥーを入れた自分の手に視線を落としながら笑った。

「たまたまです。これは自分で彫ったもので、だからその、まずっちゃったんです。でもそこがパンクでしょ、そう思いませんか？」

ふたたびポートランド

D・Jの一歳の誕生日の日、僕たちは車に荷物を積み込みポートランドへ向かった。その前日にはパーティを開き、D・Jは手慣れた様子で初めてのバースデーケーキにかぶりついた。二人のおばあちゃんたちは写真をとりまくり、友人たちはD・Jのために本や洋服、おもちゃの数々を持ってきてくれた。D・Jは客人たちの前で最新の芸当を披露して見せた——つかまり立ちのあと、誰の手も借りずに二、三歩歩いてから、おしめで大きく膨れたお尻で尻餅をつくのだ。パーティを誕生日の一日前にしたのは、病院からD・Jを連れて帰ったちょうどその日にポートランドのマロリー・ホテルに行きたかったからだ。

ポートランドへの道中に、音楽のことで言い争う必要はなかった。もはや音楽のことで口論になることはほとんどなかった。なにしろ、今では二人とも嫌いな音楽を聴いていたから。テリーが、モーツァルトやバッハが賢い子どもをつくるとかいう話をテレビ番組か何かで見たのだ。買ったばかりの、子どもを前向きに座らせるタイプの前より大きめのチャイルドシートにD・Jを固定し、バッハを聴きながら5号線をポートランド方面へと三時間車を走らせた。今回はレンタカーではなく自家用車だ。テリーがついに僕に車を買うことを承知させたのだ。車にまつわる最悪のシナリオを考え出して。自家用車がないせいで緊急治療室へ搬送してもらうために救急車を呼ばねばならず、その到着を待っている間にD・Jが死んでしまったらどうするんだ、と。二週間後、僕たちはホンダのオーナーとなった。

D・Jの初めての誕生日の日、メリッサはまだテンスポットと旅を続けていた。ただしワゴン車はなくなっていたが。二人はカリフォルニアで警官に呼び止められた。ワゴン車は彼らの名義ではなく、テンスポットは自動車免許を持っておらず、しかも何の保険にも入っていなかったので、警察は二人が必死で修理代を稼いで動かせるようにした車を押収した。二人の持ち物の大半が車と一緒に押収されたが、警察が車をレッカーで引いていく前にメリッサは何とか犬と猫を救い出した。しかし、メリッサはがっかりしていないようだった。別の移動手段を見つけた、と彼女は言った。そして六月までにはシアトルに行くつもりだ、と。バッカスはまだニューオーリンズで暮らしていた。僕たちは彼に写真を送った。バッカスからは時折D・Jの様子を尋ねる電話がかかってきた。

僕の母親とテリーの母親は相変わらず僕たちを困惑させ続けた。テリーの母親は孫を見に度々シアトルにやってきて、いつも必ずプレゼントを持参し、四つん這いになって家中D・Jを追いかけ回すのがお気に入りだった。僕の母親はそれほど近くに住んでおらず、彼女が望むほどは——ひっきりなしに会いたがった——D・Jに会えなかったが、それも彼女が仕事を引退するこの夏には変わるだろう。初めてのクリスマスは僕の父親の家で過ごし、父親は新たに出現した孫にいつまでも飽きることがなかった。今では、僕と父親の間には共有できるものがあった。共通の話題が。僕たちは二人とも父親だった。

キャロルとジャックは、僕たちがD・Jを家に連れて帰ってから三ヶ月後に可愛い女の赤ん坊を養子にした。二人はすぐにもう一人子どもが、娘のために妹か弟が欲しいと考え、またすぐ候補者リストに逆戻りした。ボブとケイトはいつも僕たちの側にいて、アドバイスをくれたりベビーシッターを買って出たりしてくれる。おかげでテリーと僕はときどきレザーバーなんかに出かけてスマートボールで遊ぶことができる。ボブとケイトの子どもたち——ルーシー、ガス、そしてイゾベル——はD・Jと遊ぶのが大好きだ。そしていつか、ルーシーとガスとD・Jはお互いの生みの母親についていろいろと話し合うことになるだろう。

この先最悪なことはいくらでも起こりうるから、この話を「みんなずっと幸せに暮らしましたとさ、めでたしめでたし」という調子で締めくくるのは怖い。僕のアイルランドカトリックの神様は、前にも言ったように病的で残忍な神様で、いわば神聖な能力を持ったO・J・シンプソン（米のフットボール選手。一九九四年に前妻とその男友達を殺害したかどで逮捕され、その後無罪の陪審評決を受けて釈放された）だ。僕たち五人——テリーとD・J、メリッサ、バッカス、そして僕——全員がずっと幸せに暮らすと予測して、「彼」を刺激するような真似はしたくない。

そうとも、心配なら山ほどある。D・Jが悪い仲間と出会って思春期の反抗の一環としてキリスト教原理主義者になるんじゃないかと心配だ。ゲイによる養子縁組反対の法律やジョージ・W・ブッシュ、ハンバーガーに潜む大腸菌、そして僕たちが目を離したすきにD・Jが口に入れてしまうかもしれない埃の塊も心配だ。地震や火事、洪水、嵐の心配もある。D・Jの生みの両親のことも、とりわけメリッサのことが心配だ。車を取り上げられた今、メリッサとテンスポットは二人で列車に飛び乗ることになるだろうから。自分たちが間違いをしでかすんじゃないかと不安になる。ミルクが足りてないんじゃないか、逆にミルクをあげすぎているんじゃないか。D・Jが間違ってバスタブに転落するんじゃないか、何かを喉に詰まらせるんじゃないか。

D・Jに弟か妹をつくってやりたいが、僕たちはもうD・Jしか愛せないんじゃないかと心配だ。本当にふわふわで可愛いんだから。D・Jは何にでも興味津々で、調べたり、叩いたり、壊したり、遊んだりできる何かが目の前にあればご機嫌だ。メリッサが妊娠中にどれだけお酒を飲んでいたとしても、どれだけLSDをやっていたとしても、それはちょうどいい量だったのだ。D・Jは賢くて穏やかで人懐っこい。泣きわめくのは、僕たちが大きな青い鼻汁吸引器を手に迫っていくときだけだ。

D・Jの一歳の誕生日を祝うためにマロリー・ホテルに到着すると、一年前にD・JをOHSUから連れ帰ったときと同じフロント係の人たちが、今でもフロントで働いていた。彼らは僕たちの顔を覚えていて、D・Jのことも覚えていた。フロント係の人たちと一緒のD・Jの写真を撮り、僕たちもロビーのふかふかの緑のソファにD・Jと座っている写真を撮ってもらった。部屋は一年前に泊まったのと同じ部屋にしてもらい、ドアを開けてみると何も変わっていなかった。D・Jは電話線を引き抜こうと机のところまで這って行き、僕はベッドにどさりと身体を投げ出し、テリーは窓ぎわまで歩いて行って遠くのOHSUを眺めた。

D・Jは二時間ほど這い回って部屋中をめちゃくちゃにした。短いケーブルテレビの番組を見た後、僕たちは赤ん坊用バックパックにD・Jを入れて外へ出た。歩いてメリッサのアパートの前を通り過ぎ、アウトサイド・イン、あのステーキハウス、そしてイーグルの店を回った。思いついてタクシーを拾ってロイドセンターにも行ってみた。メリッサと一緒にチャイルドシートを買ったおもちゃ店の中を突っ切り、スケートリンクとメリッサのためにブレスレットを買ったジュエリーショップの前を通り過ぎた。天井のない渡り廊下を通ってロイドセンターの会議室にも行ってみた。二年ほど前に七組のストレートのカップルと一緒に不妊を嘆いたあの会議室のドアは施錠されておらず、室内は無人だった。テーブルと椅子は、あのセミナーのときと同じ形に並んでいた。僕たちは会議室に入り、バックパックからD・Jを引き出し、テーブルの上に座らせた。

D・Jはそこに座ったままニコニコして周囲を見回した。テリーがD・Jの靴を片方脱がせて足の裏にかじりついた。それをやると、いないいないばあよりも嬉しがる。僕ももう片方の足に同じようにするとD・Jはさらに笑い声をあげた。弾けるような、最高の、赤ん坊の、笑い声。D・Jは前のめりになって僕たちの髪の毛をつかんだ。そして僕たちの顔を自分の顔のほうに引き寄せ、笑って、笑って、笑い続けた。

訳者あとがき

本書は、一九九九年に刊行された *The Kid: What Happened After My Boyfriend And I Decided To Go Get Pregnant An Adoption Story*（Dutton, 1999）の全訳である。米国では刊行当初から高く評価され、戯曲化されてオフブロードウェイでも上演されている。今は亡き名優ロビン・ウィリアムズもこの作品の映像化を希望し、二〇〇〇年に自身のプロダクションでＴＶドラマ化の権利を買っていた、という話もある。

執筆当時、著者のダン・サヴェージは、サヴェージ・ラブ（*Savage Love*）という複数の新聞に同時掲載されるセックスコラムで知られる文筆家で、同性愛者であることをオープンにし、冗談まじりの過激で直裁なもの言いで、読者の「愛と性にまつわる悩み」に答えて人気を博していた。そんな彼が七歳年下のテリーと本気でつき合うようになり、二人とも結婚する気はないが子どもは欲しいという結論に達し、養子を迎えるまでの経緯を書いたのが本書である。

しかしこれは、「同性カップルの結婚や同性カップルによる養子縁組をテーマとした特別な話」ではない。誰もが共感できる普遍的な家族の話である。著者は、鋭い人間観察眼と当意即妙のユーモラスな表現で周囲の人々を生き生きと描きだしている。片やおしゃべりでおせっかい、ハイテンションなダンの母親と、感情表現が豊かではなく、子どもに対しても踏み込むことを遠慮する、言葉より行動がものを言うタイプのテリーの母親。無愛想で取りつく島もないメリッサと、ふたり揃って社交的ではなく大げさな感情表現が苦手なダンとテリーが、不器用ながらも少しずつ心を通わせていく様子。読者もきっと、登場人物の誰かに自分や自分の周囲の人々を重ね合わせてしまうのではないかと思う。

また、ダンとテリーとメリッサが「養父母と生みの母親と赤ん坊」という新しい形の家族を作るために、失敗したり傷ついたりしながら手探りで真摯に努力する姿には、どこか清々しささえ感じられて胸を打たれる。三人の試みがうまくいくかどうかは未知のことだが、それでも既成の家族の形にとらわれる必要はない、いろいろな家族の形を模索していいのだと励まされているような気がした。

同性カップルの結婚、および養子縁組をめぐる最近の動向

冒頭にも書いたように本書の刊行は一九九九年で、刊行から十七年経った現在（本書で赤ん坊だったD・Jもなんと十七歳に！）、同性カップルの結婚や同性カップルによる養子縁組をめぐるアメリカ国内の状況は大きく変化している。

たとえば本書で著者は、同性婚が認められるのは、自分の子どもの子どものそのまた子どもが死んでしまってからずいぶん経った頃になりそうだと予想しているが、実際には二〇一五年の六月にアメリカの最高裁が同性婚を禁止する州法を違憲とする判決を下し、同性婚は全米で合法となった。また同性カップルが養子縁組で子どもを迎えることについても、二〇一六年の三月にそれを違法とするミシシッピ州法が差し止められた結果、全米五〇州で合法となっている（とはいえ、九十一頁の編集部注にあるように、現実には同性カップルによる養子縁組について制約を設けている州もいくつかあり、まだまだ手放しで喜べる状況ではなさそうだ）。

では日本の同性カップルをめぐる現在の状況はどうだろう？　二〇一五年四月に東京都渋谷区で同性パートナーシップ条例が制定され、「パートナーシップ証明書」を交付する制度ができたのをきっかけに、日本国内でも性的マイノリティの権利の保障やダイバーシティ促進への関心が高まっている。具体的には、同年十一月に東京都世田谷区が、同性カップルに結婚に準ずる関係であると認める公的書類を発行する旨の要綱を制定し、その後二〇一六年には三重県の伊賀市、兵庫県の宝塚市で相次いで同様の要綱が制定された。

これにより、同性カップルはどのような権利を手にすることになるのだろう？　たとえば渋谷区のパートナーシップ条例は、証明書を持つカップルを、区内の業者が結婚に相当する関係として最大限配慮するよう定めたもので、賃貸契約や病院での面会を、家族でないという理由で断るようなことがあれば、区は是正勧告後、業者名を公表することができる。この条例には法的拘束力はないため、税金の配偶者控除は受けられないが、共同名義で住宅ローンを組むことや、生命保険の受取人になることは、業者が認めれば可能になる。

ただし養子縁組（直接の養子縁組、里親制度を介しての養子縁組のどちらも）に関しては、日本では「夫婦」でない場合、年齢、収入面で適正であっても保育経験などの有利な条件がないと、実際には養父母として認定される望みは薄いのが現状だ。また養父母と認定された場合でも、同性カップルの「婚姻」が認められていない日本では、戸籍上の親はカップルの片方だけとなる。つまり、ダンとテリーがD・Jの両親となったように、二人で親権を持って子どもを迎え入れる道は、今のところ日本国内には見当らない。

もう一つ、オープン・アダプション（養子である事実が明かされており、養子となった子と生みの両親の交流が、養子縁組成立後も続く養子縁組）についても説明が必要だろう。そもそも、日本では養子縁組はあまり普及しておらず（二〇一〇年の朝日新聞 Globe の特集記事「養子という選択」によると、予期せぬ妊娠で生まれた子や、実の親による虐待などで要保護とされる子どもの九割が、日本では施設に預けられている）、オープン・アダプションという養子縁組法も一般にはほとんど知られていないのではないかと思う。

しかし、米・保健社会福祉省の二〇〇九年のレポート、〝Adoption USA: A Chartbook Based 2007 National Survey Adoptive Parents〟によると、二〇〇七年現在、アメリカでは養子となった五歳以上の子の九七パーセントが自分は養子であると知っている。縁戚関係のない生みの両親から迎えた養子に関しては、そのおよそ三分の一のケースで、生みの両親と養父母の間で交流に関する条件についての合意がなされている。さらに三分の一強は、実際に子どもか養父母が生みの家族と交流を持っている。つまり、現在の米国の養子縁組の主流はオープン・アダプションであり、この傾向はすでに一九六〇年代から始まっていたという。

ダンとテリーのその後は…

本書の中では、ダンは結婚しようとは思わないと言っているが、じつは六年後の二〇〇五年に本書刊行当時から同性婚が認められていたカナダのバンクーバーまで出向いてテリーと結婚している（スケートボードを乗り回すほど大きくなったD・Jを交えた結婚の顚末を描いた二〇〇七年の著書 *The Commitment* の日本語版は、二〇一七年春にみすず書房より刊行予定）。その後二〇一二年に彼らが住むワシントン州で同性婚が合法化されると改めて婚姻届けを出し、ワシントン州で婚姻を認められた最初の十一組の同性カップルの一組となった。

二人は現在もシアトルで暮らしていて、ダンは文筆業、劇作家、演出家、活動家、ラジオパーソナリティ、TVコメンテーター／レポーターなど多彩な活躍をする傍ら、一九九一年に初めて以来関わっているシアトルのサブカル系新聞『ストレンジャー』紙の編集長を務めている。

もう一つ、忘れてはならないのが彼らと「It Gets Better」運動との関わりだ。二〇一〇年に十五歳の少年ビリー・ルーカスが、ゲイであることを理由にいじめを受けたのを苦にして自殺したニュースを機に、ダンとテリーはIt Gets Better運動を立ち上げた。学校に行っている間は辛くてどん底と感じるかもしれないが、もう少しすればきっと良くなる、未来にはいろいろな選択肢や素晴らしい出会いがある、だから早まるな、というメッセージを子どもたちに届けようと、二人で自分たちの体験を語る動画をインターネットにアップロードしたところ、大きな反響を呼んだ。それに触発された人々が、LGBTの若者に向けたそれぞれのIt Gets Betterのメッセージを語る動画を続々と投稿し始めて、一躍世界的なムーブメントとなった。（二人の動画はwww.itgesbetter.org/video/entry/1238/で見ることができる）。今年放映されたNHKのドキュメンタリー番組『新・映像の世紀』でもこのムーブメントはとりあげられたので、ご記憶の方もあるのでは、と思う。

＊

以上、原著刊行後のさまざまな変化について触れているうちに説明が長くなってしまったが、原著のもつ面白さ、楽しさを、日本語版を読んで下さった方にも感じ取っていただけることを、訳者としては何よりも願っている。

なお、米国の同性カップルによる養子縁組事情と、日本の同性カップルが子どもをもつことの難しさについては、杉山麻里子氏の著書『ルポ　同性カップルの子どもたち』（岩波書店、二〇一六）に詳しく書かれている。本書の翻訳にあたり参考にさせていただいた。また杉山氏には本文中の注やあとがきの中の同性婚や同性カップルに関わる箇所についてご校閲をいただいた。そのお力添えにより、本書の背景をなし今なお変化の途上にある同性カップルをめぐる状況をよりよく理解することができた。心より感謝を申し上げます。

最後に、みすず書房編集部の市原加奈子さんに大変御世話になった。たくさんの貴重なご意見や情報、示唆をいただいたことにより、原作への理解を深めることができ、本書を少しでも良いものにすることができたと感じている。この場をお借りしてお礼を申し上げます。

二〇一六年　初夏

大沢章子

著者略歴

（Dan Savage）

1964生まれ．シアトルのローカル紙 *The Stranger* のエディトリアル・ディレクター，作家．*New York Times*, Salon.com, *Nest, Rolling Stone, The Onion* などへ論説を寄稿．彼が1991年にはじめたセックス・コラム *Savage Love*（“性愛と性癖についてのお悩み相談室”）は，アメリカ，カナダ，ヨーロッパ，アジアの紙誌で20年以上連載中．そのほか，ラジオパーソナリティ，TV コメンテイター／レポーター，シアトルの劇団「グリーク・アクティブ」の劇作家・演出家（キーナン・ホラハン名義）など，多彩な活躍をしている．ほかの著書に，*Savage Love: Straight Answers from America's Most Popular Sex Columnist*（Plume, 1998），*Skipping Towards Gomorrah: The Seven Deadly Sins and the Pursuit of Happiness in America*（2002, Dutton Adult）; *The Commitment: Love, Sex, Marriage, and My Family*（2005, Dutton）〔邦訳はみすず書房より2017年刊行予定〕; *It Gets Better: Coming Out, Overcoming Bullying, and Creating a Life Worth Living*（編著）（Dutton, 2011）; *American Savage: Insights, Slights, and Fights on Faith, Sex, Love, and Politics*（2013, Dutton）など．パートナーのテリー，息子のD・Jとともにシアトルに在住．

訳者略歴

大沢章子〈おおさわ・あきこ〉 翻訳家．1960年生まれ．訳書に，R・ジョージ『トイレの話をしよう――世界65億人が抱える大問題』（NHK 出版），D・コープランドほか『モテる技術　入門編』『モテる技術　実践編』（SB クリエイティブ），J・ロズモンド『家族力――「いい親」が子どもをダメにする』（主婦の友社），J・D・スプーナー『ジョン・D・スプーナーの株で勝つ黄金律』（サンマーク出版），R・M・サポルスキー『サルなりに思い出す事など――神経科学者がヒヒと暮らした奇天烈な日々』（みすず書房）ほか多数．

ダン・サヴェージ

キッド

僕と彼氏はいかにして赤ちゃんを授かったか

大沢章子訳

2016年 7月27日 印刷
2016年 8月10日 発行

発行所 株式会社 みすず書房
〒113-0033 東京都文京区本郷5丁目 32-21
電話 03-3814-0131(営業) 03-3815-9181(編集)
http://www.msz.co.jp

本文印刷所 精文堂印刷
扉・表紙・カバー印刷所 リヒトプランニング
製本所 東京美術紙工
装幀 有山達也
装画 ワタナベケンイチ

ISBN 978-4-622-08513-3
[キッド]